Hans Fink

Im verwunschenen Schloss, im verbotenen Zimmer

Vorgeschichtliche Bräuche im Spiegel der Folklore

Zeitreisen zur Kinderstube der europäischen Zaubermärchen

Gießen
2022

© 2022, Hans Fink
Herstellung und Verlag: BoD – Books on Demand,
Norderstedt
ISBN: 9783756862283

INHALT

Das Vorhaben

Als **Antti Aarne** im Jahre 1910 sein Verzeichnis der Märchentypen[1] veröffentlichte, galten die sogenannten *Zaubermärchen* noch allgemein als
Erfindungen. Knapp fünfzig Jahre später hob **Wladimir Propp** diese Ansicht mit seiner Abhandlung über die historischen Wurzeln des Zaubermärchens[2] aus den Angeln.

Propp wies nach, dass viele Zaubermärchen sich aus Erinnerungen an Bräuche und Riten bildeten. Im Vordergrund seiner Ausführungen
stehen die archaische Jugendweihe im Alten Europa, an die überaus viele
Märchen erinnern, und, in Verbindung damit, die Bestattungsrituale,
denn vermeintlich ging ein Initiand in den Tod, weshalb man ihn, sobald
er vom Dorf zur Initiationsstätte im Wald geführt wurde, mit den Klei-
dungsstücken und mit dem Schmuck ausstattete, die man sonst einem
Verstorbenen auf den letzten Weg mitgab. Die späteren Erzähler haben
die zwei Motivkomplexe, hervorgegangen einerseits aus den Erinnerungen an die Jugendweihe, andererseits aus den Vorstellungen von der
Wanderung eines Toten ins Jenseits, auf unterschiedliche Weise kombiniert.

Dem Phänomen der sakralen Könige, von deren Wohlbefinden
vermeintlich das Glück ihres Volkes abhing, sind längere Passagen ge-
widmet (S. 41-45, 424-436). Das gilt auch für die Opferung einer Jungfrau, damit der Flussgott eine reiche Ernte gewähre (S. 23, 325-332). Andere Bräuche werden nur erwähnt, so die Altentötung (S. 23) und die
Schamanenweihe (S. 265-266).

Auf alle Bräuche trifft zu, dass man erst dann begonnen hat, von
ihnen zu erzählen, nachdem sie abgestorben waren – nachdem sie aus der
sozialen Wirklichkeit verschwunden waren. Manche Märchen handeln

---

[1]   ANTTI AARNE: Verzeichnis der Märchentypen mit Hülfe von
Fachgenossen ausgearbeitet. Helsinki: Suomalainen Tiedeakatemia.
Toimituksia 1910. (FF Communications No. 3.)
[2]   VLADIMIR PROPP: Die historischen Wurzeln des Zaubermärchens. [Leningrad, 1946.] München und Wien: Hanser, 1987.

ausdrücklich von der Aufgabe eines Brauchs, von seinem Ende. Der Held tötet den Drachen, der in regelmäßigen Abständen eine Jungfrau fordert; der König verwirft den Befehl, die alten Leute als vermeintlich unnütze Esser zu töten.

Propps Ideen verbreiteten sich nur allmählich. Seine Abhandlung war 1946 im zerstörten Leningrad veröffentlicht worden, unmittelbar nach dem Zweiten Weltkrieg und am Anfang des Kalten Krieges, der den Kulturaustausch zwischen Ost und West jahrzehntelang beeinträchtigte. Die deutsche Übersetzung ist mit einer Verspätung von vierzig Jahren erschienen. Das Buch fand so wenig Anklang, dass der Hanser-Verlag die unverkäufliche Restauflage hat einstampfen lassen.[3]

Den politisch naiven Leser, der nicht Bescheid wusste über die Spielregeln im real existierenden Sozialismus, mochte der Tribut des Verfassers an die Zensur befremden. Damit ist nicht die historische Betrachtungsweise gemeint, die der marxistischen Philosophie entspricht; ohne sie würde sich die Abhandlung in Luft auflösen. Auch nicht der Exkurs über das Märchen als Erscheinung mit Überbaucharakter, wo es darum geht, welche Produktionsweise das Zaubermärchen hervorgebracht hat.[4] Gemeint ist etwas anderes. Damit das Werk erscheinen kann, musste Propp sich als linientreuer Sowjetbürger ausweisen, zumal sein Standpunkt unter den sowjetischen Wissenschaftlern umstritten war. Also hat er gleich im ersten Absatz dick aufgetragen: „Vor der Revolution war Folklore die Schöpfung der unterdrückten Klassen, […] die Folkloristik eine Wissenschaft mit einer Ausrichtung von oben nach unten. […] Heute erlaubt es die Methode des Marxismus-Leninismus, den Weg des abstrakten Theoretisierens zu verlassen und den Weg des konkreten Forschens einzuschlagen.[5]

In Deutschland war das Feld von anderen Theorien besetzt.

---

[3]   Mündlich von Margarete Möckel, vormals Stellvertretende Vorsitzende der Europäischen Märchengesellschaft.

[4]   VLADIMIR PROPP: Die historischen Wurzeln des Zaubermärchens. S. 16-18.

[5]   Ebd., S. 11.

Der Erzählforscher **Gottfried Henßen** schrieb noch im Jahre 1957:

„Wer ihre Verfasser waren und wann sie entstanden sind, wissen wir nicht. Die Brüder Grimm erblickten in ihnen ein geistiges Erbgut aus der frühen indogermanischen Zeit; die heutige Forschung ist wieder zu dieser Ansicht zurückgekehrt; anders kann sie sich die große Verwandtschaft der europäischen Märchen untereinander nicht erklären.

Was sicher feststeht, ist, dass sie seit vielen Jahrhunderten in der mündlichen Überlieferung umlaufen und als Beispiele einer vollendeten Erzählkunst zu gelten haben. Nur so ist ihr fest umrissener sprachlicher Stil zu erklären, die gerundete Form mit den stehenden Eingangs- und Schlussformeln, die klare Gliederung des Aufbaus und die rhythmische Sprache."[6]

Als **Friedrich von der Leyen** seine Studie über das Märchen redigierte (erste Ausgabe 1911, die vierte 1958 zusammen mit **Kurt Schier**), war die mythologische Schule von der psychologischen Schule abgelöst worden, die wenig Beifall erntete, weil die Auslegungen ihrer Vertreter nicht übereinstimmen. Von der Leyen lehnte sie ab.[7] Dafür nehmen bei ihm Beispiele für die Entstehung der Märchenmotive aus Traumerlebnissen viel Raum ein.[8] Es liege ein Traum zugrunde, wenn der Held mit einem Sieb einen Teich ausschöpfen muss – wenn er aus einem unendlichen Haufen des verschiedensten Getreides die einzelnen Arten aussondern muss – wenn er mit einer hölzernen Axt ausgestattet einen ganzen Wald an einem Nachmittag umhauen muss. (In Wirklichkeit sind solche überspitzten Forderungen der Zauberer-Gestalt eine Folge der Umwertung des Ritus und Übertreibungen der Erzähler.) Das Märchen vom Tierbräutigam erklärte von der Leyen durch eine Traum-Ehe. (Er konnte sich nicht vorstellen, dass die Knaben in der alteuropäischen Buschschule von eigens dazu verpflichteten Helferinnen sexuell

---

[6] GOTTFRIED HENSSEN: Nachwort. In: Ders. (Hg.): Die güldene Kette. S. 276-277, hier S. 276.

[7] FRIEDRICH VON DER LEYEN und KURT SCHIER: Das Märchen. S. 39.

[8] Ebd., S. 63-74.

aufgeklärt wurden, allem Anschein nach in der Phase, in der sie die Tier-Maske trugen.)

Was Friedrich von der Leyen sich dachte, verdient deshalb Beachtung, weil er die erfolgreiche Reihe „Märchen der Weltliteratur" begründet hat, die seit 1912 erscheint, sie umfasst mehr als 160 Bände. Er selbst hat rund 50 Bände mitbetreut. Von der Leyen war geneigt, für einige Motive ein hohes Alter anzunehmen. Im Drachen vermutete er richtig die Gottheit eines Flusses, die man bewegen wollte, nicht über die Ufer zu treten und nicht Fluren und Äcker zu zerstören.[9] Er nahm an, dass es sich um einen Initiationsbrauch handelt, wenn Mädchen im Pubertätsalter in unterirdische Gemächer geführt werden, damit kein Sonnenstrahl zu ihnen dringe[10] (was nicht stimmt, denn alle Frauen mussten das Sonnenlicht meiden, sobald die Regelblutung einsetzte). In einem anderen Fall kam er der Wahrheit sehr nahe. Er nahm an, dass im Grimm'schen Märchen „Bruder Lustig" (KHM 81) mit der Zerstückelung und Wiederbelebung der Königstochter durch den Apostel Petrus die Vision eines Schamanenlehrlings wiedergegeben wird[11]; bei Licht besehen ist dieses Motiv das Echo einer in der alteuropäischen Buschschule praktizierten Form des „zeitweiligen Todes".

Felix Karlinger, der die Arbeit von der Leyens bei der Herausgabe von Märchen-Anthologien fortsetzte, war fasziniert von der Möglichkeit, manche Motive durch Traumerlebnisse zu erklären. Er ist in Griechenland einem talentierten Erzähler begegnet, der freimütig zugab, in seine Vorträge auch Träume einzuflechten.[12]

Indem Propp ältere Theorien vom Tisch wischte und sich in der wissenschaftlichen Auseinandersetzung kein Blatt vor den Mund nahm, forderte er die etablierten Theoretiker zur Ablehnung und Ächtung heraus. Er warf die Vorstellung von der Entstehung der Märchen im Mittelalter über den Haufen, von der andere Forscher sich nicht lösen

---

[9]   Ebd., S. 86.

[10]   Ebd., S. 83.

[11]   Ebd., S. 76.

[12]   Ein Erzähler erzählt, wie ein Erzähler erzählt. In: FELIX KARLINGER: Auf Märchensuche im Balkan. S. 98-102.

konnten, weil die Erzähler im Mittelalter – über tausend Jahre lang – die überlieferten Texte mit Fakten aus ihrer Umwelt ausgeschmückt hatten. **Linda Dégh** etwa vermerkte als hervorstechendstes Merkmal des europäischen Märchenmaterials, dass die gesellschaftlichen Einrichtungen und Auffassungen, die wir darin antreffen, das Zeitalter des Feudalismus widerspiegeln.[13] Die Gesellschaft im Märchen, schrieb auch **Maria Tatar,** spiegelt im Allgemeinen die Gesellschaftsordnung feudaler Zeiten wider.[14]

Wer vom Europozentrismus beseelt war, jener mit dem modernen Kolonialismus entstandenen Auffassung, derzufolge Europa den Nabel der Welt bildet, mochte sich gekränkt fühlen, weil es aus dieser Sicht absurd scheint, dass europäische Märchen Bräuche schildern, die bei Naturvölkern beobachtet worden sind. Und noch etwas mag ihn unangenehm berührt haben. Die Initiationsmärchen lenken den Blick auf ein Schulsystem, welches nicht nur jenem der Griechen und Römer, sondern auch dem des Mittelalters überlegen war: Alle Kinder nahmen verpflichtend am Unterricht teil, der sie dazu befähigte, selbst für sich zu sorgen; bei den Kpelle in Liberia dauerte ein voller Lehrgang für Knaben vier Jahre, bei anderen Völkern noch länger.

Schließlich bewertete Propp die Märchen nicht als gesunkenes Kulturgut, und es kann sein, dass der eine oder andere ihm das übel nahm, weil er darin mit der marxistischen Kunstauffassung übereinstimmt, obwohl Friedrich von der Leyen sich kategorisch im selben Sinne geäußert hatte. Von der Leyen schrieb: „Uns erscheint die ganze Dichtung als eine in ewiger Bewegung befindliche Masse, aus der die hohe Dichtung aufsteigt und wieder in die Masse zurücksinkt, um mit ihr neue Verschmelzungen einzugehen, bis daraus wieder eine neue Dichtkunst aufsteigt. Die ganze Volksüberlieferung, das Märchen so gut wie Sage und Legende, die Volksmusik und die Volkskunst insgesamt nur als Abfallprodukt höherer Kultur, als ,gesunkenes Kulturgut' zu betrachten, halten wir für völlig falsch. Im Gegenteil: aus dem reichen Bestand volkstümlicher oder

---

[13]   LINDA DÉGH: Märchen, Erzähler und Erzählgemeinschaften. S. 68.

[14]   MARIA TATAR: Von Blaubärten und Rotkäppchen. S. 81.

gar primitiver Dichtung löst sich das Werk eines einzelnen großen Dichters heraus, lebt nach seinen eigenen Gesetzen und kehrt dann wieder in den gemeinsamen Besitz aller zurück."[15] Der Märchentheoretiker **Max Lüthi** aber äußerte sich ganz anders: „Als reine Dichtung ist es vermutlich das Werk hoher Künstler, von denen es zum Volke herabkommt. [...] Das Volk ist Märchenträger und Märchenpfleger, kaum Märchenschöpfer. Das Märchen ist, will mir scheinen, ein Geschenk seherischer Dichter an das Volk."[16] Darin stimmte er mit **Jan de Vries** überein, der geschrieben hatte: „[...] das Volk hat sie [die Dichtungen] einfach übernommen, als die aristokratischen Kreise sie preisgaben [...]."[17]

Max Lüthi, der mehrere Studien zum Wesen des Märchens veröffentlich hat (1943, 1947, 1961, 1962, 1969, 1989), war von 1973 bis 1984 Redakteur der „Enzyklopädie des Märchens".

Unter dem Einfluss der Lehre von Carl Gustav Jung (1875-1961) nehmen gegenwärtig tiefenpsychologische Kommentare in der Märchenforschung viel Raum ein. Hier ist **Eugen Drewermann** zu erwähnen. Für **Walter Scherf,** den Verfasser eines zweibändigen Märchenlexikons mit 1.600 Seiten Umfang, waren die Märchen „psychodramatisches Spielmaterial".[18] Tatsächlich kann die Psychologie erklären, warum ein Märchen, welches aus einer anderen Gesellschaftsordnung stammt, das moderne Publikum – ob Leser oder Hörer – beeindruckt und beschäftigt. Doch die Versuche, die darüber hinausgehen und sich auf die Entstehung der Initiationsmärchen konzentrieren, sind albern, weil es überzeugende Belege für deren sozial-historische Wurzeln gibt.

Hätten die Jünger der Tiefenpsychologie geschwiegen, statt sich an der Deutung von Märchentexten zu versuchen, wären sie vielleicht Weise geblieben, so aber haben sie sich lächerlich gemacht.

---

[15]   FRIEDRICH VON DER LEYEN und KURT SCHIER: Das Märchen. S. 178.

[16]   MAX LÜTHI: Das europäische Volksmärchen. S. 92.

[17]   JAN DE VRIES: Betrachtungen zum Märchen. S. 178-179.

[18]   GUDRUN MARIA LEHMANN SCHERF: Nachwort für die Sonderausgabe. WALTER SCHERF: DAS MÄRCHENLEXIKON. S. 1478-1483, hier S. 1479.

Mit Blick auf Propps Ausführungen lassen sich die Märchen wie folgt gruppieren: A) Volksmärchen und B) Kunstmärchen. Die Volksmärchen gliedern sich in zwei Abteilungen. Die eine umfasst erfundene Geschichten, die andere aus Erinnerungen an ehemalige Bräuche gewachsene Erzählungen.

Zu den erfundenen Volksmärchen zählen folgende Arten:
- Tiermärchen:
- Alltagsmärchen;
- die Märchen von der klugen Bauerntochter;
- erotische Märchen;
- Lügenmärchen:
- Schwankmärchen;
- Rätselmärchen.

Zu den in Bräuchen wurzelnden Volksmärchen zählen folgende Arten:
- die Opferung einer Jungfrau, damit der Herr der Winde günstiges Jagdwetter gewähre;
- die Altentötung;
- die Saligen-Ehe;
- die Opferung einer Jungfrau, damit der Flussgott eine reiche Ernte gewähre;
- das versteckte Herz;
- die sakralen Könige;
- Heirat mit der jüngsten Königstochter, um den Thron zu besteigen;
- die Beratung der Sippenältesten an der Wiege eines Neugeborenen;
- die kollektive Jugendweihe im Rahmen der Buschschule;
- der Zauberer als Ratgeber;
- der Flug auf dem Riesenvogel;
- die individuelle Jugendweihe in einer Hütte zwischen Dorf und Wildnis;

- die individuelle Jugendweihe im Gehöft der Eltern;
- der Drache im Brautgemach;
- das über Wasser und Land fahrende Schiff.

Weil Antti Aarne über den Hintergrund der Märchen in vielen Fällen nicht Bescheid wusste, ordnete er die von ihm definierten Typen nach formellen Kriterien. Deshalb finden wir Märchentypen, die sich auf die Jugendweihe beziehen, sowohl im Abschnitt mit Zaubermärchen (heute die Typen 300-725) als auch im Abschnitt mit Novellenmärchen (die Typen 850-981). Stith Thompson hat nichts an dieser Einteilung geändert, und Diether Röth hat sie in seinem Verzeichnis natürlich beibehalten.

Die Märchen von der Buschschule sind 3.000 Jahre alt. Auf den ersten Blick ein hohes Alter, aber es liegt auf der Hand, dass einzelne Motive oder ganze Märchen, die auch in Afrika oder sogar in Amerika als Teil der einheimischen Folklore aufgezeichnet wurden, noch viel, viel älter sind. Franz Boas hat im Erzählgut der Indianerstämme von der Nordwestküste Motive gefunden, die aus der europäischen Märchenliteratur bekannt sind: das Wasser des Lebens – die „magische Flucht" mit Hindernissen – das versteckte Herz – der Knabe im Sack – ein Verschlinger, der von innen getötet wird. Weitere gemeinsame Motive: die Warnung eines Gefährdeten durch eine Maus – ein Mann wird erprobt, indem er in ein Schwitzhaus gehen muss, welches überheizt wird – einem Abwesenden erscheinen Jahre wie ebenso viele Tage – die Erde verbrennt durch zu tiefes Herabsteigen des Sonnenträgers – der halbe Mensch.[19] Als Boas die Folklore der nordwestlichen Indianer studierte, gab es noch keinen Katalog der europäischen Märchen. Zwar hat er vermerkt, dass die „magische Flucht" mit Hindernissen auch bei den Samojeden belegt ist [die beiderseits vom Ural leben][20], doch zu irgendwelchen euro-

---

[19]   FRANZ BOAS: Die Entwicklung der Mythologien der Indianer der Nord-Pacifischen Küste. In: Ders.: Indianische Sagen von der Nord-Pacifischen Küste Amerikas. S. 329-363, hier S. 354-363, und zwar die Motive Nr. 199, 55, 146, 96, 185, 198, 126, 87, 36, 69.

[20]   Ebd., S. 352.

päischen Parallelen konnte oder wollte er sich nicht äußern. So fällt in seinem Kommentar auch kein Wort zur Übereinstimmung einer indianischen Sage – es ist die „Ahnensage des Geschlechtes Nē'nelpaē"[21] – mit der Siegfried-Sage.

Mit Blick auf den Helden, der die Schätze des Menschenfressers entwendet [AT 328 „Der Knabe stiehlt die Schätze des Unholds"], hat Leo Frobenius festgestellt, dass „in sämtlichen Schichten der amerikanischen Mythologie ähnliche Mythen vorkommen".[22] In Afrika wurden eng verwandte Märchen erzählt, sogar mit weiblichen Helden.

Die Märchen vom Typus <u>AT 480 „Das gute und das schlechte Mädchen"</u> waren in Europa, Asien und Afrika verbreitet. Held und Unheld (zwei Brüder oder zwei Stiefschwestern oder zwei Ehefrauen usw.) begeben sich nacheinander ins Land der Geister und müssen unterwegs mehrere Entscheidungen treffen. Der Held erweist sich als höflich, mildtätig, hilfsbereit, bescheiden und fleißig, der Unheld als frech, geizig, hartherzig, gierig und faul. Vom Gastgeber wird der Held mit körperlichen Vorzügen oder mit Reichtum belohnt, der in einer Schatulle verborgen ist (z.B. Herden). Der Unheld wird mit Missbildungen oder Unheil bestraft, das in einer Schatulle verborgen ist (z.B. Feuer oder Schlangen). Eine im Kongogebiet aufgezeichnete Variante hat die Natur einer Ursprungsmythe. Als vier Batua sich an den Gott Fidi Mukullu wenden, schenkt er jedem einen Deckelkorb. Zwei der Leute öffnen ihre Körbe schon während des Rückwegs, da flüchten aus den Körben alle Tiere der Steppe, des Waldes, des Wassers und der Luft, sodass man seither auf sie Jagd machen muss. Die andern zwei öffnen ihre Körbe erst im Dorf, da bleiben die Ziegen, die Schafe und die Hühner, die darin waren, bei ihnen (Die Batua[23]).

---

[21]   Ahnensage des Geschlechtes Nē'nelpaē. In: FRANZ BOAS: Indianische Sagen von der Nord-Pacifischen Küste Amerikas. S. 153-155.

[22]   LEO FROBENIUS (Hg.): Das Zeitalter des Sonnengottes. Bd. 1, S. 377.

[23]   Die Batua. In: LEO FROBENIUS: Atlantis. Bd. XII. Dichtkunst der Kassaiden. S. 124-125. Siehe ferner: Haustiere und Jagdtiere. S. 135-136.

Für Märchenfreunde, die keine Gelegenheit hatten, Propps Abhandlung zu lesen oder – sich nicht mit dem lapidaren, langatmigen Stil des Gelehrten anfreunden können, werde ich im Folgenden das Abhängigkeitsverhältnis zwischen Bräuchen und Märchen veranschaulichen.

Bräuche und Märchen

Der Herr der Winde fordert eine Frau

Für die Wildbeuter war günstiges Jagdwetter lebenswichtig. Der Eskimo-Forscher Knud Rasmussen hat an einer Geisterbeschwörung teilgenommen, die angesetzt worden war, weil seit drei Tagen ein Schneesturm tobte, der die Jagd vereitelte. Es geschah im April 1924 während seiner fünften Thule-Expedition, in der Nähe von Kap Barrow in Alaska. Der Schamane und ein alter Mann, der den Sturm vertrat, beide in Trance, kämpften miteinander auf Leben und Tod. Der alte Mann verlor dreimal sein Bewusstsein, was die Anwesenden als Sieg über den Sturm auslegten. Tatsächlich schien am nächsten Tag die Sonne.[24] Doch in der höchsten Not entschloss man sich zu einem Menschenopfer. Der Religionshistoriker James George Frazer gibt Beispiele, wie die Naturvölker vorgingen, um einen Gott gnädig zu stimmen, den man sich als Mann vorstellte: sie opferten ihm eine Frau.[25] So handelten auch die Jäger, die dem Wettergott ein Mädchen als Braut zuführten, wenn tagelanger Sturm die Jagd verhinderte. Das Opfer wurde in der Wildnis ausgesetzt und erfror.

An diesen Brauch erinnern zwei im Folgenden zitierte Märchen, das eine wurde bei den Nenzen, das andere bei den Tschuktschen aufgezeichnet. Während die Wohngebiete der Nenzen sich im nördlichen Uralgebiet befinden, teils in Europa, teils in Asien, leben die Tschuktschen auf der nach ihnen benannten Halbinsel, die das Nordpolarmeer vom Beringmeer trennt. Demnach war der Brauch weit verbreitet. (1) Ein alter Mann deutet den langen Schneesturm als Zeichen, dass Kotura, der Herr

---

[24] KNUD RASMUSSEN: Rasmussens Thulefahrt. S. 472-487.
Thulefahrt – zusammenfassender Name für die sieben Expeditionen, die Rasmussen von 1912 bis 1933 zur Erforschung der von Eskimos bewohnten Gebiete organisierte. Während der fünften Expedition unternahm er eine Schlittenreise entlang der Nordwestpassage, um alle dort lebenden Stämme kennenzulernen.
[25] JAMES GEORGE FRAZER: Der goldene Zweig. S. 210-213.

der Winde, eine gute Frau fordert. Also schickt er seine drei Töchter der Reihe nach zu Koturas Zelt. Der Dämon stellt sie auf die Probe: Sie müssen ein Stück Fleisch kochen, Häute walken und aus diesen ein Gewand, Fellstiefel und Fäustlinge nähen. Nur mit den Leistungen der jüngsten Tochter gibt sich der Dämon zufrieden (Der Herr der Winde[26]). – (2) Damit der Tundrasturm nicht länger tobe, verspricht ein Tschuktsche ihm die einzige Tochter. Er gibt vor, sie verheiraten zu wollen, und führt das festlich gekleidete Mädchen in ein einsames Waldstück, wo er es an eine Krüppelkiefer bindet. Als seine Frau den Spuren folgt, findet sie die Tochter im Zelt des Tundrasturms. In der Folge erweist der Tundrasturm den Tschuktschen viel Gutes (Das Märchen vom Tschuktschenmädchen, das den Wind heiraten musste[27]).

Wahrscheinlich entstanden die Märchen aus der Mythe, die den Brauch begleitete. Das Happyend war dazu bestimmt, die Gestalt des geopferten Mädchens zu verklären.

Nun finden wir dasselbe Motiv auch in Märchen, die ehemals im östlichen Europa kursierten. Hier heißt der Dämon, dem das Mädchen zugeführt wird, *Junker Frost* oder *Väterchen Frost*. Solche Märchen sind: „Der Frost"[28] (russisch) – „Junker Frost"[29] (russisch) – „Das Mädchen und Väterchen Frost"[30] (lappländisch) – „Der ‚Mrosek' und die

---

[26]   Der Herr der Winde (AT ---). In: DIE GOLDENE SCHALE und andere Märchen der Völker der Sowjetunion. S. 321-331. – Unter dem Titel „Chozjain vetrov" in: M. BULATOV (Hg.): Gora samocvetov. S. 346-355.

[27]   Das Märchen vom Tschuktschenmädchen, das den Wind heiraten musste (AT ---). In: HARRI FINDEISEN (Hg.): Vom Seehund, der auf Brautschau ging. S. 257-259.

[28]   Der Frost (AT 480). In: ALEXANDER N. AFANASJEW (Hg.): Russische Volksmärchen. Bd. 1, S. 99-101.

[29]   Junker Frost (AT 480). In: ERNA POMERANZEWA (Hg.): Russische Volksmärchen. 284-288.

[30]   A lány és Fagy apó (AT 480). In: LÁSZLÓ SZABÓ (Hg.): A ravasz pókasszony. S. 56-61.

ungleichen Schwestern"[31] (deutsch aus Masuren). Allerdings weicht die Handlung hier in mehreren Einzelheiten ab. Weil die späteren Erzähler nichts vom grausamen Brauch ahnten, auf den sich die Überlieferung bezieht, führten sie eine gehässige Stiefmutter ein, die den Vater zu einer unmenschlichen Tat überredet: Er soll, so heißt es in einer russischen Variante, das Mädchen zu einer Stelle im verschneiten Wald bringen und Junker Frost vermählen. Nicht der Vater, sondern die Stiefmutter ist die treibende Kraft. Das Stiefmutter-Motiv regte andere Erzähler an, den Stoff in die populäre Doppelform AT 480 „Das gute und das schlechte Mädchen" zu gießen. Nun tritt eine unerwartete Wendung ein: Statt das „gute" Mädchen zu töten, beschenkt der Dämon es mit einem Pelz und mit einer Aussteuer, weil es ihm höflich geantwortet hat, das „schlechte" Mädchen aber geht zugrunde.

Das Ende der Altentötung

Dieser Brauch wurde bei den Wildbeutern und Wanderhirten beobachtet. Sie müssen lange Wege zurücklegen, haben aber keine Möglichkeit, bejahrte Verwandte auf einem Reittier oder Wagen mitzunehmen. Überlieferungen, die sich auf die Altentötung beziehen, wurden in Asien, Afrika und Europa aufgezeichnet.

Im europäischen Märchen spielen die genannten Umstände keine Rolle, die späteren Erzähler, die nur mit der Wirtschaftsform des Ackerbaus vertraut waren, gaben als Grund für das Töten der alten Menschen an, dass sie nicht mehr arbeiten können (mithin unnütze Esser sind). So ist es in der bulgarischen Variante „Weshalb man die alten Leute nicht tötet"[32], in der rumänischen Variante „Die Alten, die man tötete"[33] und

---

[31] Der „Mrosek" und die ungleichen Schwestern (AT 480). In: ALFRED CAMMANN (Hg.): Märchenwelt des Preußenlandes. S. 196-200.

[32] Weshalb man die alten Leute nicht tötet (AT 981). In: KYRILL HARALAMPIEFF (Hg.): Bulgarische Volksmärchen. S. 230-235.

[33] Bătrânii ce se omorau (AT 981). In: ELENA NICULIŢĂ-VORONCA: Datinile şi credinţele poporului român. Bd. 1, S. 130.

in der lettischen Variante „Die Weisheit des Vaters"[34]. Das Umdenken erfolgt nach einer Hungersnot, weil nur der Mann einen Ausweg wusste, der seinen Vater aus Mitleid verschonte und von ihm heimlich beraten wurde.

Ein Yoruba-Märchen handelt von einem übermütigen jungen König, der ohne den Rat der Alten regieren will und deshalb ehrgeizige junge Männer anstiftet, ihre Väter umzubringen, wobei er ihnen Häuptlingstitel verspricht. Aber dann will er auch die jungen Häuptlinge loswerden, weil sie sich noch mehr in seine Regierung einmischen als früher die alten. Er stellt ihnen die unmögliche Aufgabe, beim neuen Anbau zu seinem Palast mit der höchsten Dachspitze zu beginnen (Der Sohn, der seinen Vater verschonte[35]). – Mit diesem Märchen ist eine Sage aus dem Elsass vergleichbar: Hier haben die jungen Ratsherren die alten vertrieben, um allein regieren zu können (Die jungen Ratsherren[36]).

Die Saligen-Ehe

Die Überlieferungen von der Saligen-Ehe beziehen sich auf einen Abschnitt der europäischen Geschichte, als der Begriff „Vater" schon existierte, aber die Ehe noch ein lockeres Verhältnis war, das leicht gelöst werden konnte. Im Märchen stellt die Salige dem Freier eine Bedingung, die lautet jedes Mal anders; wenn wir alle Bedingungen zusammenrücken, ergibt sich ein Kodex von Rechten. Der Mann darf nicht schimpfen – nicht schlagen – keine Geliebte haben – keine Frage stellen, welche die Mitgliedschaft im Frauenbund betrifft. Außerdem muss er seiner Frau einen Tag freigeben, an dem sie tun kann, was sie möchte.

Dass ein solches Gelöbnis nicht von mir erfunden worden ist, sondern tatsächlich in einer ähnlichen Form geleistet wurde, beweist ein

---

[34] Die Weisheit des Vaters (AT 981). In: OJĀRS AMBAINIS (Hg.): Lettische Volksmärchen. S. 292-294.

[35] Der Sohn, der seinen Vater verschonte (AT 981): In: ULLA SCHILD (Hg.): Westafrikanische Märchen. S. 37-39, hier S. 37.

[36] Die jungen Ratsherren (AT 981). In: ULLA SCHILD (Hg.): Sagen und Märchen aus dem Elsaß. S. 285-286.

Brauch der Mauren in der westlichen Sahara. Dort war eine von den Bedingungen der Saligen-Ehe bis in unsere Tage Gegenstand eines förmlichen Abkommens zwischen den Eheleuten. Der Mann verpflichtete sich in einem Ehevertrag schriftlich und vor Zeugen, keine weitere Frau zu heiraten und seiner Frau unbedingt die Treue zu halten, andernfalls würde sie sich von ihm trennen. Obwohl der Islam dem Mann mehrere Ehefrauen gestattet, setzten die Maurinnen sich durch. Peter Fuchs hält dies für ein mögliches Erbe ihrer matriarchalischen berberischen Vergangenheit.[37]

Die Salige lebt im Haus ihres Mannes, wobei wir uns vorstellen müssen, dass der Ehemann der Hausgenossenschaft seiner Sippe angehört, was im Märchen niemals präzisiert wird. Als der Mann sein Versprechen bricht, zieht sich die Salige zurück, kehrt aber von Zeit zu Zeit wieder, um die noch kleinen Kinder zu pflegen. Wo sie sich aufhält, wird im Märchen nicht mitgeteilt. Wir müssen uns hinzudenken, dass sie Zuflucht bei ihrer Sippe gefunden hat und nach der Trennung in deren Hausgenossenschaft lebt.

Übrigens nimmt sie bei der Trennung mit, was sie in die Ehe mitgebracht hat, ein Hinweis auf Gütertrennung. So wird es in einem Märchen aus Wales geschildert (Die Frau aus dem See[38]).

Als die Institution der Ehe noch auf schwachen Beinen stand, konnten sich die Partner leicht trennen. Die genannten Scheidungsgründe sind zweitausend Jahre älter als die irischen Gesetze, die das Eheleben im Mittelalter regelten, als die Scheidung ebenfalls noch leicht zu bewerkstelligen war – sie konnte aus folgenden Gründen erfolgen: bei falscher Beschuldigung seitens des Gatten – bei Lächerlichmachung durch denselben – bei übler Behandlung durch Beschimpfung oder Schläge – bei offenem Verlassen oder öffentlicher Beschuldigung der Untreue – bei Ehebruch oder Vernachlässigung – beim Nachweis, dass vor der Eheschließung ein Liebestrank verabfolgt wurde – bei Nichteinräumung der

---

[37]   PETER FUCHS: Menschen der Wüste. S. 92-93.

[38]   Die Frau aus dem See. In: FREDERIK HETMANN (Hg.): Roter Drache, grünes Tal. S. 29-35, hier S. 34-35.

häuslichen Rechte.[39] Bei den Kpelle in Liberia, die um 1900 noch in einer Stammesgesellschaft lebten, konnte eine Frau die Scheidung beantragen, falls ihr Mann sie schlecht behandelte oder die ehelichen Pflichten nicht erfüllte.[40]

Durch eine bei den Kpelle gültige Regelung wird die im Märchen vermerkte Pflicht der geschiedenen Frau, sich um die noch kleinen Kinder zu kümmern, als historisch bestätigt: Wurde die Ehe auf Antrag der Frau gelöst, dann verblieben die Kinder dem Manne; einen Säugling aber behielt die Mutter bis zur Entwöhnung, um ihn dann dem Vater zu übergeben.[41]

Ein Drache sperrt das Wasser

Im Deutschen ist das Wort *Drache* vieldeutig, es bezeichnet zum einen verschiedene Begriffe des Volksglaubens, zum anderen Funktionen des Stammeszauberers. Diese sind:
- der mythische Dämon, der Sonne und Mond raubt (AT 300 A);
- das Untier, in dessen Blut Siegfried badet (AT 650 C);
- eine Erscheinungsform des Unholds in den Menschenfresser-Märchen (AT 312 D, 327 B);
- das geflügelte, mehrköpfige Scheusal, das in regelmäßigen Abständen eine Jungfrau fordert und entweder damit droht, den einzigen Brunnen zu sperren, oder damit, das Land durch eine Überschwemmung zu verwüsten (AT 300);
- die Vogel-Maske des Stammeszauberers (AT 461);
- der Unhold, der ein herangewachsenes Mädchen entführt (AT 301);
- der Unhold, der ins Brautgemach des Königssohns dringt (AT 516).

---

[39] MARTIN LÖPELMANN: Erläuterungen und Anmerkungen. In: Ders. (Hg.): Erinn. S. 391-489, hier S. 419. (Mit Berufung auf E. O'CURRY.)
[40] DIEDRICH WESTERMANN: Die Kpelle. S. 62.
[41] Ebd., S. 63.

Die Drachen sehen nicht in jedem Märchen gleich aus. Beim Typus AT 300 „Der Drachentöter" hat das Untier zwei Vorderbeine, zwei Hinterbeine, zwei Flügel und einen langen Schwanz, öfter auch mehrere Köpfe, die auf je einem langen Hals sitzen. Abweichend davon gleicht der Drache im schottischen Märchen „Assipattle und der Meister Lindwurm"[42] einem riesigen Wal. Beim Märchentypus AT 300 A „Der Kampf an der Brücke" tritt der Drache als Kombination von Mensch und Reptil auf: er reitet auf einem Pferd und kämpft mit den Waffen eines Ritters. Dasselbe gilt für AT 301, 302 C, 312 D, 468. Beim Märchentypus AT 461 „Drei Haare vom Barte des Teufels" soll der Held in manchen Varianten einem Drachen drei Federn ausreißen. In anderen Varianten soll er einem Vogel – einem Riesen – einem Popanz – einem Teufel drei Federn ausreißen, die alle gleich jenem Drachen Menschenfresser sind. Also handelt es sich in all diesen Fällen um die Vogel-Maske des Stammeszauberers, die aus irgendeinem Grund auch als *Drache* bezeichnet wird. Nebenbei sei vermerkt, dass der Stammeszauberer auch mit einer Schlangen-Maske aufgetreten ist, aber dann bloß *Schlange* heißt (Das Schloss mit den Klapptüren[43], spanisch, AT 425 A mit vertauschten Rollen + 400).

Vom Drachen, der eine Jungfrau fordert und, je nachdem, mit einer Dürre oder mit einem Flutschlag droht, falls die Forderung nicht erfüllt wird, hat man in Asien, Afrika und Europa erzählt. Die Überlieferungen erinnern mehr oder weniger deutlich an den Brauch, dem Flussgott eine Jungfrau zu opfern; im Märchen trifft das Los gewöhnlich die Königstochter. Das unglückliche Mädchen wurde am Flussufer angebun-

---

[42] Assipattle und der Meister Lindwurm (AT 300). In: HANNAH AITKEN und RUTH MICHAELIS-JENA (Hg.): Märchen aus Schottland. S. 106-117. – Unter dem Titel „Aschenpütter und der Meerdrache" enthalten in: ALFRED EHRENTREICH (Hg.): Englische Volksmärchen. S. 212-227.

[43] A csapóajtós kastély (AT 425 A mit vertauschten Rollen + 400). In: LAJOS BOGLÁR (Hg.): A három narancs palotája. S. 94-99, hier S. 94-95. Mit vertauschten Rollen: Die Heldin handelt wie sonst der Held und umgekehrt.

den (dieses Detail hat sich in mehreren Texten erhalten) und wurde dann von Krokodilen oder anderen Raubtieren gefressen.

Im Katalog der Märchentypen von Antti Aarne (zweimal überarbeitet von Stith Thompson) eröffnet die Geschichte vom Drachentöter den Abschnitt der Zaubermärchen. Erstaunlicherweise wird nicht vermerkt, dass der Drache etwas mit dem Wasser zu tun hat. In den europäischen Varianten blieb diese Beziehung nur ausnahmsweise erhalten. So in einem rumänischen Märchen aus Siebenbürgen – hier haust der Drache im einzigen Brunnen und droht immer wieder, das Wasser zu sperren (Vom zwölfköpfigen Drachen, dem alljährlich ein Mädchen geopfert werden musste[44]).

Als Einsprengsel finden wir die Geschichte vom Drachentöter in den Zaubermärchen von den geraubten Königstöchtern (AT 301) und in jenen von den zwei Brüdern (AT 303). Im Falle von AT 301 gelangt der von seinen Gefährten verratene Held in eine zweite Unterwelt. Dort besiegt er einen Drachen, der den Brunnen des Königreichs sperrt, worauf ihm der König den Proviant für den Riesenvogel zur Verfügung stellt, der ihn zurück in die Oberwelt befördern will. Im Falle von AT 303 wird die Beziehung des Drachen zum Wasser manchmal vermerkt (Der verwunschene Wald[45], slowakisch; Apfelbaum und Birnbaum[46], rumänisch aus Siebenbürgen; Die Zwillingsbrüder[47], griechisch). Aus anderen Texten ist sie verschwunden (Die zwei Brüder[48], deutsch, von den Brüdern Grimm aus mehreren Überlieferungen zusammengesetzt; (Die Zwillings-

---

[44]   Vom zwölfköpfigen Drachen, dem alljährlich ein Mädchen geopfert werden musste (AT 300). In: FRANZ OBERT: Rumänische Märchen und Sagen aus Siebenbürgen. S. 463-465.

[45]   Der verwunschene Wald (AT 303). In: PAVOL DOBŠINSKÝ: Der verwunschene Wald. S. 12-20.

[46]   Măr şi păr (AT 303). In: ION POP RETEGANUL: Poveşti ardeleneşti. S. 164-178.

[47]   Die Zwillingsbrüder (AT --- + 303). In: JOHANN GEORG VON HAHN: Griechische Märchen. S. 125-132.

[48]   Die zwei Brüder (AT 567 + 303). In: GRIMM, BRÜDER GRIMM: Kinder- und Hausmärchen. KHM 60. Bd. 1, S. 312- 334.

brüder[49], französisch aus der Gascogne; Die zwei Brüder, die Förster waren[50], tschechisch).

Abweichend davon zirkulierte in der Folklore die Sage von einem Drachen, der durch das Zerreißen von Flussufern eine furchtbare Überschwemmung und fiebrige Krankheiten verursachte, bis er durch einen Sendboten Gottes besiegt worden ist. In Österreich, Deutschland, Frankreich und Belgien hat sich das Motiv des Drachenkampfes in Drachenspielen und als Programmpunkt von Umzügen, etwa der Fronleichnamsprozession, bis in die Neuzeit erhalten. Als Sendbote Gottes fungierte meist der Schutzpatron der betreffenden Stadt.[51]

Propp zufolge ist die Errettung der zum Opfer bestimmten Jungfrau ein irrealer Vorgang, der geraume Zeit nach der Aufgabe des grausamen Brauchs erdichtet wurde. „In der Blütezeit dieses Rituals wäre er [der Retter] als Gottloser, der den lebenswichtigsten Interessen des Volkes zuwiderhandelt, umgebracht worden. Sein Handeln hätte die Ernte in Frage gestellt. Im Märchen ist er ganz im Gegenteil ein Held, der öffentlich geehrt wird."[52] Dessen ungeachtet ist ein solcher Fall aus Nebraska bekannt.[53]

---

[49] Die Zwillingsbrüder (AT 303). In: JEAN FRANÇOIS BLADÉ: Der Davidswagen. S. 55-62.

[50] Die zwei Brüder, die Förster waren (AT 303). In: OLDŘICH SIROVÁTKA (Hg.): Tschechische Volksmärchen. S. 135-140.

[51] HANS MOSER: Der Drachenkampf in Umzügen und Spielen. In: BAYERISCHER HEIMATSCHUTZ. 30. Jahrgang. München, 1934. S. 45-59, hier S. 55.

[52] VLADIMIR PROPP: Die historischen Wurzeln des Zaubermärchens. S. 329.

[53] Ehemals opferten die Pawnees vor dem Setzen der Maiskörner im Frühjahr eine geraubte Jungfrau. Sie wurde getötet, indem jeder Mann einen Pfeil in ihren Leib schoss; davon erhoffte man eine reiche Ernte. Das war die Morgensternfeier, ein Menschenopfer nach aztekischem Vorbild. Anfang des 19. Jahrhunderts – angeblich im Jahre 1817 – lehnte sich ein Häuptlingssohn gegen diesen Brauch auf. Im kritischen Augenblick durchschnitt er die Riemen am Gerüst, schwang das Mädchen auf

Der Brauch wurde aufgegeben, als die Menschen sich Rechenschaft gaben, dass sie imstande sind, die Fruchtbarkeit der Felder durch künstliche Bewässerung zu gewährleisten. In Europa waren die mykenischen Griechen Meister der Hydrotechnik, die Belege dafür stammen aus der Mittleren Bronzezeit, d.h. 1600 bis 1200 v.Chr. (ihre Reiche sind um 1200 v. Chr. zusammengebrochen). Natürlich stellt sich die Frage, ob die Vorfahren der mykenischen Griechen, als sie in die Peloponnes einwanderten und die ansässige Bevölkerung unterwarfen, über das Knowhow der Wasserkunst verfügten oder ob sie es von den Einheimischen übernahmen, was wahrscheinlich ist. In den Märchen von der Buschschule tritt ein Mann auf, der für Dammbauten und für das Umleiten von Wasserläufen zuständig ist, er heißt *Flüsselenker* oder *Flüsseaustrockner*. Wenn ein Wasserlauf gestaut und umgeleitet wird, dann trocknet das frühere Flussbett aus, also knüpfen die zwei Namen am selben Vorgang an. Als Flüsselenker kommt der Kerl in einem finnischen und in einem aus Spanien stammenden mexikanischen Märchen vor (Der mannhafte Mikko[54], AT 650 A + 301 B; Der Bärenhans[55], AT 650 A + 301 B). Als Flüsseaustrockner tritt er in einem portugiesischen Märchen auf (Sohn einer Eselin[56], AT 301 B).

---

sein Pferd und ritt mit ihm davon, um es freizulassen. Erstaunlicherweise wurde er nach seiner Rückkehr nicht bestraft, sondern für seinen Mut bewundert. Es gelang dann dem Häuptling, die Fortsetzung des Brauchs zu verhindern. Siehe: OLIVER LA FARGE: Die große Jagd. S. 62. Jener Held hieß *Petalasharo,* er lebte von 1797 bis 1852 und stieg vom Häuptling der Wolf-Pawnees zum Oberhäuptling des Pawnee-Stammes auf. Siehe: KUNO MAUER: DAS NEUE INDIANERLEXIKON. S. 242-246.

[54] Der mannhafte Mikko (AT 650 A + 301 B). In: ROBERT KLEIN (Hg.): Das weiße, das schwarze und das feuerrote Meer. S. 37-50, hier S. 43.

[55] Der Bärenhans (AT 650 A + 301 B). In: HARRI MEIER (Hg.): Spanische und portugiesische Märchen. S. 299-311, hier S. 302.

[56] Sohn einer Eselin (AT 301 B). In: HARRI MEIER und DIETER WOLL (Hg.): Portugiesische Märchen. S. 152-155, hier S. 153.

Das versteckte Herz

Jener Wahn, dass der Mensch dem Tod entrinnen könne, indem er den Sitz seiner Lebenskraft, als Gegenstand gedacht, an einem sicheren Ort versteckt, war einst über alle Kontinente verbreitet. Er hat sich in der Folklore niedergeschlagen, James George Frazer füllte ein ganzes Kapitel seines Werkes „Der goldene Zweig" mit Beispielen, es heißt „Die äußere Seele in der Volkssage"[57]. Im folgenden Kapitel veranschaulicht er, wo die Lebenskraft versteckt werden konnte: in leblosen Dingen, in einer Pflanze oder in einem Tier.[58]

In der europäischen Folklore sind alle drei Möglichkeiten belegt. Wir finden das Motiv insbesondere bei den Märchentypen AT 302 „Das Herz des Unholdes im Ei" und AT 303 A „Sechs Brüder suchen sieben Schwestern zu Frauen", aber auch in anderen Texten. Im finnischen Märchen „Das dreieckige Haus auf der Meeresinsel" (AT 461) führt der Teufel mit der geraubten Königstochter folgendes Gespräch:

„Was ist denn das, was in dir klopft?"

„Weißt du das nicht? Das ist mein Herz."

„Ja, traust du dich denn, dein Herz bei dir zu tragen?"

„Und du, wo hast du deins?"

„Nun, im Stall, in einem Ei. Das aber ist in einer kleinen Büchse im Kropf vom Hahn."[59]

AT 302 „Das Herz des Unholdes im Ei": Ein Unhold hat die Königstochter entführt, um sie zu befreien, muss der Held erfahren, wo jener sein Herz bzw. seine Seele versteckt. Die Königstochter entlockt dem Unhold das Geheimnis. Im tschechischen Märchen „Vom Gesellen Franz"[60] befindet sich das Ei in einem Hasen und der Hase in einem

---

[57] JAMES GEORGE FRAZER: Der goldene Zweig. S. 969-986.

[58] Ebd., S. 986-1004.

[59] Das dreieckige Haus auf der Meeresinsel (AT 461). In: Éva Pap (Hg.): Der Bärenjunge. S. 75-83, hier S. 79-80.

[60] Vom Gesellen Franz (AT 302). In: OLDŘICH SIROVÁTKA (Hg.) Tschechische Volksmärchen. S. 13-22.

Löwen. Im dänischen Märchen „Der Schusterjunge"[61] befindet sich das Ei in einer Ente, die Ente in einem Hasen, der Hase in einem Drachen, und jener Drache verbirgt sich in einem polnischen See. Der Unhold tritt auf als Zauberer – Riese – Drache – Menschenfresser – Stahl-Pascha; diese Erscheinungsformen sind Abbilder des Stammeszauberer, dem die Aufgabe zufiel, die Mädchen rituell zu entjungfern. (Im dänischen Märchen wird der Unhold als *Troll* bezeichnet.)

In einem Fall ist der Entführer weiblich, es handelt sich um die Fee *Düstere Wolke* (Die Düstere Wolke[62], italienisch aus der Toskana). Diese Fee saugt Blut aus den Fingern der entführten Mädchen, die entkräftet in ihren Betten liegen.

Nur ausnahmsweise dient eine Pflanze als Versteck: Im bretonischen Märchen „Mabik und der Wolkenriese"[63] befindet sich das Leben des Wolkenriesen in einem alten Buchsbaum, der im Schlossgarten steht.

AT 303 A „Sechs Brüder suchen sieben Schwestern zu Frauen". Hier hat die Zauberer-Gestalt ihr Herz in einem Vogel verborgen. Meist handelt es sich um einen alten Mann, aber in der siebenbürgisch-sächsischen Variante ist es eine Hexe (Von den zwölf Brüdern, die zwölf Schwestern zu Frauen suchten[64]). Hintergrund der Handlung ist die gemeinsame Jugendweihe der Knaben und Mädchen, die einander schon in der Wiege verlobt worden sind. Zauberer und Hexe haben sie betäubt, angeblich um ihren Leib zu öffnen und Organe auszutauschen – die rituelle Umwandlung der Initianden in Erwachsene.

Sporadisch taucht das Motiv in anderen Zusammenhängen auf. Auch der Zwerg Ellenbart, in dem wir einen Vertrauten der zwei

---

[61] Der Schusterjunge (AT 302). In: HEINZ BARÜSKE (Hg.): Dänische Märchen. S. 75-91.

[62] Die Düstere Wolke (AT 302). In: RUDOLF SCHENDA (Hg.): Märchen aus der Toskana. S. 131-139.

[63] Mabik und der Wolkenriese (AT 302). In: DAGMAR FINK (Hg.): Mabik und der Wolkenriese. S. 19-25.

[64] Von den zwölf Brüdern, die zwölf Schwestern zu Frauen suchten (AT 303 A). In: JOSEF HALTRICH: Sächsische Volksmärchen aus Siebenbürgen. S. 177-180.

Schulleiter erkennen, verbirgt seine Kräfte: In einem Wildschwein befindet sich ein Lädchen, im Lädchen ein Spätzlein, im Spätzlein drei Würmer, und in diesen Würmern steckt seine Kraft (Der Märchenheld und Ileana Cosînzeana[65], rumänisch aus Siebenbürgen, AT 301 B + 302).

Sakrale Könige

Genauso, wie unsere Vorfahren handelten, um ihr Leben zu schützen, nämlich indem sie das Herz oder die Seele an einem unzugänglichen Ort versteckten, verfuhren sie mit ihren Königen und Oberpriestern, von deren Wohlergehen vermeintlich das Wohl der Gemeinschaft abhing – das Wohl des Stammes, das Wohl des Volkes. Der König wurde auf alle nur erdenkliche Weise gegen Gefahren abgeschirmt: Man schützte ihn vor Wind und Regen, er schritt nur über Teppiche oder wurde getragen. Letzten Endes isolierte man ihn von der Außenwelt und reichte ihm das Essen durch eine Luke. Allerdings galt diese Sorgfalt nur, solange der König sich bester Gesundheit erfreute. Wenn er verwundet wurde oder erkrankte oder Zeichen des Alterns erkennen ließ, musste er seine Stellung räumen, indem er Selbstmord beging oder von einem Würdenträger getötet oder in einem Krieg dem Gegner überlassen wurde. Manche Völker haben es gar nicht so weit kommen lassen, sondern sich nach Ablauf einer gewissen Frist – zehn Jahre, sieben Jahre, drei Jahre – des Amtsinhabers entledigt. Schließlich erfanden gewitzte Könige den Ausweg, kurz vor Ablauf der Frist einen Scheinkönig einzusetzen, der zwei-drei Tage lang die Rechte eines Oberhaupts genoss, aber dann sterben musste.

Bei manchen Völkern wurde der König samt seiner Familie isoliert – eingesperrt.

Frazer beschäftigt sich im „Goldenen Zweig" ausführlich mit den Tabus, die den „König auf Zeit" und seine Familie umgaben. Laut Propp

---

[65]   Făt-Frumos şi Ileana Cosînzeana (AT 301 B + 302). In: IOAN ŞERB (Hg.): Tinereţe fără bătrîneţe şi viaţă fără de moarte. S. 178-196, hier S. 189.

spielen manche in der Einleitung des Märchens eine Rolle.[66] Spezifische Motive sind: Die Königskinder werden isoliert. – Sie leben in einem Turm (d.h. sie dürfen die Erde nicht berühren). – Sie müssen in völliger Finsternis verharren. – Niemand darf die Eingeschlossenen sehen. – Die Nahrung wird ihnen durch eine Luke gereicht.

Ein weiteres Motiv fällt aus dem Rahmen. Hier soll die eingeschlossene Jungfrau durch das Sitzen im Turm auf die Ehe vorbereitet werden, aber nicht auf die Ehe mit einem gewöhnlichen Mann, sondern mit einem Wesen göttlicher Art.[67] Zum Unterschied von den anderen Motiven ist gerade dieses in Europa verbreitet: Die in einem fensterlosen Turm eingeschlossene Königstochter wird von einem Sonnenstrahl schwanger (Die Sonnenprinzessin[68], italienisch, AT 898). – Die eingemauerte Zarentochter wird von einem Windstoß schwanger (Iwan der Wind[69], ukrainisch, AT 650 A + 302). – Die Königstochter trinkt Wasser von einer wundertätigen Quelle (Von Johannes-Wassersprung und Caspar-Wassersprung[70], deutsch aus Hessen, AT 303). – Ein Mann steigt aus dem See, der das Schloss umgibt, und schwängert die zwei Prinzessinnen (Die beiden Freunde[71], rätoromanisch, AT 303). – Eine Alte bringt

---

[66]   VLADIMIR PROPP: Die historischen Wurzeln des Zaubermärchens. S. 41-51.

[67]   Ebd., S. 47.

[68]   Die Sonnenprinzessin (AT 898). In: WALTER KELLER und LISA RÜDIGER (Hg.): Italienische Märchen. S. 320-325, hier S. 321. Das Märchen ist im gesamten Mittelmeerraum von Spanien bis zur Türkei bekannt, darüber hinaus bis Afghanistan.

[69]   Iwan der Wind (AT 650 A + 302). In: WIE IWAN DIE SONNE BESUCHTE. S. 247-254, hier S. 247.

[70]   Von Johannes-Wassersprung und Caspar-Wassersprung (AT 303). In: PETER DETTMERING (Hg.): Kinder- und Hausmärchen der Brüder Grimm. Urfassung. S. 255-257, hier S. 255. Dieses Märchen war in der ersten Ausgabe der Grimm'schen Sammlung enthalten, es bildet eine Vorstufe zu KHM 60 „Die zwei Brüder".

[71]   Die beiden Freunde (AT 303). In: URSULA BRUNOLD-BIGLER (Hg.): Die drei Winde. S. 74-76, hier S. 74.

der eingesperrten Königstochter und ihrer Magd verzauberte Äpfel (Silberweiß und Lillwacker[72], schwedisch, AT 303).

Im Kontext erwähnt Propp das Grimm'sche Märchen „Jungfrau Maleen"[73], dessen Heldin von ihrem Vater für sieben Jahre in einen Turm gesperrt wird, weil sie darauf beharrt, den von ihr gewählten Königssohn zu heiraten. Dieser Grund für die Einsperrung ist laut Propp für das Märchen nicht typisch und stellt einen Übergang zum novellistischen Genre dar.

Heirat mit der Königstochter

Dort, wo es noch Könige gibt, überlässt der scheidende Amtsinhaber den Thron gewöhnlich seinem ältesten Sohn. Im Widerspruch damit erinnern manche Märchen mehr oder weniger deutlich an ein anderes System der Machtübergabe: Das Recht auf den Thron war an die Ehe mit der jüngsten Königstochter gekoppelt, denn die Macht wurde in weiblicher Linie vererbt.

Der amtierende König ist alt geworden, und seine magischen Kräfte, die er zum Wohle des Volkes einsetzen sollte, haben nach allgemeiner Ansicht stark nachgelassen. Deshalb müsste er abtreten, und das heißt: sterben. Dazu aber ist er nicht bereit. James George Frazer hat sich ausführlich mit der Ablösung des Königs beschäftigt, dessen magische Kräfte vermeintlich nachlassen.[74] In Anlehnung an Frazer hat Wladimir Propp die Problematik im Märchen analysiert.[75]

Im Märchen denkt sich der alternde König schwere, praktisch unlösbare Aufgaben aus – wer die bewältigt, der soll die Prinzessin heiraten und den Thron erben.

---

[72]   Silberweiß und Lillwacker (AT 303). In: KLARA STROEBE (Hg.): Nordische Volksmärchen. Bd. 1, S. 201-213, hier S. 202.

[73]   Jungfrau Maleen (AT 870). In: GRIMM, BRÜDER GRIMM: Kinder- und Hausmärchen. KHM 198. Bd. 2, S. 419-425.

[74]   JAMES GEORGE FRAZER: Der goldene Zweig. S. 387-422.

[75]   VLADIMIR PROPP: Die historischen Wurzeln des Zaubermärchens. S. 423-436.

Die Hand der Prinzessin soll erhalten,
- wer ein Schiff bauen kann, das über Wasser und Land fährt (AT 513 B „Das zu Wasser und zu Lande fahrende Schiff");
- wer hundert Hasen zu hüten vermag (AT 570 „Der Hasenhirt").

In anderen Fällen haben die Erzähler die Weigerung des Königs mit Erinnerungen an die Jugendweihe kombiniert:
Die Hand der Prinzessin soll erhalten,
- wer über den Glasberg laufen kann, ohne zu fallen (Oll Rinkrank (AT ---), deutsch aus Friesland[76]);
- wer imstande ist, auf den Glasberg zu reiten und dort von der Prinzessin den Goldapfel erhält (AT 530 „Die Prinzessin auf dem Glasberg").

Ein Sonderfall tritt ein, wenn der amtierende König verwitwet. Im Märchen will er, um an der Macht zu bleiben, die Tochter heiraten (AT 510 B „Allerleirauh"). In der älteren Geschichte Ägyptens sind solche Fälle belegt.

In der Grimm'schen Variante verspricht der König seiner todkranken Frau, falls er sich wieder vermählen sollte, nur eine Frau zu nehmen, die ebensolche goldene Haare hat (Allerleirauh[77]). Die Bedingung lautet in jeder Variante anders, alle Bedingungen wurden von späteren Erzählern erfunden. Zum Beispiel: Eine Frau, die ebenfalls einen Stern auf der Stirn hat (Vom Kaiser, der seine eigene Tochter heiraten wollte[78], Märchen der Südslawen). – Eine Frau, der ihr Ring passt (Die hölzerne

---

[76]   Oll Rinkrank (AT ---). In: GRIMM, BRÜDER GRIMM: Kinder- und Hausmärchen. KHM 196. Bd. 2, S. 413-415, hier S. 413.

[77]   Allerleirauh (AT 510 B). In: GRIMM, BRÜDER GRIMM: Kinder- und Hausmärchen. KHM 65. Bd. 1, S. 350-356.

[78]   Vom Kaiser, der seine eigene Tochter heiraten wollte (AT 510 B). In: FRIEDRICH S: KRAUSS: Sagen und Märchen der Südslaven [...]. Bd. 2, S. 339-345.

Maria[79], italienisch aus Rom). – Eine Frau, der ihre Schuhe passen (Die Hühnermagd[80], rumänisch aus der Moldau).

In einem russischen Märchen befehlen Zar und Zarin ihrem Sohn, seine Schwester zu heiraten (Die Zarentochter im unterirdischen Reich[81]). Auch dieses für uns unverständliche Motiv wurzelt in den Erbschaftsregeln des ehemaligen matriarchalischen Systems. „Im alten Ägypten", schreibt George Thomson, „wurde die Königswürde in weiblicher Linie vererbt. Die Kinder einer Mutter königlichen Geblüts waren gleichfalls königlich, während der König seinen Söhnen nur dadurch seine Stellung vererben konnte, dass er [der Sohn] eine seiner Schwestern oder eine Tochter der Schwester seiner Mutter [d.h. eine Kusine] ehelichte."[82]

Die Beratung der Sippenältesten
an der Wiege eines Neugeborenen

In den Balkanländern war es bei der Landbevölkerung bis weit ins 20. Jahrhundert üblich, am dritten Tag nach der Geburt eines Kindes das Zimmer neben dem der Wöchnerin für den Besuch ranghoher Gäste vorzubereiten. Der Weg zum Zimmer wurde beleuchtet, der Hund weggebracht und alles entfernt, worüber ein Ortsfremder hätte stolpern können. Das war von der Tradition vorgegeben. Die Familie erwartete den Besuch der Schicksalsfrauen, die über die Zukunft eines Kindes bestimmen. Und so wie auf dem Balkan war es in Lothringen noch zur Zeit der Johanna von Orléans[83] und in Böhmen noch im 19. Jahrhundert (Die

---

[79] Die hölzerne Maria (AT 510 B). In: FELIX KARLINGER (Hg.): Italienische Volksmärchen. S. 63-70.

[80] Găinăreasa (AT 510 B). In: PETRE ISPIRESCU: Legende sau basmele romậnilor. S. 288-294.

[81] Die Zarentochter im unterirdischen Reich (AT ---). In: REINHOLD OLESCH (Hg.): Russische Volksmärchen. S. 47-49.

[82] GEORGE THOMSON: Frühgeschichte Griechenlands und der Ägäis. S. 121.

[83] ANATOLE FRANCE: Vie de Jeanne d'Arc. S. 59.

Schicksalsrichterinnen[84]). Die Schicksalsfrauen der Balkanvölker sind so wie die Feen der französischen Folklore und die Schicksalsrichterinnen der Böhmen Abbilder von Sippenältesten, die sich an der Wiege eines Neugeborenen einfanden, um mehrere Fragen zu klären.

Der Brauch muss uralt sein, denn er spiegelt sich in Märchen mit Motiven, die Momenten der archaischen Jugendweihe entsprechen, siehe AT 410 „Dornröschen" und AT 930 „Der reiche Mann und sein Schwiegersohn". Die von der dreizehnten Fee ausgesprochene Verwünschung bezieht sich auf die Betäubung, die von den Schulleitern herbeigeführt wurde, um die Initianden durch den Austausch von Organen rituell in Erwachsene zu verwandeln. Der Orakelspruch der Schicksalsfrauen bei AT 930 – wen das Neugeborene heiraten wird – hängt mit dem Bestreben zusammen, das Prestige der eigenen Sippe durch eheliche Verbindungen mit angesehenen Sippen des Stammes zu heben. Dank dieser Umstände waren die künftigen Partner etwa gleich alt. In einem tschechischen, einem holsteinischen und einem ungarischen Märchen heißt es ausdrücklich, dass sie zur selben Zeit geboren worden sind (Die drei goldenen Haare von Vater Allwissend[85]; Nach dem Kiwitsberg[86]; Der Knabe im Sarg[87]). Es liegt nahe, an die Verlobten zu denken, die gemeinsam an der Jugendweihe teilnehmen, siehe den Märchentypus AT 303 A „Sechs Brüder suchen sieben Schwestern zu Frauen".

Meines Wissens wird ein anderer Grund für die Beratung der Sippenältesten in keiner Überlieferung angesprochen: die Frage nach dem kürzlich verstorbenen Ahnen, dessen Seele in das Neugeborene eingezogen ist. Die rituelle Weissagung zur Ermittlung dieses Ahnen wurde noch

---

[84]   Die Schicksalsrichterinnen. In: JOSEF VIRGIL GROHMANN: Sagen-Buch von Böhmen und Mähren. S. 15.

[85]   Die drei goldenen Haare von Vater Allwissend (AT 930 + 461). In: JAROMÍR JECH (Hg.): Tschechische Volksmärchen. S. 120-126, hier S. 121.

[86]   Na 'n Kiwitsbarg (AT 930 + 461). In: WILHELM WISSER: Plattdeutsche Volksmärchen. Bd. 1, S 90-98, hier S. 90.

[87]   Der Knabe im Sarg (AT 930 + 461). In: GYULA ORTUTAY (Hg.): Ungarische Volksmärchen. S. 322-338, hier S. 323.

in der nahen Vergangenheit sowohl bei den Mansen (oder Wogulen) in Westsibirien zelebriert[88] als auch bei den Lappen im nördlichen Skandinavien und bei den Yoruba in Nigeria[89]. Ebenso bei den Meau, einem nordsiamesischen Bergstamm.[90] Das deutsche Wort *Enkel*, althochdeutsch *eninchili*, ist die Verkleinerung von *Ahn*, denn der Enkel galt als der wiedergeborene Großvater. Mit dieser Vorstellung hängt der Brauch zusammen, die Kinder nach den Großeltern zu benennen, wie es auch in Deutschland, Griechenland, Serbien und Rumänien lange üblich war (neben anderen Systemen der Namengebung). In Tanganyika wurde ein neugeborenes Kind vormals oft mit der Anrede *Großvater* begrüßt.[91]

Die Sippenältesten mussten auch die Frage klären, wer dem Männerbund bzw. dem Frauenbund die Taxe entrichtet, damit das Kind formell in den Bund aufgenommen wird (von Propp unter dem Stichwort *Verschreibung* erläutert[92]). Das wäre die Erklärung dafür, warum es in etlichen Märchen heißt, die Schicksalsfrauen haben dies und das und jenes vorherbestimmt, was gar nicht sein kann, weil der Ablauf der Jugendweihe von der Tradition vorgegeben war. Zum Beispiel:

Sobald der Knabe neun Jahre alt ist, soll er vom Rasenden Wind weggetragen werden (Das Kind, das der Rasende Wind nehmen sollte[93], rumänisch, AT 400). – Im zwölften Lebensjahr soll der Knabe von bösen Geistern entführt werden, die Prinzessin aber soll nicht heiraten können,

---

[88]   SOJA SOKOLOWA: Das Land Jugorien. S. 145.

[89]   JAMES GEORGE FRAZER: Der goldene Zweig. S. 374.

[90]   HUGO ADOLF BERNATZIK: Die Geister der gelben Blätter. S. 158. *Siam* – ältere Bezeichnung von Thailand.

[91]   HILDE THURNWALD: Die schwarze Frau im Wandel Afrikas. S. 64.

[92]   VLADIMIR PROPP: Die historischen Wurzeln des Zaubermärchens. S. 102-105.

[93]   Copilul ursit să-l ia vîntul turbat (AT 400). In: OVIDIU BÎRLEA (Hg.): Antologie de proză populară epică. Bd. 1, S. 544-563, hier S. 545. Übersetzung Bd. 3, S. 412-413. Die einzige mir bekannte Aussage über die Entführung eines Knaben durch den Wind. Im Falle der Mädchen stereotyp bei AT 301 und AT 302.

bis jemand eine Nacht in ihrer Kammer verbringt und heil davonkommt (Der Held, geboren mit einem Buch in der Hand[94], rumänisch, AT 400). – Die Prinzessin soll im zwölften Lebensjahr von der Blumenfee verschleppt werden (Märzveilchen[95], rumänisch, AT 407). – Wenn die Sonne auf die Prinzessinnen scheint, bevor sie fünfzehn Jahre alt sind, wird ein riesenhafter Troll sie entführen (Die verschwundenen Prinzessinnen[96], schwedisch, AT 301 A). – Die Prinzessin soll sich, sobald sie lacht, in eine Blume verwandeln (Wucherblume[97], rumänisch, AT 407 + 571 A). – Die Königstochter soll sich im fünfzehnten Lebensjahr, wenn sie von der Sonne beschienen wird, in eine Eidechse verwandeln, ins Meer fallen und fünf Monate darin bleiben (Der Riese vom Berge[98], griechisch, AT 403). – Sobald das Mädchen das dreizehnte Lebensjahr erreicht hat, soll es sich in eine Zitrone verwandeln (Die drei Zitronen[99], griechisch, AT 408).

Die kollektive Jugendweihe

Auf diesen Brauch beziehen sich zahlreiche Überlieferungen. In der Folklore haben sich unzählige Einzelheiten erhalten, allerdings mit Zutaten verquickt, die von späteren Erzählern eingeschleust wurden, weil diese die Lebensumstände des Helden ihren eigenen Lebensumständen anpassten.

---

[94] Voinicul cel cu cartea în mînă născut (AT 400). In: PETRE ISPIRESCU: Legende sau basmele românilor. S. 95-110, hier S. 97.

[95] Povestea viorelei (AT 407). In: TONY BRILL (Hg.): Legendele florei. S. 254.

[96] Die verschwundenen Prinzessinnen (AT 301 A). In: WALDEMAR LIUNGMAN (Hg.): Weißbär am See. S. 47-51, hier S. 47.

[97] Povestea tufănicei (AT 407 + 571 A). In: TONY BRILL (Hg): Legendele florei. S. 202-209, hier 202-203.

[98] Der Riese vom Berge (AT 403). In: LEANDER PETZOLDT (Hg.): Balkan-Märchen. S. 59-66, hier S. 59.

[99] Die drei Zitronen (AT 408). In: GEORGIOS ARIDAS (Hg.): Und sie lebten glücklich ... S. 79-85, hier S. 83.

Die Märchen von der Buschschule bieten kein einheitliches Bild.

(1) Was das Geschlecht der Initianden betrifft, lassen sich drei Formen unterscheiden: nur Knaben (AT 451) – nur Mädchen (AT 402, 408, 409 A) – eine gemischte Gruppe (AT 301, 303 A, 325, 400).

(2) Im Falle der rituellen Erneuerung des Körpers zeichnen sich drei Verfahren ab: Der Initiand wird verbrannt (AT 325, 400). – Der Initiand wird zerstückelt, das Fleisch von den Knochen gelöst und gekocht (AT 313, 325, 400). – Zauberer und Hexe öffnen den Unterleib des Initianden und ersetzen Organe (AT 303, 303 A und alle Märchen, deren Held bzw. deren Heldin im Banne der Verzauberung den Anblick eines Scheintoten oder einer Steinfigur bietet, siehe AT 311, 410, 425 C, 425 G, 707, 709 u.a.).

(3) Oft verlagert sich die Handlung unter den Erdboden (AT 301, 325, 402, 425 A, 425 B, 936*), in manchen Fällen in die Tiefe des Wassers (AT 313, 314, 325, 403).[100]

Propp hat sich in der ersten Hälfte des 20. Jahrhunderts in die Ethnografie eingearbeitet, als die Feldforschung noch von Männern beherrscht war. Seine Gewährsleute berichteten von Männerbünden, Männerhäusern und der Jugendweihe für Knaben, deshalb konnte der russische Gelehrte mit gutem Gewissen nur den männlichen Helden der Märchen kommentieren, beim weiblichen musste er passen. Unglücklicherweise ist ihm die 1921 veröffentlichte Monografie von Diedrich Westermann über die Kpelle in Liberia entgangen, die auch einen aufschlussreichen Bericht über die Initiation der Mädchen in einer eigenen Siedlung enthält.[101] Dass es bei manchen Völkern Frauenbünde gab, die autonom eine Jugendweihe für die Mädchen veranstalteten, dass deren Oberin im Stammesleben von Fall zu Fall eine bedeutende Rolle spielte, blieb ihm unbekannt. Folglich ist die Gestalt der Hexe für ihn eine rätselhafte Erscheinung.[102] Er konnte keinen Unterschied machen zwischen einer

---

[100] Siehe auch: HANS FINK: Meine Ur-Oma in der Buschschule. S. 36-37.

[101] DIEDRICH WESTERMANN: Die Kpelle. S. 256-264.

[102] VLADIMIR PROPP: Die historischen Wurzeln des Zaubermärchens. S. 59-60, 88-94.

Form des Ritus nur für Knaben (AT 451), einer Form nur für Mädchen (AT 402, 408, 409 A) und der gemischten Gruppe (AT 301, 303 A, 325, 400).

Die Kooperation von Zauberer und Hexe. Gestützt auf Westermann und auf Studien über die Bräuche von Naturvölkern, die in der zweiten Hälfte des 20. Jahrhunderts veröffentlicht wurden, ist es möglich, auch Märchen zu interpretieren, in denen Zauberer und Hexe gleichberechtigt auftreten (AT 301 B, 313), ja sogar als Eheleute vorgestellt werden. Die gemeinsame bzw. gleichzeitige Initiation von Knaben und Mädchen setzt ein Zusammenwirken von Zauberer und Hexe voraus, wobei der Zauberer den Männerbund und die Hexe den Frauenbund vertritt. Dafür gibt es eine Reihe von Beispielen.

AT 301 „Die drei geraubten Königstöchter": Zumeist werden die Gefährten des Helden vom Zwerg Ellenbart gemartert, dem Abbild eines Gehilfen der Schulleiter, aber in einem russischen Märchen ist es *ein Greis,* der dem Koch einen Streifen Haut vom Rücken schneidet (Iwan Sutschenko und Belyj Poljanin[103]), und in einem dänischen Märchen ist es *ein altes Weib,* das den Koch verdrischt und in ein Loch sperrt (Der starke Hans[104]). AT 303 „Die zwei Brüder": Meist wird der Held von einer Hexe verzaubert, an deren Stelle tritt in einer lettischen Variante *ein Mann,* in einer neapolitanischen *ein wilder Mann,* in einer italienischen aus dem Tessin ein *alter Mann,* in einer deutschen aus dem Banat wie auch bei den Tscheremissen *ein Männchen* (Die beiden Brüder und der goldene Vogel[105]; Die bezauberte Hirschkuh[106]; Die drei Schwer-

---

[103]   Iwan Sutschenko und Belyj Poljanin (AT 650 A + 301 A). In: ALEXANDER N. AFANASJEW: Russische Volksmärchen. Bd. 1, S. 236-246, hier S. 238-239.

[104]   Der starke Hans (AT 650 A + 301 B). In: KLARA STROEBE (Hg.): Nordische Volksmärchen. Bd. 1, S. 88-96, hier S. 93.

[105]   Die beiden Brüder und der goldene Vogel (AT 567 + 554 + 303). In: OJĀRS AMBAINIS (Hg.): Lettische Volksmärchen. S. 87-96, hier S. 95.

[106]   Die bezauberte Hirschkuh (AT 303). In: GIAMBATTISTA BASILE: Das Pentameron. S. 95-102, hier S. 101.

ter[107]; Die beiden Alexander[108]; Die beiden Brüder[109]). <u>AT 325 „Der Zauberer und sein Schüler"</u>: In einer rumänischen Variante wird der Held von der Frau des Zauberers aus der Lehre entlassen. Sie gibt ihm zwei Wünscheldinge mit auf den Weg, nämlich einen Spiegel und ein Ringlein, (Hai-Hai[110]). <u>AT 303 A „Sechs Brüder suchen sieben Schwestern zu Frauen"</u>: In der Regel ist es ein alter Mann, der die Burschen und Mädchen in Steine verzaubert, aber in der siebenbürgisch-sächsischen Variante ist es eine Hexe (Von den zwölf Brüdern, die zwölf Schwestern zu Frauen suchten[111]).

Durch die gemischte Gruppe der Initianden wird die Kooperation von Zauberer und Hexe bestätigt.

<u>AT 301 „Die drei geraubten Königstöchter"</u>: Mehrere Mädchen sind entführt worden, kurz darauf begibt sich eine Gruppe von Burschen auf die Suche, was nichts anderes als einen gleichzeitigen Auszug bedeutet. Wenn wir über die Entstellungen hinwegsehen, die von begabten Erzählern vorgenommen wurden, um die Handlung zu dramatisieren, kehren sie als Verlobte nach Hause zurück. <u>AT 303 A „Sechs Brüder suchen sieben Schwestern zu Frauen"</u>: Hier begeben sich mehrere Knaben und ebenso viele Mädchen, einander verlobt, gemeinsam zur Initiationsstätte. Sie werden zur selben Zeit in Steine verwandelt, d.h. betäubt, damit Zauberer und Hexe die rituelle Umwandlung in Erwachsene durch den Austausch von Organen vornehmen. <u>AT 313 „Der dem Teufel versprochene Königssohn"</u>: In der Meerburg trifft der Prinz viele andere Königskinder,

---

[107]   Die drei Schwerter (AT 303). In: PIA TODOROVIČ-STRÄHL und OTTAVIO LURATI (Hg.): Märchen aus dem Tessin. S. 26-35.
[108]   Die beiden Alexander (AT 303). In: ALEXANDER TIETZ: Märchen und Sagen aus dem Banater Bergland. S. 133-138, hier S. 135.
[109]   Die beiden Brüder (AT 303). In: ÉVA PAP (Hg.): Der Bärenjunge. S. 119-124, hier S. 122.
[110]   Hai-Hai (AT 325 + 560). In: VIORICA NIŞCOV (Hg.): Cele trei rodii aurite. S. 193-199, hier S. 194.
[111]   Von den zwölf Brüdern, die zwölf Schwestern zu Frauen suchten (AT 303 A). In: JOSEF HALTRICH: Sächsische Volksmärchen aus Siebenbürgen. S. 177-180.

Knaben und Mädchen (Der Königssohn und die Prinzessin Singorra[112], schwedisch). – Der alte Mann stellt dem geraubten Knaben „schwere Aufgaben", und das geraubte Mädchen, das von der alten Frau zaubern gelernt hat, hilft ihm, diese zu bewältigen (Ekinchen und Akinchen[113], slowakisch). – Der Held bewältigt eine „schwere Aufgabe" mit Hilfe der Zauberer-Tochter, die zu diesem Zweck zerstückelt bzw. zerstückelt und gekocht wird (Der Zauberer Palermo[114], spanisch; Das Schwarze Gebirge[115], französisch). AT 325 „Der Zauberer und sein Schüler": Im Röhrenbrunnen des Teufels trifft der Held viele hier zusammengeholte Jungen und Mädchen (Iwantscho lernt des Teufels Handwerk[116], bulgarisch). AT 400 „Der Mann auf der Suche nach seiner verschwundenen Gattin": In mehreren Varianten gelangt eine Gruppe von desertierten Soldaten in ein verwunschenes Schloss und versucht dort, die verzauberten Prinzessinnen zu erlösen, die tagsüber Tiergestalt haben (Schweine, Hirschkühe, Fische u.a.). AT 894 „Der Kummerstein": Im Palast mit den zwei Löwen

---

[112]   Der Königssohn und die Prinzessin Singorra (AT 313). In: HANS-JÜRGEN HUBE (Hg.): Du alter Riesenhupf! S. 191-207, hier S. 192. – Auch enthalten in: HANS-JÜRGEN HUBE (Hg.): Schwedische Märchen. S. 196-213, hier S. 197.

[113]   Ekinchen und Akinchen (AT 313). In: PAVOL DOBŠINSKÝ: Slowakische Märchen. S. 89-94.

[114]   Der Zauberer Palermo (AT 313). In: HARRI MEIER und FELIX KARLINGER (Hg.): Spanische Märchen. S. 50-62, hier S. 56. Das Zerstückeln und Kochen entspricht einem Ritus der Umwandlung in einen Erwachsenen; er wird durch die Träume der Schamanen-Kandidaten bestätigt.

[115]   Das Schwarze Gebirge (AT 413 + 313). In: MARLIES HÖRGER (Hg.): Der Verschleierte. S. 70-77, hier S. 76-77.

[116]   Iwantscho lernt des Teufels Handwerk (AT 325). In: KYRILL HARALAMPIEFF (Hg.): Bulgarische Volksmärchen. S. 173-180, hier S. 176.

davor sieht die Königstochter überall Statuen von Männern und Frauen (Der schlafende König[117], spanisch).

Bei der Initiationshütte. In der Bronzezeit fand die kollektive Jugendweihe im Wald statt, in einer kleinen Siedlung, die von Gärten umgeben und von einer Dornenhecke gegen Angriffe geschützt war. An der Dornenhecke waren zur Abschreckung von Fremden Gebeine befestigt (Als sich Mücke und Fliege bekriegten[118], russisch, AT 222 + 537 + 313).

Die in den Wald geführten Knaben und Mädchen verbrachten zunächst mehrere Wochen in einem primitiven Lager neben der Initiationshütte. Dort erwartete sie die Hölle.

Der Stammeszauberer, die Oberin des Frauenbundes und deren Gehilfen schnitten ihnen die Stammesmarken ein, im Märchen heißt es, dass dem Helden ein Riemen vom Rücken geschnitten wird. Man „öffnete" ihre Augen, ihre Ohren und ihren Mund für das Leben als Erwachsener, nachdem man sie mit einer ätzenden Flüssigkeit geblendet, mit heftigen Schlägen auf die Ohren betäubt und ihre Zunge mit einem Dorn durchstochen hatte. In der Nähe der Initiationshütte fand das kannibalische Mahl sowie die Begegnung mit dem Tier-Ahnen statt, der jeden Initianden symbolisch verschlang und ausspie, nachdem er ihn eine Weile in seinem Magen hatte sitzen lassen, um ihm eine wertvolle Fähigkeit zu verleihen, im Falle der Knaben das Zeug zum erfolgreichen Jäger. Schließlich verwandelten Zauberer und Hexe die Initianden rituell in Erwachsene. Die ganze Zeit über wurden sie zusätzlich gemartert, damit sie die vorgespielte Begegnung mit dem Tier-Ahnen und den in Aussicht gestellten Abstieg in die Unterwelt für wahr halten. Sie wurden geprügelt – an den Haaren gezogen – verbrüht – gefesselt – in ein Loch gesperrt – in den Rauch gehängt. Man ließ sie hungern oder verekelte ihnen das Essen.

---

[117]   Az alvó király (AT 894). In: LAJOS BOGLÁR (Hg.): A három narancs palotája. S. 23-32, hier S. 27.

[118]   Als sich Mücke und Fliege bekriegten (AT 222 + 537 + 313). In: ERNA POMERANZEWA (Hg.): Russische Volksmärchen. S. 195-217, hier S. 205.

Endlich war es so weit. In der Nähe befand sich ein künstlich aufgeworfener Hügel mit einem Schacht, aus dem auf der anderen Seite ein Stollen ins Freie führte. Der Abstieg galt als Mutprobe. Um die geschwächten Knaben und Mädchen zu erschrecken, hatten die Gehilfen der Schulleiter ihre Vorbereitungen getroffen: sie erzeugten unheimliche Geräusche – sorgten für stickigen Rauch – verspritzten Wasser – warfen Kröten, Ringelnattern und Wespen in den Schacht. Die Initianden hangelten sich an einem aus Weidenrinde geflochtenen Strick in die Tiefe. (Im Märchen stellen die Knaben diesen selbst her.) [119]

Das große Gebäude. Vom Ausgang führte ein Weg zwischen Gärten zu einem Gebäude von besonderer Größe und ungewöhnlicher Form, dem Sitz der Buschschule. Zum Unterschied vom Männerhaus der Völkerkunde war dieses Gebäude (zumindest bei manchen Stämmen) auch den Frauen zugänglich, auch die Jugendweihe für Mädchen fand dort statt.

In der Überlieferung wird das Gebäude als *großes Haus, Gehöft, Turm* oder *Schloss* bezeichnet, in einem Fall auch als *Kloster*. Propp hat es beschrieben, indem er die Angaben aus den Märchen durch Einzelheiten aus völkerkundlichen Berichten bestätigte und ergänzte. [120] Das Gebäude stand auf Pfählen und besaß keinen Eingang zu ebener Erde, man betrat es durch eine Luke in der Wand, zu der ein gekerbter Pfahl oder eine Leiter hinaufführte. Die Hexe aus AT 310 „Die Jungfrau im Turm" hangelt sich zunächst an den langen Haaren ihrer Ziehtochter empor. Nach deren Flucht benutzt sie eine Stange oder eine Leiter (Die Taube[121], neapolitanisch; von der schönen Angiola[122], sizilianisch; Weiß-wie-

---

[119]   Siehe auch: HANS FINK: Was einmal war. S. 102-121. – HANS FINK: Meine Ur-Oma in der Buschschule. S. 91-98, 118-130, 136-141.

[120]   VLADIMIR PROPP: Die historischen Wurzeln des Zaubermärchens. S. 138-142.

[121]   Die Taube (AT 310). In: GIAMBATTISTA BASILE: Das Pentameron. S. 167-180, hier S. 175.

[122]   Von der schönen Angiola (AT 310). In: LAURA GONZENBACH: Sicilianische Märchen. Erster Teil, S. 339-344, hier S. 343.

Schnee-rot-wie-Feuer[123], sizilianisch). Für die langen Haare der Ziehtochter hat Propp eine Erklärung bei Frazer gefunden: Menstruierenden Mädchen war es verboten, sich die Haare zu schneiden und zu kämmen.[124] Offenbar haben die späteren Erzähler auch in diesem Fall stark übertrieben.

Die späteren Erzähler, die nicht wussten, wovon sie sprechen, weil die Jugendweihe für sie kein Begriff war, und zum Unterschied von Propp kein Werk der Völkerkunde gelesen hatten, schilderten den einfachsten Vorgang, hier das Verdecken der Luke durch eine geflochtene Matte, als Zauberei oder ein Wunder: Petersilchen und die Alte … „kamen endlich an einen Palast, den ein großer, türloser Turm überragte. Die beiden traten in den Palast ein, doch ohne das Tor zuzuschließen, da sich dieses von selbst schloß und dann in ein Stück Mauer verwandelte; die Alte war also eine Zauberin." (Petersilchen[125], maltesisch.) So ist es auch in einem spanischen Märchen des Typus AT 451 „Das Mädchen, das seine Brüder sucht": Die Heldin bemerkt, wie sich die Mauer des Schlosses öffnet und ein schmaler Spalt entsteht, sodass ein Mensch eintreten kann; sie schlüpft durch die Öffnung, worauf sich der Spalt sofort schließt (Die drei Löwen[126]).

Das große Gebäude besaß mehrere Funktionen. Es diente als religiöses Zentrum: Im Märchen wacht vor dem Schloss ein Löwe, ein Bär oder eine Schlange, das Abbild einer Totem-Figur, und der Held gibt ihr zu fressen oder zu trinken, was an ein rituelles Opfer erinnert. – Die Heldin entdeckt in einem Raum Objekte, die Kultgegenständen entsprechen,

---

[123]   Weiß-wie-Schnee-rot-wie-Feuer (AT 310). In: RUDOLF SCHENDA und DORIS SENN (Hg.): Märchen aus Sizilien. S. 70-76, hier S. 73.

[124]   VLADIMIR PROPP: Die historischen Wurzeln des Zaubermärchens. S. 46.

[125]   Petersilchen (AT 310). In: B. ILG: Maltesische Märchen und Schwänke. Erster Teil, S. 184-190, hier S. 185.

[126]   A három oroszlán (AT 451). In: LAJOS BOGLÁR (Hg.): A három narancs palotája. S. 84-93, hier S. 85-86.

und beobachtet Personen, die sich für eine rituelle Handlung vorbereiten. – Dort wird getanzt, für unsere Vorfahren ein ritueller Akt.

Das große Gebäude diente auch als politisches Zentrum: Im Schloss finden Beratungen statt.

Aber damit sind die Funktionen nicht erschöpft: In der Umgebung des großen Gebäudes hielt der Stammeszauberer in seiner Funktion als Wahrsager Audienz. – Es diente als Arbeitsstätte. – Es diente als Herberge.

Im Hinblick auf die Funktionen des großen Gebäudes verdient eine Mitteilung Westermanns über die Kpelle in Liberia unsere Aufmerksamkeit.

Solange die Jugendweihe für Knaben stattfand, d.h. vier Jahre lang, wurde das Land praktisch von der Schulsiedlung aus verwaltet, denn bei den Zusammenkünften im sogenannten *Poro-Busch,* an denen der Großmeister des Männerbundes Poro mit seinen Gehilfen und der Oberhäuptling (oder „König") mit seinen Ratsleuten teilnahm, wurden alle wichtigen Angelegenheiten des öffentlichen Lebens besprochen.[127] Unter „Land" ist hier ein Herrschaftsgebiet zu verstehen, wovon es rund 50 mit durchschnittlich 2070 Einwohnern gab.[128]

Das Märchenschloss. Im Mittelalter haben die Erzähler Erinnerungen an die Jugendweihe vom großen Gebäude der Initiationsstätte auf ein Schloss übertragen, wozu wohl folgende gemeinsame Züge anregten: die isolierte Lage – der Umfang – die Funktion als politisches Zentrum und Sitz einer Verwaltung – die Funktion als Arbeitsstätte (Schmiede u.a.) – die Funktion als Herberge – ein Ort für Feiern. Dadurch entstand die Vorstellung von einem Schloss als verwunschener Ort, der Begriff des Spukschlosses. Im verwunschenen Schloss sind die Bewohner schwarz – unsichtbar – zu Tieren verzaubert – zu Pflanzen verzaubert – müssen die Bewohner Martern ertragen.

Der in die Unterwelt hinabgestiegene Initiand galt als gestorben, deshalb bestrich er sich mit Ruß und war damit konventionell unsichtbar, denn ein Lebender kann einen Toten nicht sehen. Das ist die Erklärung

---

[127]   DIEDRICH WESTERMANN: Die Kpelle. S. 252.
[128]   Ebd., S. 80-82.

für die unsichtbaren Diener, die im Märchen die fälligen Arbeiten erledigen: sie kochen – bedienen bei Tisch – musizieren – halten Wache – begleiten den Gast bei der Jagd.

Gemäß einem weltweit verbreiteten Aberglauben verwandelten sich die Toten in Tiere. Offenbar war diese Vorstellung auch im Alten Europa verbreitet. Um anzudeuten, dass sie sich bei ihren Ahnen aufhalten, setzten die Initianden Tier-Masken auf. Es liegt nahe, dass diese Masken dem Totem des Stammes bzw. der Sippe entsprachen. Ausgehend davon lässt sich eine lange Liste zusammenstellen, vom Löwen und Bären bis zur Maus und zur Kröte. Eine europäische Besonderheit besteht darin, dass die Initianden auch Pflanzen-Masken trugen, denn gar nicht selten sind die Helden des Märchens in Pflanzen verzaubert – sie erscheinen als Lorbeerstrauch, Kürbis oder Orange.[129]

Beim Typus AT 301 „Die drei geraubten Königstöchter" befindet sich das Drachenschloss in einer zweiten Welt unter dem Erdboden. Diese Verschiebung hängt mit dem vermeintlichen Abstieg der Initianden in die Unterwelt zusammen.

Auch das Schloss, in dem die zwölf Königstöchter mit ihren heimlichen Geliebten tanzen, ist verwunschen (AT 306 „Die zertanzten Schuhe"). In der Grimm'schen Variante befindet es sich auf einer Insel, man erreicht es mit Booten.[130] Die rumänischen Erzähler setzten noch eins drauf: „Und so kunstvoll war es beschaffen, dass einer, der hinaufstieg, den Eindruck hatte, dass er herabsteige, und wenn er herabstieg, den Eindruck hatte, er steige hinauf." (Die zwölf Kaisertöchter und das verwunschene Schloss.[131]) Ein Vergleich mit anderen Varianten lässt erkennen, dass es sich bei den Urbildern der Prinzessinnen um Gruppen von Mädchen aus mehreren Ortschaften handelt, die sich mit einer

---

[129] Siehe: HANS FINK: Was einmal war. S. 77-79.

[130] Die zertanzten Schuhe (AT 306). In: GRIMM, BRÜDER GRIMM: Kinder und Haus-märchen. KHM 133. Zweiter Band, S. 217-221.

[131] Cele douăsprezece fete de împărat şi palatul cel fermecat (AT 306). In: PETRE ISPIRESCU: Legende sau basmele românilor. S. 214-226, hier S. 221.

Meisterin treffen, um von ihr Zauberkunststückchen zu lernen. Die Meisterin besitzt den Weltenspiegel, ein Gerät, mit dem man Verborgenes finden und einen Blick in die Zukunft werfen kann. Der Weltenspiegel gehörte zum Inventar des großen Gebäudes, denn er wird bei AT 425 und bei AT 710 erwähnt (siehe das rätoromanische Märchen „Die Patin"[132]).

In einem ungarischen Märchen stehen die Schlösser mit den entführten Königstöchtern auf einem Truthahnfuß – auf einem Gänsefuß – auf einem Entenfuß (Bohnenjanko[133], AT 312 D + 650 A + 301 B). In einem rumänischen Märchen stehen sie auf einem Hühnerbein – auf einem Gänsebein – auf einem Truthahnbein (Der zauberkräftige Ion aus Lehm[134], AT 650 A + 301 B + 321). Propp hat diese Besonderheit mit dem Aussehen der Initiationshütte erklärt, die im Ritus die Form eines Tieres hatte, welches den Zögling verschlang. Laut Propp sind die Vogelbeine wahrscheinlich Erinnerungen an entsprechend geschnitzte Säulen, auf denen derartige Gebäude ruhten.[135] Die späteren Erzähler haben die Vogelbeine von der Initiationshütte auf das Abbild des großen Gebäudes übertragen.

Schließlich ist ein verwunschenes Schloss die Kulisse für Liebesgeschichten der besonderen Art, alle mit tragischem Verlauf. Gemeint sind die Varianten der Märchentypen AT 425 A „Amor und Psyche" – AT 425 A „Amor und Psyche" mit vertauschten Rollen – AT 425 C „Die Schöne und das Tier". Die Kommentare zu ihrem Inhalt und Hintergrund bilden ein eigenes Kapitel (siehe weiter unten).

Die verbotene Kammer. Der Neuling lernte die Eigenheiten und Geheimnisse des großen Gebäudes nach und nach kennen. Dieser Lernprozess hat sich im Motiv der verbotenen Kammer niedergeschlagen. Sie

---

[132] Die Patin (AT 710). In: URSULA BRUNOLD-BIGLER (Hg.): Die drei Winde. S. 202-204, hier S. 202.

[133] Bohnenjanko (AT 312 D + 650 A + 301 B). In: ÁGNES KOVÁCS (Hg.): Der grüne Recke. S. 53-65, hier S. 62-63.

[134] Ion Năzdrăvanul din lut (AT 650 A + 301 B + 321). In: ION POP RETEGANUL: Poveşti ardeleneşti. S. 308-318, hier S. 315.

[135] VLADIMIR PROPP: Die historischen Wurzeln des Zaubermärchens. S. 74.

ist das zentrale Motiv der Märchen vom Typus <u>AT 710 „Marienkind"</u>: Von seiner Neugier getrieben, öffnet das Mädchen nach einigem Zögern die Tür. Die Varianten des Typus legen zwei Deutungen nahe.

(1) Aus der Kammer (hier drei Kammern) schweben ein Stern, der Mond, die Sonne (Marienkind[136], norwegisch). In der Kammer befinden sich: die schwarze Frau, indes schon mehr weiß als schwarz (Die schwarze Frau[137], deutsch aus dem Burgenland) – die schwarze Frau mit einem Fischschwanz (Die schwarze Frau[138], deutsch aus dem Burgenland) – vier schwarze Jungfrauen, in Bücherlesen vertieft (Marienkind[139]) – winzige Leute, welche tanzen (Die Geschichte vom ungetauften Kind[140], schottisch). In ihren Anmerkungen erwähnen die Brüder Grimm auch eine Variante des Märchens von Rapunzel (KHM 12) mit dem Motiv der verbotenen Kammer: Als das Mädchen die Tür öffnet, erblickt es die Hexe mit zwei großen Hörnern.[141] Folglich handelt es sich um einen Raum, in dem Kultgegenstände aufbewahrt wurden, in dem sich die Leiterin wie auch ältere Initiandinnen schminkten.

(2) Im Zimmer befinden sich: zwölf schwarze Männer, die um einen Tisch sitzen, während ein dreizehnter hinter der Tür steht (Die

---

[136] Marienkind (AT 710). In: KLARA STROEBE (Hg.): Nordische Volksmärchen. Bd. 2, S. 54-59, hier S. 55-56.

[137] Die schwarze Frau (AT 710). In: KARL HAIDING (Hg.): Österreichs Märchenschatz. S. 38-43, hier S. 40.

[138] Die schwarze Frau (AT 710). In: KARL HAIDING: Anmerkungen. In: Ders. (Hg.): Österreichs Märchenschatz. S. 419-471, hier S. 427-428.

[139] Marienkind (AT 710). In: GRIMM, BRÜDER GRIMM: Kinder- und Hausmärchen. Bd. 3, S. 7-9.

[140] Die Geschichte vom ungetauften Kind (AT 710). In: CHRISTIANE AGRICOLA (Hg.): Schottische Volksmärchen. S. 29-32, hier S. 30.

[141] GRIMM, BRÜDER GRIMM: Kinder- und Hausmärchen. Bd. 3, S. 22.

Schmiedetochter, die schweigen konnte[142], slowakisch; Die Schmiedstochter und die schwarze Frau[143], polnisch) – zwölf verwunschene Menschen (Goldhaar[144], slowakisch) – zwölf Geister (Maryška[145], tschechisch). Hier handelt es sich um einen Raum, in dem Beratungen stattfanden. Für diese Deutung spricht ein auffälliges Motiv im Kontext des Märchentypus AT 301 B „Die außergewöhnlichen Gesellen“: Der Kraftprotz Hachko und seine Gefährten gelangen in ein verrufenes Schloss; dort entdecken sie in einem Raum der oberen Etage zwölf bärtiger Greise, die um einen Tisch sitzen. Sie halten diese für Dämonen und bringen sie um (Hachko[146], französisch).

Beim Märchentypus <u>AT 311 „Von der Schwester gerettet“</u> haben die späteren Erzähler das Moment der rituellen Umwandlung in Erwachsene durch Zerstückeln und Wiederbeleben_ins große Gebäude verlegt und mit dem Motiv der verbotenen Kammer verknüpft.[147] Ein Unhold

---

[142]   Die Schmiedetochter, die schweigen konnte (AT 710). In: O. STANOWSKÝ, O. SIROVÁTKA, R. LUŽIK: Slawische Märchen. S. 22-26, hier S. 24.

[143]   Die Schmiedetochter und die schwarze Frau (AT 710). In: SIGRID FRÜH (Hg.). Märchenreise durch Europa. S. 73-78, hier S. 76.

[144]   Goldhaar (AT 710). In: PAVOL DOBŠINSKÝ: Slowakische Märchen. S. 295-301, hier S. 298. – Unter dem Titel „Das Mädchen Goldhaar“ in: VIERA GAŠPARÍKOVÁ (Hg.): Slowakische Volksmärchen. S. 153-161, hier S. 157.

[145]   Maryška (AT 710). In: JAROMÍR JECH (Hg.): Tschechische Volksmärchen. S. 255-262, hier S. 258.

[146]   Hachko (AT 650 A + 301 B). In: RÉ SOUPAULT (Hg.): Französische Märchen (Fischer Bücherei). S. 91-97, hier S. 96. – Auch enthalten in: RÉ SOUPAULT (Hg.): Französische Märchen (Verlag Diederichs). S. 242-250, hier S. 249. – Enthalten ferner in: RÉ SOUPAULT (Hg.): Französische Märchen (Weltbild-Verlag). S. 20-28, hier S. 27.

[147]   VLADIMIR PROPP: Die historischen Wurzeln des Zaubermärchens. S. 112-118.

heiratet der Reihe nach drei Schwestern und verbietet ihnen, eine bestimmte Kammer zu betreten. Der Unhold weist die bekannten Erscheinungsformen des Märchenzauberers auf (Zauberer – alter Mann – Drache – Riese – Wassergeist – Hundskopf – Männlein – Teufel), und der Gegenstand, den er seiner Frau in Verwahrung gibt (ein Apfel, ein Ei), erinnert an das Zeugnis für die Absolventen der Buschschule. Die zwei älteren Schwestern missachten das Verbot, weshalb der Unhold sie köpft bzw. zerstückelt. Die Heldin des Märchens, die jüngste Schwester, übertölpelt ihn, entdeckt seine Opfer und erweckt sie mit viel Glück zum Leben.

Dieses Schema wird durch Varianten mit abweichendem Verlauf erschüttert: Die Opfer sind nicht Mädchen, sondern Knaben (Die drei goldenen Schlüssel[148], rätoromanisch; Der Lehrer und sein Schüler[149], griechisch; Das verbotene Zimmer[150], spanisch). – In einer italienischen Variante aus Kalabrien befinden sich im Zimmer außer den Leichen der zwei Schwestern auch die von Königen, Prinzen, Grafen und Rittern (Die drei Zichoriensammlerinnen[151]). – Die Schwester findet einen Berg von Mädchenleichen, die tot, aber unverwest dort liegen (Deusmi[152], sardisch).

Derselbe rituelle Vorgang spiegelt sich in Varianten der Märchentypen AT 361 „Der Bärenhäuter" und AT 400 „Der Mann auf der Suchen nach seiner verschwundenen Gattin".

[148]	Die drei goldenen Schlüssel (AT 311). In: URSULA BRUNOLD-BIGLER (Hg.): Die drei Winde. S. 77-78.

[149]	Der Lehrer und sein Schüler (AT 325 + 311). In: JOHANN GEORG VON HAHN: Griechische und albanesische Märchen. Zweiter Teil, im Anhang. S. 175-320, hier S. 286-287.

[150]	Das verbotene Zimmer (AT 311). In: JOSÉ MARÍA GUELBENZU (Hg.): Spanische Volksmärchen. S. 70-75.

[151]	Die drei Zichoriensammlerinnen (AT 311 + 302). In: ITALO CALVINO: Die Braut, die von Luft lebte. S. 335-340, hier S. 339.

[152]	Deusmi (AT 311). In: FELIX KARLINGER (Hg.): Das Feigenkörbchen. S. 58-68. – Auch enthalten in: FELIX KARLINGER (Hg.):

Aufschlussreich ist die polnische Variante „Der goldene Krug"[153], denn hier haust der Unhold in einem Palast, der weder Fenster noch Türen hat.

Das Motiv des im verbotenen Zimmer gefesselten Drachen wurzelt in einem Trick des Zauberers. Der Drache befindet sich in einem Fass oder ist an die Wand geschmiedet, siehe AT 302 C „Dienst um ein Zauberpferd" und AT 468 „Die Prinzessin auf dem himmelhohen Baum". Der Drache fleht um Wasser. Sobald der Held ihm zu trinken gibt, kehrt seine Kraft zurück, sodass er das Fass zertrümmert bzw. sich losreißt, dann flieht und die Frau des Helden entführt. Dieser Vorgang erinnert an ein Kunststück der Schamanen. Sowohl bei den Eskimos als auch bei den Wald-Indianern und Prärie-Indianern Nordamerikas wurde der Schamane vor einer Séance gefesselt und in einen Verschlag oder in eine Hütte innerhalb des Zeltes gelegt. Während der Séance befreite er sich auf geheimnisvolle Weise ohne Hilfe von den Riemen. In der Fachliteratur wird ein Augenzeuge erwähnt, ein Mitglied der Hudson-Bay-Company namens James Mackay, der um 1795 nach einer Séance demonstrierte, wie der Schamane sich befreien konnte: Er tropfte Wasser auf die Knoten der Riemen, bis sie weich und glitschig wurden und nachgaben.[154]

Auch beim Märchentypus AT 516 „Der treue Johannes" kommt ein verbotenes Zimmer vor. In ihm befindet sich das Bild einer wunderschönen Prinzessin. Als der Held das Bild betrachtet, fasst er den Entschluss, in die Welt zu ziehen und jene Prinzessin zu erringen. Aber dieses verbotene Zimmer liegt nicht in dem Schloss, welches ein Abbild des großen Gebäudes der Initiationsstätte ist. Erst während seiner abenteu-

---

Inselmärchen des Mittelmeeres. S. 215-224. – Enthalten ferner in: FELIX KARLINGER (Hg.): Märchen der Welt. Bd. 1 (Südeuropa). S. 319-326.
[153] Der goldene Krug (AT 311). In: J. PIPREK (Hg.): Polnische Märchen. S. 40-43.
[154] Åke Hultkrantz und Michael Ripinsky-Naxon: Die Geisterhütte oder das Rüttelnde Zelt. In: Åke Hultkrantz, Michael Ripinsky-Naxon, Christer Lindberg: Das Buch der Schamanen. Nord- und Südamerika. S. 60-64, hier S. 61.

erlichen Ausfahrt wird der Held ein solches Schloss erreichen und sowohl auf der Hinreise als auch auf der Rückreise in ihm übernachten.

Das Ende der Buschschule. Wenn man voraussetzt, dass die Märchen von der Buschschule einen realen Vorgang wiedergeben, stellt sich die Frage nach ihrem Alter. Solange die Buschschule existierte, war es verboten, in der Öffentlichkeit über sie zu sprechen. Erst nachdem sie aus der sozialen Wirklichkeit verschwunden war, verlor das Tabu seine Kraft. Damals begannen die Menschen von der geheimnisvollen Einrichtung und von den Abenteuern der Initianden zu erzählen, damals entstanden die Urformen unserer Märchen.

Mir ist es gelungen, die Entstehungszeit der Märchen von der Buschschule auf die Späte Bronzezeit einzugrenzen, das bedeutet 1200 bis 800 v.Chr. Als Bezugspunkte dienten die Herstellung von Ganzkörperrüstungen in Mitteleuropa und die Verbreitung des Reitpferds.

Meine Überlegungen stützen sich auf folgende Argumente:
- Der Stammeszauberer und Schulleiter war im Grundberuf Schmied.
- Der Stammeszauberer fertigte Rüstungen an.
- In Mitteleuropa sind die Rüstungen aus Bronzeblech im 13. Jahrhundert v. Chr. aufgetaucht.
- In die Märchen von der Buschschule ist das Reitpferd nachträglich eingeführt worden.
- In Europa hat sich das Reitpferd erst nach der Späten Bronzezeit verbreitet.

Der Schmied galt bei vielen Naturvölkern als Zauberer[155] und wurde auch im archaischen Griechenland als eine Art Zauberer angesehen[156]. Der wichtigste Hinweis auf diese Symbiose ist ein Märchen, in dem ein Schmied auftritt, der zugleich Zauberer ist und an einem spezifischen, aus der Jugendweihe übernommenen Vorgang teilnimmt. Zu-

---

[155]   MIRCEA ELIADE: Schmiede und Alchemisten.

[156]   HANS-GÜNTER BUCHHOLZ: Ugarit, Zypern und Ägäis. Kulturbeziehungen im zweiten Jahrtausend v.Chr. S. 209, 468.

grunde liegt die Mythe von der Begegnung des Stammesgründers mit dem Tier-Ahnen, der ihn verschlingt und eine Weile in seinem Magen sitzen lässt, um ihm Fähigkeiten eines großen Jägers zu verleihen. Zwar wird dieser Vorgang im Märchen in umgewerteter Form dargestellt (der Tier-Ahne tritt nicht als Wohltäter auf, sondern als Verderber), aber das darf uns nicht stören. In einem rumänischen Märchen aus der Walachei jagt die Drachenmutter hinter dem Helden her, um ihn zu verschlingen, da findet er Zuflucht in einer Schmiede. Dort überlistet der zauberkundige *Weltenschmied* (rumänisch: *Faurul-pămîntului*) die Drachenmutter, indem er ein eisernes Ebenbild des Helden, glühend gemacht, in ihren Rachen schiebt (Greuceanu[157], AT 300 A). In einem nah verwandten rumänischen Märchen aus Siebenbürgen heißt es sogar, dass die entsprechende Gestalt, *moş Călugăr,* zu Deutsch etwa „Väterchen Mönch", sich für den größten Zauberer hält (Der Bleierne Bursche[158]). In der litauischen Fassung wirft der Schmied der Drachenmutter glühende Brocken Eisen in den Rachen, die angeblich Glieder des Helden sind (Das zweiköpfige Ross[159]).

Die Kombination Zauberer-Schmied wird durch die Sagen vom *Grînkenschmied* bestätigt, der bei *Grînkeswell* haust. Laut Adalbert Kuhn bedeuten diese Namen, dass der Schmied an dem Bach lebte, der die Grenze zwischen Oberwelt und Unterwelt bildet[160], auch ein Hinweis auf die archaische Jugendweihe.

Nun führen gewisse Namen der männlichen Zauberer-Gestalt zu der Annahme, dass die Schmiede bereits Rüstungsteile wie Helm, Harnisch, Arm- und Beinschienen fertigten. Wenn man sie nebeneinan-

---

[157] Greuceanu (AT 300 A). In: PETRE ISPIRESCU: Legende sau basmele românilor. S. 203-213, hier S. 210.

[158] Voinic de Plumb (AT 300 A + 302). In: IOAN ŞERB (Hg.): Tinereţe fără bătrîneţe şi viaţă fără de moarte. S. 1-29, hier S. 16-17.

[159] Das zweiköpfige Ross (AT 300 A). In: BRONISLAVA KERBELYTÉ (Hg.): Litauische Volksmärchen. S. 33-39, hier S. 38-39.

[160] ADALBERT KUHN: Sagen, Gebräuche und Märchen aus Westfalen [...]. Siehe die Anmerkungen zu Nr. 138 b (ohne Titel). Bd. 1, S. 128-131.

derstellt, ergeben sie die plumpe Beschreibung eines Mannes mit einer Rüstung: *Kupferstirn – bleiköpfiger Ritter – Stahlkopf – Mann mit Kupferstirn und einem Bauch von Zinn – Mann mit Armen aus Eisen, einem Kopf aus Gusseisen und einem Leib aus Kupfer –halbeiserner Mann – eiserner Mann – Mann aus Stahl – goldener Mann.* Die Beispiele stammen aus Texten, die zu verschiedenen Märchentypen gehören. Der Schmied hat die von ihm gefertigten Rüstungsteile den Kunden anprobiert, ein spektakulärer Vorgang, der immer Zuschauer anlockte. Das Moment der Anprobe ging in die Überlieferung ein, nur ist der Schmied und Zauberer mit seinem Produkt verschmolzen. Es gibt ein polnisches Märchen, dessen Held sich abgesehen vom eisernen Knüppel einen eisernen Helm, einen eisernen Anzug und eiserne Stiefel machen lässt (Bärensohn[161], AT 650 A + 301 B). Natürlich sind Eisen und Stahl anachronistisch, das Gold ist eine märchenspezifische Übertreibung.

In Mitteleuropa begann die Herstellung von Ganzmetallrüstungen aus Bronzeblech, vermutlich nach mykenischem Vorbild, im 13. Jahrhundert v. Chr. Ausgehend von archäologischen Funden nimmt man heute aufgrund praktischer Versuche an, dass die metallene Schutzrüstung damals weniger dem Gebrauch im Kampf diente als der Parade, denn sie hätte Hieben und Stichen kaum standgehalten; sie war ein Rangzeichen.[162]

Wie zahlreiche Widersprüche im Handlungsverlauf erkennen lassen, ist das Reitpferd nachträglich in die Märchen von der Buschschule eingeführt worden. Also haben sie bereits existiert, bevor das Reitpferd allgemein bekannt war.

Die Urnenfelderkultur. Die Späte Bronzezeit stimmt zeitlich überein mit der Urnenfelderkultur, die so heißt, weil man die Toten auf

---

161   Bärensohn (AT 650 A + 301 B). In: OLDŘICH SIROVÁTKA (Hg.): Polnische Märchen. S. 105-115, hier S. 108.
162   ALBRECHT JOCKENHÖVEL: Schimmernde Wehr – Die ältesten Schutzwaffen aus Metall. In: ALBRECHT JOCKENHÖVEL und WOLF KUBACH (Hg.): Bronzezeit in Deutschland. S. 84-85. – EUGEN PROBST: Deutschland in der Bronzezeit. S. 271. – OTTO SCHERTLER: Die Kelten und ihre Vorfahren. S. 103-106.

einem Scheiterhaufen verbrannte und den Leichenbrand in Urnen beisetzte. Die Urnenfelderkultur war die am weitesten verbreitete mitteleuropäische Kultur der Späten Bronzezeit. Sie reichte von England im Westen bis zum Karpatenbogen im Osten, dabei umfasste sie auch den östlichen Teil der Iberischen Halbinsel, Norditalien und das Gebiet Sloweniens. Die Metallbearbeitung erreichte einen hohen technischen Stand. Bronzeerzeugnisse wurden zum größten Teil in Formen aus Stein gegossen. Unter den Werkzeugen sind bronzene Beile und Sicheln am häufigsten. Neben Weilern gab es auch Siedlungszentren, vielfach lagen diese auf Inselbergen. Es waren dies oft 20 bis 30 Hektar große Siedlungen, von einem Wall-Graben-System umgeben. Im Bereich der Urnenfelderkultur fand der Pflug allgemein Verbreitung. Man baute Häuser aus Holz mit mehreren Räumen. Andere Neuerungen waren: Talsiedlungen in der Nähe von verkehrsgünstigen Wasserläufen – zahlreiche Gegenstände aus Bronzeblech – die industriemäßige Gewinnung von Bergsalz. Angebaut wurden Zwergweizen, Gerste, Emmer, Dinkel, Einkorn, Hafer, Hirse, Erbse, Ackerbohne und Linse, außerdem Lein und in geringerem Umfang Gemüse und Obst. Im Süden pflanzte man auch Reben. Man stellte Käse aus Kuhmilch her. Zwar gab es schon Speichenräder, aber die schnell rotierende Töpferscheibe war noch nicht eingeführt. Ebenso wenig das Geld – die Menschen trieben Tauschhandel. Die durchschnittliche Lebenserwartung belief sich auf 40 bis 45 Jahre.[163]

Die Späte Bronzezeit stimmt ferner überein mit den sogenannten *Dunklen Jahrhunderten* Griechenlands. Um 1200 v.Chr. oder wenig später ist die Palastwirtschaft der mykenischen Griechen zusammengebrochen so wie die Wirtschaft einer Reihe von Ländern rings um das östliche Mittelmeer. Große und kleine Reiche, die Jahrhunderte gebraucht hatten, um sich zu entwickeln, zerfielen binnen kurzer Zeit. Die Ursachen für diesen Vorgang konnten bisher nicht genau ermittelt werden, nach An-

---

[163] WIKIPEDIA; ARCHÄOLOGISCHES LEXIKON und UNIVERSAL-LEXIKON im Internet. – CORNELIA SCHÜTZ-TILLMANN: Späte Bronzezeit und Urnenfelderzeit. In: KARL HEINZ RIEDER und ANDREAS TILLMANN (Hg.): Archäologie um Ingolstadt. S. 89-112.

sicht der Forscher wirkten mehrere zusammen. Die Bezeichnung *Dunkle Jahrhunderte* erklärt sich damit, dass man aus diesem Zeitraum – 1200 bis 750 v.Chr. – keine Schriftquellen und auch lange Zeit vergleichsweise wenige archäologische Funde kannte.

Hypothesen zum Ende der Buschschule. Warum haben die Menschen in der Späten Bronzezeit auf die gemeinsame Erziehung ihrer Kinder verzichtet? Warum ist die Buschschule damals in Teilen Europas aus der sozialen Wirklichkeit verschwunden?

Um diese Fragen zu beantworten, müssen wir in Betracht ziehen, dass die Buschschule ursprünglich eine Einrichtung der Wildbeuter war. Sowohl durch die Herausbildung neuer Berufe als auch durch die Differenzierung der Gesellschaft in Arm und Reich wurde die ehemalige Solidargemeinschaft der Wildbeuter untergraben. Die vertikale Differenzierung führte zur Entstehung von zwei Hauptklassen: Bauernschaft und Adel. Die Spaltung ist einerseits in burgartigen Festungen, andererseits in den Grabbeigaben greifbar, die große Unterschiede aufweisen. Die Archäologen registrierten sie auf einem Gebiet, das sich vom Balkan über die Slowakei und Böhmen bis Mittel- und Süddeutschland erstreckt, von der Iberischen Halbinsel über Frankreich bis zu den Britischen Inseln.[164]

Vermutlich fand parallel zur vertikalen Differenzierung der Gesellschaft innerhalb der Leitung des Männerbundes eine Machtkonzentration statt, bis schließlich eine Handvoll vermögender und einflussreicher Senioren über das Schicksal des Stammes entschied. Heinrich Schurtz und Hutton Webster haben beschrieben, wie dieser Vorgang bei den Naturvölkern abgelaufen ist, und es gibt keinen Grund, der uns hindert, ihr Schema auf das Alte Europa zu übertragen.[165] Übrigens finden

---

[164]   ALBRECHT JOCKENHÖVEL: Bauern und Krieger, Künstler und Händler – Bronzezeitliche Gesellschaft. In: ALBRECHT JOCKEN-HÖVEL und WOLF KUBACH (Hg.): Bronzezeit in Deutschland. S. 45-47. – OTTO SCHERTLER: Die Kelten und ihre Vorfahren. S. 114-115.
[165]   HEINRICH SCHURTZ: Altersklassen und Männerbünde. Eine Darstellung der Grundformen der Gesellschaft. Berlin: Reimer, 1902. – HUTTON WEBSTER: Primitive Secret Societies. A Study in Early

sich in den Märchen Aussagen, die den Vorgang bestätigen (wobei man sich vor Augen halten muss, dass unsere Überlieferungen sich auf das letzte Stadium der Buschschule beziehen): Bei der Aufnahme ist eine Taxe fällig. – Der Oberhäuptling ordnet die Abhaltung der Buschschule an, als seine Tochter das entsprechende Alter erreicht hat, d.h., die Gemeinschaft muss sich nach dem Oberhäuptling richten.

Andere Aussagen beziehen sich auf Verfallserscheinungen außerhalb der Schule. Ein wohlhabender Mann, meist als Krämer oder Händler vorgestellt, sträubt sich dagegen, dass seine Tochter einen Knaben derselben Altersklasse heiratet, wie es die Sippenältesten empfohlen haben, weil der Knabe als Sohn armer Leute ein Habenichts ist (AT 930 „Der reiche Mann und sein Schwiegersohn"). – Der Oberhäuptling, im Märchen als König vorgestellt, hat sein Auge auf die Frau eines Stammesgenossen geworfen und will diesen beseitigen (AT 465 „Der um sein schönes Weib Beneidete"). – Der Gehilfe des Stammeszauberers, den wir aus manchen Märchen als Zwerg Ellenbart kennen, betätigt sich als Heiratsvermittler (AT 500 „Der Name des Unholds").

Für das Ende der Buschschule in Teilen des Kontinents kommt noch ein Grund in Betracht. Als Ursache für die Wanderungen der sogenannten *Seevölker,* die Ende des 13. Jahrhunderts v.Chr. die Staaten rings um das östliche Mittelmeer bedrohten, nehmen manche Wissenschaftler einen Klimawandel an, insbesondere in Form von anhaltenden Dürren, was zu Hungersnöten geführt hat. Eine in Nordeuropa auftretende Dürre kann die dortige Bevölkerung zum Mittelmeer getrieben haben, wo sie die ursprünglichen Einwohner, verdrängte. Möglicherweise setzte sie eine Kettenreaktion in Gang, die in einer Völkerwanderung zum östlichen Mittelmeer gipfelte.[166] Die damit verbundenen Plünderungen, Zerstörungen und Vertreibungen dürften die Abhaltung der kollektiven Jugendweihe verhindert haben. Es kann sein, dass der Brauch in den betroffenen Gebieten erloschen ist.

Politics and Religion. [1908.] Second edition, revised. New York: Macmillan, 1932. Siehe die Kapitel VI und VII.
[166]   ERIC H. CLINE: 1177 v.Chr. S. 205-212.

Der Altertumsforscher Günther Kehnscherper hält fest, dass in den Zerstörungsschichten Kleinasiens und auf Kreta Werkzeuge und Bronzewaffen mitteleuropäischer Herkunft gefunden worden sind. „Es schien zunächst kaum glaubhaft, daß die Urnenfelderleute Mitteleuropas identisch mit Gruppen der Nord- und Seevölker sein sollten. Aber in wenigen Jahren wuchs die Zahl der Funde im Mittelmeergebiet gewaltig an. In den Brand- und Schuttschichten der zerstörten Siedlungen oder in den Gräbern, die in die Zeit der Wende vom 13. zum 12. Jahrhundert datiert werden, finden sich in Griechenland, Kreta, Kleinasien, Zypern und Syrien bis hin nach Ägypten bronzene Griffzungenschwerter, Griffangelschwerter, geflammte Speerspitzen, Urnenfeldermesser, Violinbogenfibeln, Peschieradolche und Buckel von Rundschilden, deren Formen wir aus dem Kulturkreis der mitteleuropäischen Urnenfelderleute kennen.

Es handelt sich bei den Funden um diejenigen Waffen, die auf den zeitgenössischen, ägyptischen Abbildungen die Nord- und Seevölker tragen. Die Fundumstände lassen keinen Zweifel daran: Diese Waffen waren in der Hand der Feinde Mykenes, Athens und Ägyptens.

Als gesichert kann heute gelten, daß eine Koalition von Stämmen aus dem Raum der frühen Urnenfelderkultur im Bündnis mit den Thrakern des Donaugebietes die militärische Hauptmacht bei der Verwüstung Trojas, Kleinasiens und Mykenes im ausgehenden 13. Jahrhundert als erste Welle der großen Wanderung darstellte. Die Scharen kamen zunächst im Axios-Tal in Griechenland zum Stehen. Nur kleine Gruppen gelangten in den ägyptischen Machtbereich und wurden dort um 1225 v. u. Z. zerschlagen.

Aber ein hungerndes Volk drängte das andere. So stieß bald nach 1200 v. u. Z. eine zweite Welle der Invasion bis an die Grenzen Ägyptens vor. [...]"[167]

---

[167]   GÜNTHER KEHNSCHERPER: Auf der Suche nach Atlantis. S. 114-115.

Audienz beim Stammeszauberer

Im Mittelpunkt einer langen Reihe von Märchen steht ein Weiser, der auf
alle Fragen antworten kann. Das sind Varianten der Typen AT 460 A,
461 und AT 930 + 461. Der Weise wird vorgestellt u.a. als

- Zauberer: Der Edelstein des Zauberers[168], rätoromanisch aus Ro-
  manisch-Graubünden (AT 461); Iwan Glückspilz[169], belorussisch
  (AT 930 + 461).
- Wissender Riesenkönig: Der wissende Riesenkönig[170], deutsch
  aus Mecklenburg, AT 461).
- Vogel, den man alles fragen kann: Der goldene Adler[171], deutsch
  aus der Steiermark (AT --- + 461).
- Drache mit Federn: Drei Federn vom Drachen oder die Suche
  nach dem Bösen und nach dem Guten[172], slowakisch (AT 461).
  Der Drache ist ein Menschenfresser.
- Blumenkönig: Der Knabe im Sarg[173], ungarisch (AT 930).

---

[168]   Der Edelstein des Zauberers (AT 461). In: RICHARD WALD-
MANN (Hg.): Die Schweiz in ihren Märchen und Sennengeschichten. S.
232-240.
[169]   Iwan Glückspilz (AT 930 + 461). In: L. G: BARAG (Hg.): Belorussische Volksmärchen. S. 305-315.
[170]   Der wissende Riesenkönig (AT 461). In: GOTTFRIED HEN-
SSEN (Hg.): Mecklenburger erzählen. S. 91.
[171]   Der goldene Adler (AT --- + 461). In: ELFRIEDE MOSER-
RATH (Hg.): Deutsche Volksmärchen. S. 339-347.
[172]   Drei Federn vom Drachen oder die Suche nach dem Bösen und
nach dem Guten (AT 461). In: VIERA GAŠPARÍKOVÁ (Hg.): Slowakische Volksmärchen. S. 87-100.
[173]   Der Knabe im Sarg (AT 930). In: GYULA ORTUTAY (Hg.):
Ungarische Volksmärchen. S. 322-339.

- Sonne, die alles sieht und alles weiß: Andrej wird der Klügste im Land[174], belorussisch (AT --- + 461). – Vater Allwissend (die Sonne): Die drei goldenen Haare von Vater Allwissend[175], tschechisch (AT 930 + 461).

Aus dieser Aufstellung schließen wir, dass der Weise ein Abbild des Stammeszauberers ist, denn Zauberer, Riese, Vogel, Drache, Menschenfresser und Blumenkönig sind dessen Erscheinungsformen in anderen Märchen. Abgesehen davon lebt im Hause des Weisen eine geraubte Königstochter, manchmal sind es auch drei, und sie teilen sein Lager, ein Hinweis auf die rituelle Defloration der Initiandinnen, die vom Stammeszauberer vollzogen wurde. In einer finnischen Erzählung hat der Weise sein Herz versteckt wie der Bösewicht aus AT 303 A, nämlich in einem Ei (Das dreieckige Haus auf der Meeresinsel[176], AT 461). Schließlich wird die Identität des Weisen mit dem Stammeszauberer dadurch bestätigt, dass der Held, um ihn zu erreichen, von der Kuppe eines Berges durch einen Schacht klettern muss, so wie die Initianden auf ihrem Weg von der Initiationshütte zum Sitz der Buschschule (Der Federnteufel[177], deutsch aus dem Burgenland, AT 302 + 461).

In manchen Texten spricht der Fragesteller mit der Sonne. In der Überlieferung ist der Stammeszauberer mit der Sonne verschmolzen, weil er sich vor den Audienzen an die Sonne wandte, die alles beleuchtet, alles sieht und deshalb Bescheid weiß.

Die Thematik der Fragen ist weit gefächert:

---

[174] Andrej wird der Klügste im Land (AT --- + 461). In: DIE RÄUBERNACHTIGALL. S. 13-16.

[175] Die drei goldenen Haare von Vater Allwissend (AT 930 + 461). In: JAROMÍR JECH (Hg.): Tschechische Volksmärchen. S. 120-127.

[176] Das dreieckige Haus auf der Meeresinsel (AT 461). In: ÉVA PAP (Hg.): Der Bärenjunge. S. 75-82, hier S. 79-80.

[177] Der Federnteufel (AT 302 + 461). In: KARL HAIDING (Hg.): Österreichs Märchenschatz. S. 329-336, hier S. 331.

- Warum ist die Tochter krank und wie kann sie gesunden?
- Warum verliert ein König alle Kriege?
- Wo versteckt die Ehefrau die von den Hühnern gelegten Eier?
- Warum ist eine für die ganze Stadt wichtige Quelle versiegt?
- Warum ist ein Baum verdorrt, der vormals goldene Früchte trug?
- Warum finden zwei Schwestern keinen Mann, obwohl sie schön und fleißig sind?

Selbstverständlich führte der Stammeszauberer, bevor er Bescheid sagte, mit dem Fragesteller ein längeres Gespräch, um sich ein Bild von den Umständen zu machen, aber in den Märchen ist nur die Antwort enthalten, so als ob der Weise diese längst vorbereitet hätte. Deshalb wissen wir nicht, welche Gesprächstaktiken er befolgte. Es ist denkbar, dass manche Antworten zweideutig waren wie beim Orakel von Delphi. Falls ja, haben die späteren Erzähler diese ausgemustert.

Der Flug auf dem Riesenvogel

Die Langform der Erzählung von dem Burschen, der sich zum Zauberer begeben muss (AT 313 „Der dem Teufel versprochene Königssohn"), beginnt mit dem Krieg zwischen den Vierbeinern und den Vögeln (AT 222), wobei die Vögel unterliegen – ihr König, der Adler, hockt zuletzt flugunfähig in einem Baum. Ein Mann will ihn erschießen, doch der Adler fleht um Erbarmen: Der Jäger soll ihn so lange füttern, bis er zu Kräften gekommen ist, dann will er ihm danken.

Propp begründet das Motiv mit einem Brauch der sibirischen Völker. Man fing einen jungen Adler und fütterte ihn, bis er groß und stark war. Dann wurde er nicht etwa in die Freiheit entlassen, sondern rituell getötet und zum Herrn der Adler im Himmel entsendet, damit dieser den Wohltätern helfe.[178]

Im Märchen fliegt der Adler mit dem Jäger in seine Heimat und besorgt ihm dort ein kostbares Kästchen bzw. eine Truhe, ein Ei, einen

---

[178]   VLADIMIR PROPP: Die historischen Wurzeln des Zaubermärchens. S. 209.

Krug, ein Bündel (AT 537 „Die magische Schatulle). Aus dem Kästchen fliegen dann alle möglichen Insekten, diesen folgt Großvieh, danach breitet sich ein Markt aus, auf dem Kaufleute die verschiedensten Waren feilbieten (Als sich Mücke und Fliege bekriegten[179], russisch). – Aus der roten Truhe ergießt sich Vieh, aus der grünen entsteht ein großer Garten, in dem seltene Bäume wachsen (Der Meereszar und die allweise Wassilissa[180], russisch). – Aus dem Ei ergießt sich eine Rinderherde (Das Wunderei[181], ukrainisch). – Aus dem Kästchen rollt eine goldene Kugel, die zu einer goldenen Stadt heranwächst (Der Rittersohn[182], estnisch). – Aus dem Bündel wächst ein riesiges Schloss, rings um die Gebäude befinden sich Gärten und Obstbäume (Der Prinz und die Tochter des Riesen[183], schottisch).

Wir finden das Motiv des Flugs auf dem Riesenvogel auch beim Typus AT 301, wo der Held mit Hilfe eines Riesenvogels in die Oberwelt zurückkehrt. Wir finden es auch in anderem Kontext. In einer spanischen Variante des Typus AT 313, aus der die magische Schatulle fehlt, bringt ein Adler den Helden im Auftrag der Herrin der großen Vögel über das Meer zum Wohnsitz des Zauberers (Der Zauberer Palermo[184]).

Der russische Volkskundler Isidor Levin hat gezeigt, dass der Flug auf dem Riesenvogel aus AT 537 „Die magische Schatulle" bereits

---

[179] Als sich Mücke und Fliege bekriegten (AT 222 + 537 + 313). In: ERNA POMERANZEWA (Hg.): Russische Volksmärchen. S. 195-217, hier S. 198.

[180] Der Meereszar und die allweise Wassilissa (AT 537 + 313). In: ALEXANDER N. AFANASJEW (Hg.): Russische Volksmärchen. Bd. 2, S. 520-531, hier 523-524.

[181] Das Wunderei (AT 222 + 537 + 313). In: P. V. LINTUR (Hg.): Ukrainische Volksmärchen. S. 110-120, hier S. 114.

[182] Der Rittersohn (AT 222 + 537 + 313). In: ALEXANDER BAER (Hg.): Der gläserne Berg. S. 133-140, hier S. 135.

[183] Der Prinz und die Tochter des Riesen (AT 537 + 313). In: FREDERIK HETMANN (Hg.): Keltische Märchen. S. 99-110, hier S. 99.

[184] Der Zauberer Palermo (AT 313). In: HARRI MEIER und FELIX KARLINGER (Hg.): Spanische Märchen. S. 50-62, hier S. 51-53.

den Sumerern bekannt war. Eine Version, nämlich „Etana B", lebt mit Sicherheit seit mehr als 3.000 Jahren im mündlichen Umlauf in mehreren Sprachen fort, und zwar neben und unabhängig von den keilschriftlichen Fassungen. Levin schreibt:

„Der genetische Zusammenhang der sumerisch-akkadischen Etana-Sage mit den in unserer Zeit aufgezeichneten Fassungen von AT 537 – der Rettung des Adlers vor einer Schlange, Flug des Retters mit dem Adler nach Geschenken und Beschreibung der Erde durch Vergleiche – ist einwandfrei belegt. Sie können nicht mehrmals erdichtet worden sein. Die Übereinstimmung in den vielen Einzelheiten in logischer Folge ist so stark und groß, dass man auf den Verdacht kommen könnte, ob nicht die modernen Aufzeichnungen etwa aus der Keilschrift hervorgegangen sind. Diese Vermutung ist absolut grundlos, denn die sumerische Schriftsprache konnten schon in altbabylonischer und assyrischer Zeit vor 3.000 Jahren nur wenige lesen. Und inzwischen ist sie in Vergessenheit geraten. Die akkadische Keilschrift wurde erst in den siebziger Jahren des 19. Jahrhunderts von europäischen Gelehrten entziffert. Es gibt gute Aufzeichnungen des Etana-Märchens aus dem Volksmund in Osteuropa, die nachweislich *vor* der Entzifferung der Keilschrift gemacht wurden. Also muss die Erzählung AT 537 sehr lange Zeit mündlich von Mensch zu Mensch, von Land zu Land, von Generation zu Generation überliefert worden sein. Das sollten sich jene leichtfertigen Theoretiker vor Augen halten, die an die Kraft und Kontinuität rein mündlicher Verbreitung von längeren Erzählungen neuerdings nicht glauben wollen, wie auch jene, die eine weite Wanderung von Märchen früher verneinten."[185]

---

[185]   ISIDOR LEVIN: Über eines der ältesten Märchen der Welt. In: MÄRCHENSPIEGEL. Nr. 4/1994, S. 2-7, hier S. 3-5, Zitat S. 5.

Das Etana-Märchen ist unter dem Titel „Fremde Schwingen" nachzulesen in: THEODOR H. GASTER: Die ältesten Geschichten der Welt. S. 65-71.

Die individuelle Jugendweihe
zwischen Dorf und Wildnis

Ein komplexer Brauch wie die kollektive Jugendweihe, über einen bedeutenden Teil des Kontinents verbreitet, konnte nicht von heute auf morgen verschwinden. Zwar ist die Buschschule in der Späten Bronzezeit auf einem ausgedehnten Areal aufgegeben worden, das vom Balkan bis zum Atlantik reichte, aber in Mitteleuropa bestand sie bis ins frühe Mittelalter, bis zur Ausbreitung des Christentums.[186] Ausläufer der Buschschule und unverkennbare Relikte überlebten bis ins 20. Jahrhundert: Obwohl das rumänische und das ukrainische Volk längst christianisiert waren, gab auf den Dörfern die (von der Orthodoxen Kirche bekämpfte) Mädchen-Spinnstube den Ton an. – In den rumänischen Dörfern zog die Elite der Burschen zu Weihnachten in ein gemeinsames Quartier um und bestimmte das öffentliche Leben durch Umzüge, Tänze und Gastmähler. – Das alpenländische Gegenstück zum Auftreten der Burschenbruderschaft in den Zwölften waren die Schönen Perchten, die Fetzenperchten und die Schiechen Perchten, die sich ebenfalls auf den Straßen zeigten und dort tanzten. – In den Balkanländern richtete man nach der Geburt eines Kindes ein Zimmer neben dem der Wöchnerin für den (hypothetischen) Besuch der Schicksalsfrauen ein: Aus den Überlieferungen geht hervor, dass die als Schicksalsfrauen bezeichnete Sippenältesten bei ihrer Zusammenkunft auch über die Teilnahme an der Jugendweihe gesprochen haben, wahrscheinlich, weil festgelegt werden musste, wer die fällige Taxe an den Männerbund bzw. an den Frauenbund entrichtet. – In Mitteleuropa drohten die Erwachsenen unartigen Kindern, sie würden, wenn sie sich nicht bessern, von einer der spätherbstlichen Schreckgestalten in den Sack gesteckt und weggetragen: vom Pelzmärtel – vom Knecht Ruprecht – vom Zemba – vom Klaubauf – vom Zemmiklas

---

[186]   Siehe mein Buch „Heinzelmännchen im Heuboden. Halbstarke im Dienste der Dorfgemeinschaft. Zum historischen Hintergrund der Sagen von hilfreichen Zwergen und Saligen Fräulein. Norderstedt: BoD – Books on Demand, 2022.

– vom Bartel – vom Krampus – vom Martini-Weibchen – von der Luzia – von der bauchaufschlitzenden Bercht.

In Teilen Böhmens hat sich die Erinnerung an die wohltuende Wirkung des Ritus – der Umwandlung des Initianden in einen Erwachsenen – sogar im Brauchtum erhalten. Der Ritus wurde im Rahmen eines Heischegangs dargestellt. In Miletice bei Velvary sind bis Mitte des 19. Jahrhunderts am Heiligen Abend zwei weibliche Masken aufgetreten, die *Peruchten,* welche an einem Burschen das Ersetzen von Organen mimten: sie schlitzten den Bauch auf, fegten mit einem Flederwisch die Bauchhöhle aus, stopften Erbsenstroh hinein und nähten dann den Bauch zu.[187] – Von den drei Peruchten, die in Přelice zu Barbara, Nikolaus und am Heiligen Abend umgingen, hatte eine Messer und Korb bei sich. – In Hrdle kamen am Heiligen Abend oder am ersten Weihnachtstag zwei Peruchten in die Häuser, eine davon war wie ein Fleischer gekleidet und hielt in der einen Hand ein Messer, in der anderen ein Schaff für den Bauchinhalt.[188]

Deshalb dürfen wir annehmen, dass dort, wo die Buschschule aufgegeben worden war, sowohl einzelne Riten als auch Teile des Unterrichts weiterhin praktiziert worden sind. Eine Reihe von Märchen bekräftigt diese Annahme.

Manche Texte (nicht viele) handeln vom Tanzunterricht für ein allein im Wald hausendes Mädchen. Den Unterricht erteilt ein Bär; das Mädchen soll mit einem Glöckchen herumlaufen, ohne vom Bären gefangen zu werden bzw. ohne von einem geworfenen Stein oder Holzstück getroffen zu werden (Wie die Maus half[189], estnisch; Das

---

[187]   JOSEF HANIKA: „Bercht schlitzt den Bauch auf" – Rest eines Initiationsritus? S. 41-42.

[188]   Ebd., S. 43.

[189]   Wie die Maus half (AT --- + 480). In: ALEXANDER BAER (Hg.): Der gläserne Berg. S. 166-168.

Bärenhäuschen[190], litauisch; Die Tochter und die Stieftochter[191], russisch; Die Stieftochter[192], kabardinisch). Mit diesen Texten konnten die Erzählforscher nichts anfangen, zumal sie in die Doppelform AT 480 „Das gute und das schlechte Mädchen" gegossen worden waren. Ihr Sinn erschließt sich, wenn wir uns auf einen Bericht über den Tanzunterricht für herangewachsene Mädchen beim Volk der Luvale in Sambia stützen. Dort verbrachten die Mädchen nach der Menarche bis zu einem Jahr in einer Hütte am Dorfrand. Eine Lehrerin, die von den älteren Frauen des Dorfes ausgewählt worden war, bereitete sie auf ihr Leben als Erwachsene und Ehefrau vor, wobei der Tanzunterricht eine große Rolle spielte.[193]

Andere Texte (auch nicht viele) handeln davon, dass ein allein im Wald hausendes Mädchen von einer Maske rituell entjungfert wird (Das Waldhaus[194], deutsch aus Niedersachsen; Beenelangmann Beenelangbart[195], deutsch aus Sachsen-Anhalt; Die verwunschene Alm[196], deutsch

---

[190] Das Bärenhäuschen (AT --- + 480). In: JOCHEN D. RANGE (Hg.). Litauische Volksmärchen. S. 123-127. Die Handlung stimmt überein mit der im Märchen „Die Stieftochter und der Bär" in: BRONISLAVA KERBELYTE (Hg.): Litauische Volksmärchen. S. 171-176.

[191] Die Tochter und die Stieftocher (AT --- + 480). In: ALEXANDER N. AFANASJEW (Hg.): Russische Volksmärchen. Bd. 1, S. 103-105.

[192] Die Stieftochter (AT --- + 480). In: A. DIRR (Hg.): Kaukasische Märchen. S. 113-115.

[193] EVA MAHONGO RAUTER: Das Mädchen lernt tanzen. Die weibliche Initiation bei den Luvale. In: MARIE-JOSÉ VAN DE LOO und MARGARETE REINHART (Hg.): Kinder. S. 348-365

[194] Das Waldhaus (AT 431 + 840). In: GRIMM, BRÜDER GRIMM: Kinder- und Hausmärchen. KHM 169. Bd. 2, S. 313-319.

[195] Beenelangmann, Beenelangbart (AT 431 + 480). In: NINON HESSE: Der Teufel ist tot. S. 152- 156.

[196] Die verwunschene Alm (AT 431 + 480). In: VIKTOR VON GERAMB (Hg.): Kinder- und Hausmärchen aus der Steiermark. S. 15-21.

aus der Steiermark; Die beiden Stiefschwestern[197], deutsch aus Böhmen; Die dankbaren Tiere[198], tschechisch; Kosmatej[199], sorbisch; Die geschwätzige Alte[200], russisch; Der Kohlensack[201], deutsch aus dem Banater Bergland; Aschenbrödel[202], neuisländisch). Im Einklang mit der Tradition dürfte ein Maskenträger das Mädchen rituell defloriert haben, damit es zur Ehe fähig sei. In einigen Fällen haben spätere Erzähler den Maskenträger mit dem Bräutigam in einen Topf geworfen – der unheimliche Besucher entpuppt sich als ein verzauberter Prinz, der das höfliche Mädchen heiratet. In anderen Fällen wurde er zum Teufel degradiert, der die unhöfliche Stiefschwester auf seine Weise bestraft.

In der ukrainischen Variante „Der Pferdekopf"[203] steht das Häuschen im Wald auf einem Hühnerbein; laut Propp erinnert dieses Motiv an die geschnitzten Pfosten der Initiationshütte.[204]

Im Aarne-Thompson-Katalog ist das zweite Motiv unter Nr. 431 als selbstständiger Typus verzeichnet. Weil es ein Zigeunermärchen aus Bulgarien gibt, welches die zwei Motive, beide stark verblasst,

---

[197]   Die beiden Stiefschwestern (AT 431 + 480). In: JOHANNES BOLTE und GEORG POLÍVKA: Anmerkungen zu den Kinder- und Hausmärchen der Brüder Grimm. Bd. 3, S. 458-459.

[198]   Die dankbaren Tiere (AT 431 + 480). In: JAROMÍR JECH (Hg.): Tschechische Volksmärchen. Berlin/Ost: Rütten & Loening, 1961. S. 96-100. (Fehlt in der Ausgabe 1984.)

[199]   Kosmatej (AT 431 + 480). In: PAUL NEDO (Hg.). Sorbische Volksmärchen. S. 193-194.

[200]   Die geschwätzige Alte (AT 431 + 480). In: ALEXANDER N. AFANASJEW: Russische Volksmärchen. Bd. 1, S. 102-103.

[201]   Der Kohlensack (AT 431 + 480). In: ALEXANDER TIETZ: Märchen und Sagen aus dem Banater Bergland. S. 103-106.

[202]   Aschenbrödel (431 + 480). In: ADELINE RITTERSHAUS: Die neuisländischen Volksmärchen. S. 261-265.

[203]   Der Pferdekopf (AT 431 + 480). In: ALEXANDER N. AFANASJEW: Russische Volksmärchen. Bd. 1, S. 106-108.

[204]   VLADIMIR PROPP: Die historischen Wurzeln des Zaubermärchens. S. 70-71

miteinander verbindet (Die Stiefmutter[205]), vermute ich, dass diese Form der Jugendweihe reichhaltiger war, als die Überlieferung andeutet.

Die individuelle Jugendweihe
im Gehöft der Eltern

Eine spätere Form der individuellen Jugendweihe wurde im Elternhaus zelebriert. Die Erinnerungen an sie haben sich in den Varianten des Märchentypus AT 510 A „Aschenputtel" erhalten.

Das Mädchen gilt als Dummling (Schmutzmädchen[206], russisch). – Es muss ein Binsenröckchen tragen (Binsenröckchen[207], schottisch). – Die Stiefmutter schwärzt sein Gesicht mit Kohle (Die Tochter des Alten und das Kälbchen[208], rumänisch aus der Bukowina). – Die Stiefmutter übergießt es mit Wasser, streut ihm Asche und Kleie auf den Kopf und schminkt es rings um die Augen mit Ruß (Onkelchens Tochter[209], rumänisch aus der Walachei). – Es setzt sich zur Aschengrube und beschmutzt sein Gesicht (Das Aschenmädchen[210], griechisch). – Es darf sich nicht

---

[205]   Die Stiefmutter (431 + 480). In: WALTHER AICHELE (Hg.): Zigeunermärchen. S. 40-43. – Auch enthalten in: WALTHER AICHELE und MARTIN BLOCK (Hg.): Zigeunermärchen. S. 47-51.
[206]   Zamaraška (AT 510 A). In: V. G. BAZANOV und O. B. ALEKSEEVA: Velikorusskie skazki I. A. Chudjakova. S. 228-229.
[207]   Binsenröckchen (AT 510 A). In: HANNAH AITKEN und RUTH MICHAELIS-JENA (Hg.): Märchen aus Schottland. S. 253-255, hier S. 253.
[208]   Fata moşneagului şi viţica (AT 510 A). In: ELENA NICULIŢĂ-VORONCA: Datinile şi credinţele poporului român. Bd. 2, S. 320-321.
[209]   Fata unchiaşului (AT 510 A). In: IOAN ŞERB (Hg.): Tinereţe fără bătrîneţe şi viaţă fără de moarte. S. 435-442, hier S. 438.
[210]   Das Aschenmädchen (AT 510 A). In: CONSTANCE OTT-KOPTSCHALIJSKI (Hg.): Griechische Inselmärchen. S. 113-119, hier S. 114-115.

waschen, nicht kämmen und nicht umkleiden (Aschenputtel[211], serbokroatisch).

Mit diesen Motiven verbindet sich die Absonderung innerhalb des elterlichen Hauses: Das Mädchen muss im Küchenwinkel sitzen (Binsenröckchen, schottisch). – Es schläft unter einer Kornwanne (Das Aschenmädchen unter der Kornwanne[212], rätoromanisch). – Es schläft in einem Trog auf dem Gang (Pepeliuka[213], südslawisch). – Es schläft auf einem Strohsack im Speicher (Aschenbrödel oder das kleine Glaspantöffelchen[214], französisch). – Die Stiefmutter versteckt es vor Fremden unter dem Backtrog im Vorraum (Die Tochter des Alten und das Kälbchen, rumänisch aus der Bukowina).

Abgesehen davon muss das Mädchen stereotyp seine Fertigkeit beim Spinnen wie auch beim Sortieren von Samenkörnern beweisen.

Offenbar verlief die Jugendweihe im Gehöft der Eltern nach einem stark vereinfachten Schema: keine Stammesmarken, kein Austausch von Organen, keine Begegnung mit dem Tier-Ahnen. Zwar wurde die Initiandin geschwärzt, um zu veranschaulichen, dass sie gestorben ist, aber den künstlich aufgeworfenen Hügel mit dem Schacht, der angeblich in die Unterwelt führte, gab es nicht mehr.

Die Heldin heiratet den Königssohn. In etlichen Märchenvarianten wählt sich der Thronfolger die Braut während eines zu diesem Zweck veranstalteten Balls, und seine Entscheidung setzt Tanzkünste voraus,

---

[211]   Cenuşăreasa (AT 510 A). In: M. SEVASTOS und D. GĂMULESCU (Hg.): Basme sîrbo-croate. S. 175-179, hier S. 175.

[212]   Das Aschenmädchen unter der Kornwanne (AT 510 A). In: URSULA BRUNOLD-BIGLER (Hg.): Die drei Winde. S. 261-264, hier S. 261.

[213]   Pepeliuka (AT 510 A). In: ALEXANDER TIETZ: Märchen und Sagen aus dem Banater Bergland. S. 208-215, hier S. 210. Das Märchen stammt aus der Gemeinde Kraschowa, der Heimat eines slawischen Volkssplitters im rumänischen Banat.

[214]   Aschenbrödel oder das kleine Glaspantöffelchen (AT 510 A). In: ERNST TEGETHOFF (Hg.): Französische Volksmärchen. S. 246-252, hier S. 246.

sonst hätte er die Wahl auch ohne Ball treffen können. Aus den mir bekannten Varianten fehlt der Tanzunterricht, auch im Falle der Stiefschwestern, vermutlich war er für die späteren Erzähler kein Begriff. Die späteren Erzähler rückten das Kleid in den Vordergrund. Wo der Ball durch den Kirchgang ersetzt worden ist, blieb das Kleid das einzig mögliche Auswahlkriterium.

Für die Absonderung der Mädchen innerhalb des Gehöfts der Eltern gibt es eine Entsprechung beim Stamm der *Ejagham,* die teils in Kamerun, teils in Nigeria leben und zum Volk der *Ekoi* gehören. Dort war in historischer Zeit die individuelle Jugendweihe für Mädchen üblich, sogar in mehreren Formen. Ute Röschenthaler hat sie beobachtet und beschrieben, als sie 1987 und 1988 insgesamt neun Monate im Cross-River-Gebiet verbrachte, um die künstlerischen Tätigkeiten des weiblichen Teils der Bevölkerung zu studieren.[215] Die älteste Tochter erhielt eine Ausbildung, die bis zu drei Jahren dauern konnte, je nach dem Vermögen der Eltern, im Falle der nachgeborenen Töchter aber dauerte die Ausbildung gewöhnlich nur einige Wochen. Die Initiandin wurde beschnitten – sie lernte Liebeslieder komponieren und wurde in die Geheimnisse einer guten Ehefrau eingeführt – sie lernte tanzen – Gäste empfangen – rituelles Essen zubereiten – Geschichten erzählen – in der Öffentlichkeit auftreten – das Schreiben der Nsibiri-Zeichen (ein piktografisches System). Beim abschließenden Fest tanzte sie vor der Dorfgemeinschaft und nachher auch in anderen Dörfern, begleitet von einem als *Schwester* bezeichneten Mädchen, das ihr während der Seklusion zu Diensten gestanden hatte.[216]

Dem weiblichen Aschenputtel aus AT 510 A lässt sich der männliche Held aus <u>AT 402 „Die Katze als Braut"</u> und aus <u>AT 530 „Die Prinzessin auf dem Glasberg"</u> zur Seite stellen. In beiden Fällen ist die Erinnerung an die individuelle Jugendweihe zu beiläufigen Bemerkungen im

---

[215] UTE RÖSCHENTHALER: Die Kunst der Frauen. Zur Komplementarität von Nacktheit und Maskierung bei den Ejagham im Südwesten Kameruns. Berlin: VWB – Verlag für Wissenschaft und Bildung, 1993.

[216] Ebd., S. 57-63.

einleitenden Teil des Märchens verkümmert. Gewöhnlich beziehen sich diese auf die Absonderung und auf den sozialen Status vor der Jugendweihe: Der Held sitzt im Herdwinkel und gilt als dumm, einfältig oder närrisch, als Dummkopf, Lapp, Taugenichts, Tölpel oder Tor.

Ein Drache im Brautgemach

Dieses Motiv ist Bestandteil der Märchen vom „treuen Johannes" (AT 516). Dem Königssohn und seinem treuen Diener bzw. Wahlbruder ist es gelungen, die schöne Prinzessin zu entführen, sie befinden sich auf der Heimreise, da belauscht Johannes in einer Nacht das Gespräch zukunftskundiger Vögel und erfährt so von den bei der Ankunft drohenden Gefahren wie auch von der Möglichkeit ihrer Abwendung. Eine der Gefahren ist der Drache im Brautgemach.

Propp erklärt das Motiv damit, dass die rituelle Defloration, die ursprünglich im Kontext der Jugendweihe stattgefunden hatte, also vor der Ehe, und die Hochzeitsnacht mit dem Ehegatten später zusammengeschoben wurden. „Die Defloration wird nicht mehr vor der Hochzeit, sondern nach der Hochzeit vollzogen. Eben dadurch muß die Person, die diesen Akt vollzieht, gleich nach der Heirat, d. h. in der ersten Nacht, auftreten. Die menschliche Hochzeitsnacht verschmolz mit der totemistischen Defloration. […] Die neue gesellschaftliche Ordnung, die neuen Eheformen führen dazu, daß man in der Maske, die die Defloration vollzieht, gar keinen Wohltäter sieht, sondern einen Vergewaltiger; er wird getötet. Charakteristisch ist, daß in den Fällen, in denen ein Drache zur Braut geflogen kommt, in der Hochzeitsnacht im Schlafzimmer ein Kampf mit dem Drachen stattfindet."[217]

Der treue Johannes tötet den Drachen. Doch auf seinem Handeln, um den Königssohn vor den prophezeiten Anschlägen zu retten, liegt ein Fluch. Als er sich rechtfertigt und die Hintergründe darstellt, wird er zu Stein. Eine Erklärung für dieses Motiv ist mir nicht bekannt.

---

[217]   VLADIMIR PROPP: Die historischen Wurzeln des Zaubermärchens. S. 419.

Das über Wasser und Land fahrende Schiff

Im Märchen erscheint das Vehikel als Wunder. Dabei wurden schon im Altertum Handelsschiffe und Kriegsschiffe auf Rollen über Land gezogen. Zum Spaß, wenn die Menschen feiern wollten, wurden Landfahrzeuge als Schiffe verkleidet. Wie auf Felsbildern zu sehen ist, haben sich schon die alten Skandinavier dieses Vergnügen geleistet. Auf einer Gravur in Ekenberg im schwedischen Östergotland ist zu erkennen, dass man Pferde vor solche Umzugsboote spannte. Auf manchen sieht man fröhlich tanzende Menschen.[218]

Bei Archivstudien hat Jacob Grimm Hinweise auf einen in Deutschland geübten verwandten Brauch gefunden.

Etwa um das Jahr 1133, berichtet Jacob Grimm mit Berufung auf einen lateinischen Text, wurde in einem Wald bei Inda in Ripuarien (Rheinfranken) ein Schiff gezimmert, unten mit Rädern versehen und durch vorgespannte Menschen zuerst nach Aachen gezogen, dann nach Maastricht (wo Mastbaum und Segel hinzukamen), hinauf nach Tungern, Looz und so weiter im Land herum, überall unter großem Zulauf und Geleit des Volkes. Wo es anhielt, war Freudengeschrei, Jubelsang und Tanz um das Schiff bis in die späte Nacht. Die Ankunft des Schiffes sagte man den Städten an, worauf diese ihre Tore öffneten und ihm entgegengingen.[219] Den Geistlichen war der Brauch zuwider, doch die weltliche Obrigkeit hatte den Umzug gestattet. Es hing von den einzelnen Ortschaften ab, dem heranfahrenden Schiff Einlass zu gewähren. Wie es scheint, galt es in der Volksmeinung für schimpflich, es nicht weiter gefördert zu haben.[220]

Laut Jacob Grimm wurden zur Zeit des beginnenden Frühjahrs auch anderwärts in Deutschland solche Schiffe umhergezogen, namentlich in Schwaben. Durch ein Ulmer Ratsprotokoll vom Nikolausabend

---

[218] DIETRICH EVERS: Felsbilder – Botschaften der Vorzeit. S. 76-77.

[219] JACOB GRIMM: Deutsche Mythologie. Bd. 1, S. 214. Inda entspricht wahrscheinlich der heutigen Gemeinde Inden im Kreis Düren.

[220] Ebd., S. 217.

1530 wurde u.a. dieser Brauch verboten. Der Rat untersagte bei Strafe von einem Gulden, dass man sich tags oder nachts verbutzt (d.h. als Kinderschreck maskiert), dass man sich verkleidet, Fastnachtskleider anzieht, mit einem Pflug *oder Schiff* herumfährt.[221]

Gutsherr und Bauer

Aus meiner Sicht sind die Märchen von der klugen Bauerntochter (AT 875) eine Revanche für die Niederlagen der Bauernschaft bei den Aufständen und Kriegen in der ersten Hälfte des 16. Jahrhunderts. Denn hier erweisen sich die Bauern im Konflikt mit dem Adel als moralisch und geistig überlegen: sie sind ehrlich, sind hilfsbereit, weise und scharfsinnig.

Diese Märchen wurden von begabten Erzählern erdichtet. Ihre Handlung setzt sich aus Motiven zusammen, die teils aus der Wirklichkeit stammen, teils erfunden sind. Dass der Gutsherr eine Bauerntochter als Konkubine ins Haus nimmt, war gang und gäbe, aber dass er einen Vertrag mit ihr schließt und sie heiratet, ist Fiktion. Prozesse zwischen reichen und armen Bauern waren häufig. Die Entscheidung des Richters aber, dass diejenige Partei den Prozess gewinnt, die drei Rätselfragen richtig beantwortet, ist Fiktion.

Drei Motive, die aus der Folklore stammen, berechtigen mich dazu, die Märchen von der klugen Bauerntochter in dieses Buch aufzunehmen. Erstens die Rätselfragen, die in etlichen Varianten eine Rolle spielen. Sie stammen aus einer heute schon vergessenen Freizeitbeschäftigung, die vormals für uns unfassbare Dimensionen erreichte. Die Erzähler haben ausgewählte Rätselfragen zu einem Kriterium des Urteils im Prozess umfunktioniert. Zweitens die Antworten der Heldin beim Schlagabtausch mit dem Gutsherrn bzw. Ritter, Grafen, Richter, Prokurator oder König. Drittens die sogenannte *Rätselsprache*.

(1) Die Rätselfragen kommen von dem Richter, der den Streit zwischen zwei Nachbarn oder zwei Brüdern entscheiden soll. In jeder Variante drei Fragen mit begründeten Antworten, eine eigene

---

[221]   Ebd., S. 218.

Philosophie der armen Leute. Der begüterte Kontrahent, überheblich und eingebildet, denkt bei den Fragen an sein Pferd, an sein Schwein, an den von seinen Bienen erzeugten Honig usw. und antwortet falsch. Der von seiner Tochter beratene arme Kontrahent antwortet richtig.

Was ist am schnellsten auf der Welt? (Die Augen. – Der Gedanke.)

Was ist am fettesten auf der Welt? (Die Erde.)

Was ist am süßesten auf der Welt? (Der Schlaf. – Die Muttermilch. – Das menschliche Wort. – Die Kinder.)

Was ist am schönsten auf der Welt? (Der Monat Mai.)

Was ist am reichsten auf der Welt? (Das Meer.)

„Das Schwerste auf der Welt ist das Feuer – weil wir es nicht aufheben können." (Was ist das Schnellste auf der Welt?[222] Griechisch.)

„Am weichsten auf der Welt ist die Faust – weil man sie unter den Kopf schiebt, wenn man sich zum Ausruhen hinlegt." (Das blitzgescheite Mädchen[223], rumänisch aus Siebenbürgen.)

(2) Ein Kernmotiv sind die vom Gutsherrn gestellten irrealen Forderungen, mit denen er die Klugheit der Bauerntochter prüfen will. Die Bauerntochter lehnt nicht ab, bittet aber um entsprechende Werkzeuge und Werkstoffe, die praktisch nicht zu beschaffen sind, oder um eine andere einleuchtende Voraussetzung. Damit hebelt sie den Auftrag aus.

- Die Forderung: Aus zwei Docken Seide einen Bettbehang weben. (Eine Docke bedeutet ein kleines Bündel Fäden.) Die Gegenforderung, hier als Bitte formuliert: Aus zwei kleinen Holzstiften einen Webstuhl anfertigen. (Die kluge Königin[224], dänisch.)

---

[222] Was ist das Schnellste auf der Welt? (AT 875.) In: GEORGIOS A. MEGAS (Hg.): Griechische Volksmärchen. S. 138-143, hier S. 140.

[223] Isteață din seamă afară (AT 875). In: ION POP RETEGANUL: Povești ardelenești. S. 287-295, hier S. 290.

[224] Die kluge Königin (AT 875). In: HEINZ BARÜSKE (Hg.): Dänische Märchen. S. 125-136, hier S. 130-131.

- Die Forderung: Einen Rock aus Eisen machen. Die Gegenforderung: Schere, Nadel und Faden dazu geben. (Die zwölf Freundinnen[225], italienisch aus Venetien.)
- Die Forderung: Eine Weste aus Marmor machen. Die Gegenforderung: Einen Faden aus Sand und eine Schere aus Meerwasser als Werkzeuge bereitstellen. (Die kluge Tochter des Großwesirs[226], griechisch.)
- Die Forderung: Gekochte Eier ausbrüten lassen. Die Gegenforderung: Erst aus gekochter Grütze Korn für die Küken wachsen lassen. (Die kluge Kasia[227], polnisch.)
- Die Forderung: Mit einem Gläschen das Meer ausschöpfen, damit ein trockenes Feld entsteht. Die Gegenforderung: Mit einem Pfund Werg alle Quellen und Flussmündungen verstopfen. (Das Mädchen übertrifft den Zaren an Klugheit[228], serbokroatisch.)
- Die Forderung: Den Boden eines zerbrochenen Topfes so annähen, dass man keine Naht sieht. Die Gegenforderung: Den Topf erst wenden. (Der Burghüter und seine kluge Tochter[229], deutsch aus Siebenbürgen.)

---

[225]   Die zwölf Freundinnen (AT 875): In: HERBERT BOLTZ (Hg.): Venezianische Märchen. S. 126-128, hier S. 127-128.

[226]   Die kluge Tochter des Großwesirs (AT 875). In: Paul KRETSCHMER (Hg.): Neugriechische Märchen. S. 103-106, hier S. 103-104.

[227]   Die kluge Kasia (AT 875). In: HELENA KAPELUŚ und JULIAN KRZYŻANOWSKI (Hg.): Die Kuhhaut. S. 293-300, hier S. 298.

[228]   Das Mädchen übertrifft den Zaren an Klugheit (AT 875). In: WOLFGANG ESCHKER (Hg.): Serbische Märchen. S. 194-198, hier S. 196.

[229]   Der Burghüter und seine kluge Tochter (AT 875): In: JOSEF HALTRICHT: Sächsische Volksmärchen aus Siebenbürgen. S. 229-234, hier S. 231-232.

- Die Forderung: Einem Stein die Haut abziehen. Die Gegenforderung: Erst dem Stein das Blut abzapfen. (König Mátyás und das Szeklermädchen[230], ungarisch.)
- Die Forderung: Einen Stein schlachten, sodass Blut aus ihm fließt. Die Gegenforderung: Dem Stein zuerst eine Seele geben. (Die Hirtin, die Zarin wurde[231], bulgarisch.)

Zusammen ergeben die zwei Forderungen einen verkürzten Syllogismus mit hypothetischer Aussage: Die Erledigung der schwierigen Aufgabe, was praktisch unmöglich ist, wird von einer Bedingung abhängig gemacht, die ebenso wenig erfüllt werden kann. Zum Beispiel:
Wenn du den Topf wendest, nähe ich ihm den Boden an.
Du kannst den Topf nicht wenden.
Also kann ich ihm den Boden nicht annähen.

Der Syllogismus ist beinahe so alt wie das Denken. „Gebt mir einen festen Punkt im Weltall", hat der griechische Physiker Archimedes gesagt, „und ich hebe die Erde aus ihrer Bahn." (Wenn ihr mir einen festen Punkt im Weltall gebt, hebe ich die Erde aus ihrer Bahn.) Mit diesem Ausspruch wollte der Gelehrte, der im dritten vorchristlichen Jahrhundert lebte, eines der Hebelgesetze veranschaulichen. Im Alltag verwenden wir immer wieder Syllogismen. Einem Kind, das einen Vogel fangen möchte, geben wir den klugen Rat, es möge dem Vogel erst etwas Salz auf den Schwanz streuen. (Wenn du dem Vogel Salz auf den Schwanz streust, kannst du ihn fangen.) Um auszudrücken, dass etwas unserer Meinung nach unmöglich ist, zitieren wir die Redensart *Wenn meine Großmutter Räder hätt', wär' sie ein Omnibus.* Was hier hervorgehoben zu werden verdient, ist die Tatsache, dass die Märchenerzähler und ihr Publikum dem Syllogismus Aufmerksamkeit schenkten.

---

[230] König Mátyás und das Szeklermädchen (AT 875): In: GYULA ORTUTAY (Hg.): Ungarische Volksmärchen. S. 483-486, hier S. 483.
[231] Die Hirtin, die Zarin wurde (AT 875): In: ELENA OGNJANOWA (Hg.): Bulgarische Märchen. S. 308-310, hier S. 308-309.

(3) Die Märchen mit dem Motiv Rätselsprache stoßen den Zuhörer mit der Nase darauf, dass es möglich ist, ein Wort sowohl mit seiner unmittelbaren Bedeutung als auch mit einer übertragenen Bedeutung zu gebrauchen. Der Märchenheld wird zunächst für töricht gehalten, weil er Sätze spricht, die der Adressat nicht versteht. Siehe das mallorquinische Märchen „Der Anwalt und der Bauer"[232], das litauische Märchen „Der Hof ist stumm, das Fenster blind"[233] und das russische Märchen „Das kluge Mädchen"[234]. Im russischen Text ist die Heldin ein herangewachsenes Mädchen, zu dem Freier kommen. Das Mädchen stellt ihnen frei, ihr Pferd an den Sommer oder an den Winter zu binden, und denkt dabei an Wagen und Schlitten. Dieselbe Metonymie taucht in etlichen Varianten von AT 875 auf. In einer livischen und in einer türkischen Variante lautet eine der schwierigen Aufgaben für das kluge Mädchen fast genauso, nämlich, es möge sein Reittier im Hof zwischen Sommer und Winter anbinden (Das kluge Weib[235]; Das kluge Bauernmädchen[236]).

Indem diese Texte bewusst machen, dass es möglich ist, eines zu sagen, aber etwas anderes zu meinen, belegen sie eine Vorform der wissenschaftlichen Erkenntnis. Das Phänomen – in unserem Fall die Mehrdeutigkeit der Wörter – ist entdeckt und wird durch Beispiele veranschaulicht, hat aber noch keinen Namen und wurde noch nicht in Beziehung gesetzt zu anderen Phänomenen, d.h. noch nicht in ein System eingeordnet.

---

[232] Der Anwalt und der Bauer (AT ---). In: ALEXANDER MÄRKER (Hg.): Märchen aus Mallorca. S. 80-82.

[233] Der Hof ist stumm, das Fenster blind (AT ---). In: DER HEXENSCHLITTEN. S. 152-153.

[234] Das kluge Mädchen (AT ---). In: ALEXANDER N. AFANASJEW: Russische Volksmärchen. Bd. 2, S. 780-782.

[235] Das kluge Weib (AT 875). In: AUGUST VON LÖWIS OF MENAR (Hg.): Finnische und estnische Märchen. S. 287-289, hier S. 288.

[236] Das kluge Bauernmädchen (AT 875). In: OTTO SPIES (Hg.): Türkische Märchen. S. 148-150, hier S. 149.

Das Geschlecht des Helden

Märchen mit vertauschten Rollen
als häufige Ausnahme

Im Gegensatz zur Mehrzahl der Varianten eines Märchentypus ist der Held in manchen Fassungen ausnahmsweise weiblich – oder ausnahmsweise männlich. Man möchte solche Texte zunächst für Entstellungen halten, zumal die Beschreibung des Typus sie nicht verzeichnet. Doch ihre ansehnliche Zahl belehrt uns eines Besseren. Als Erklärung kommt in Betracht, dass es abgesehen von gemischten Erzählgemeinschaften auch solche gegeben hat, die ausschließlich aus Männern bzw. ausschließlich aus Frauen bestanden: aus Holzfällern, Flößern, Bergarbeitern, Fischern, Seeleuten, Schafhirten, Eseltreibern, Kameltreibern, Handwerksburschen, Fuhrleuten, Soldaten, Schmieden, Arbeitern der Tabakmanufakturen bzw. aus Hausfrauen, Mitgliedern von Spinnstuben, Hopfenpflückerinnen, Winzerinnen, Flachsbrecherinnen, Gemüsehökerinnen (in Berlin) und Fratschlerinnen (in Wien). Vermutlich sind bei Märchen mit einem kollektiven Helden, nämlich einer Gruppe bestehend aus Knaben und Mädchen, in dem einen Fall nach und nach die weiblichen Mitglieder, in dem anderen Fall nach und nach die männlichen Mitglieder verdrängt worden.

AT 303 A „Sechs Brüder suchen sieben Schwestern zu Frauen". In einem Märchen aus Schleswig-Holstein ist es umgekehrt: Hier wollen sieben Schwestern sich Männer holen. Der Vogel, in dem das Herz des Bösewichts steckt, wird von den Männern gemeinsam getötet.[237]

AT 311 „Von der Schwester gerettet". Es gibt eine französische Variante mit drei Brüdern, sie heißt „Die sprechende Hand"[238]. Während

---

[237] Text ohne Titel (AT 303 A). In: KURT RANKE (Hg.): Schleswig-Holsteinische Volksmärchen. Bd. 1, S. 103-104.

[238] Die sprechende Hand (AT 311). In: RÉ SOUPAULT (Hg.): Französische Märchen (Diederichs-Verlag). S. 138-145. – Auch enthalten in:

die Heldin von AT 311 zuweilen außer ihren Schwestern auch einen oder mehrere Burschen erlöst, die ermordet bzw. zu Stein verzaubert worden sind (Die drei Zichoriensammlerinnen[239], italienisch aus Kalabrien; Die Geschichte vom Ohimè[240], sizilianisch; Deusmi[241], sardisch; Namaki[242], persisch; desgleichen in den türkischen Erzählungen vom Spindelverkäufer[243]), erlöst der Held hier zwar nicht die zwei ermordeten Brüder, aber eine Prinzessin, die zum Vogel verzaubert wurde; der Vogel wird zum Menschen, wenn man die in seinen Kopf gesteckte Nadel entfernt. – In einem rätoromanischen Märchen gelangen drei Brüder nacheinander zum Schloss einer Fee, dienen dort und dürfen ein bestimmtes Zimmer nicht betreten. Als die zwei älteren Brüder das Verbot missachten, werden sie in einen Marmorblock verwandelt (Die drei goldenen Schlüssel[244]).

AT 313 „Der dem Teufel versprochene Königssohn". Im Grimm'schen Märchen „Die wahre Braut"[245] soll ein Mädchen „schwere Aufgaben" erledigen: ein ungeheures Pensum Federn schleißen; mit

---

RÉ SOUPAULT (Hg.): Französische Märchen (Weltbild-Verlag). S. 114-121.

[239] Die drei Zichoriensammlerinnen (AT 311 + 302). In: ITALO CALVINO: Die Braut, die von Luft lebte. S. 335-340.

[240] Die Geschichte vom Ohimé (AT 311). In: LAURA GONZENBACH: Sicilianische Märchen. Erster Teil, S. 139-147.

[241] Deusmi (AT 311). In: FELIX KARLINGER (Hg.): Das Feigenkörbchen. S. 58-68. – Auch enthalten in: FELIX KARLINGER (Hg.): Inselmärchen des Mittelmeeres. S. 215-224. – Enthalten ferner in: FELIX KARLINGER (Hg.): Märchen der Welt. Bd. 1 (Südeuropa). S. 319-326.

[242] Namaki (AT 311). In: VIOREL BAGEACU (Hg.): Padişahul şi vizirul. S. 127-135.

[243] WOLFGANG EBERHARD und PERTEV NAILI BORATAV: Typen türkischer Volksmärchen. S. 170-173.

[244] Die drei goldenen Schlüssel (AT 311). In: URSULA BRUNOLD-BIGLER (Hg.): Die drei Winde. S. 77-78.

[245] Die wahre Braut (AT 313). In: GRIMM, BRÜDER GRIMM: Kinder- und Hausmärchen. KHM 186. Bd. 2, S. 368-376.

einem durchlöcherten Löffel den Teich ausschöpfen; ein Schloss bauen, welches vollständig eingerichtet. Ihm hilft eine alte Frau. – In einer ungarischen Variante verschreibt der König seine Tochter einem Teufel. Sobald das Mädchen zehn Jahre alt geworden, holt der Teufel es ab. Das Mädchen soll Grütze aus der Asche lesen. Der Sohn des Teufels ruft mit einer Pfeife Teufelchen herbei, welche die Arbeit erledigen. Dann soll das Mädchen aus nichts eine himmelhohe Kirche bauen, in der Gott eine Messe zelebriert, worauf das Paar flüchtet (Teufels-Hänschen[246]).

AT 314 „Goldener". Im rumänischen Märchen „Ellenbart"[247] leben im Anwesen der Zauberer-Gestalt ein Knabe und ein Mädchen. Sie fliehen zusammen mit Hilfe des sprechenden Pferdes.

AT 326 „Der Knabe, der das Fürchten lernen wollte". Im Tiroler Märchen „Das Totenköpflein"[248] beweist ein Mädchen seine Standhaftigkeit. – Im niederländischen Märchen „Die drei Schwestern"[249] verbringt je ein Mädchen eine Nacht in einem verwunschenen Schloss. Wanne bäckt Kuchen, ist gut zu einem Hund und zu einer Katze und stellt sich schlafend, als das Gespenst in die Küche tritt. Siska ist unwirsch, ihr wird das Genick gebrochen. Trese öffnet dem Gespenst, gibt den Tieren und ihm Kuchen, dadurch werden die verfluchten Seelen erlöst. Neun Koffer mit Geld – für sie, für Messen, für die Armen.

---

[246] Ördög-Jánoska (AT 313). In: ELEK BENEDEK: Benedek Elek összes meséi. Bd. 2, S. 286-291.

[247] Tartacot (AT 314). In: D. STĂNCESCU: Sur-Vultur. S. 254-258. Die Zauberer-Gestalt trägt hier den Namen des Quälgeistes aus AT 301, eine Maske, hinter der sich vermutlich ein Gehilfe des Stammeszauberers und Schulleiters verbirgt.

[248] Das Totenköpflein (AT 326). In: IGNAZ VINCENT und JOSEF ZINGERLE: Kinder- und Hausmärchen aus Tirol. Innsbruck: Schwick, 1911. Nr. 47. S. 269-270. – Auch enthalten in: PAUL ZAUNERT (Hg.): Deutsche Märchen aus dem Donaulande. S. 236-237.

[249] Die drei Schwestern (AT 326). In: A. M. A. COX-LEICK und H. L. COX (Hg.): Märchen der Niederlande. S. 219-223.

AT 361 „Der Bärenhäuter". Im Tiroler Märchen „Die faule Katl"[250] darf sich ein Mädchen sieben Jahre lang weder waschen noch kämmen und nichts Warmes essen.

AT 400 „Der Mann auf der Suche nach seiner verschwundenen Gattin". Gewöhnlich erlöst der Held von AT 400 durch standhaftes Verhalten in den sogenannten *Qualnächten* eine verzauberte Jungfrau. In je einem Märchen aus Niederösterreich und aus Oberösterreich fällt die Rolle des Erlösers einem Mädchen zu: Hier errettet es durch standhaftes Verhalten eine verzauberte Frau (Allmählich weiß[251]), dort einen verwunschenen Jüngling (Vom verwunschenen Prinzen[252]). – Im schlesischen Märchen „Die erlöste Schlange"[253] errettet ein Mädchen einen Prinzen von der Schlangengestalt, ebenso im toskanischen Märchen „Der Mensch aus Stein"[254]. – Im polnischen Märchen „Die Krähe"[255] erlöst ein Mädchen einen verzauberten Prinzen. – In bekannten Fassungen von AT 400 finden der Held und seine Gefährten im verwunschenen Schloss einen gedeckten Tisch und ein Nachtlager. Dasselbe Erlebnis wird in einem venezianischen Märchen drei Schwestern zuteil. Die jüngste erlöst

---

[250]   Die faule Katl (AT 361). In: IGNAZ und JOSEPH ZINGERLE: Kinder- und Hausmärchen aus Tirol. S. 266-268. – Auch enthalten in: PAUL ZAUNERT (Hg.): Deutsche Märchen seit Grimm. Bd. 1, S. 369-371. – Enthalten ferner in: KARL HAIDING (Hg.): Österreichs Märchenschatz. S. 314-316.

[251]   Allmählich weiß (AT 400). In: THEODOR VERNALEKEN: Mythen und Bräuche des Volkes in Österreich. S. 125-129.

[252]   Vom verwunschenen Prinzen (AT 400). In: KARL HALLER (Hg.): Volksmärchen aus Österreich. S. 6-11. – Auch enthalten in: MAX MELL (Hg.): Alpenländisches Märchenbuch. S. 56-60.

[253]   Die erlöste Schlange (AT 400). In: KARL HALLER (Hg.): Volksmärchen aus Österreich. S. 109-111.

[254]   Der Mensch aus Stein (AT 425 A + 400 + 516). In: HERBERT BOLTZ (Hg.): Toskanische Märchen. S. 108-115, hier S. 110.

[255]   Die Krähe (AT 400). In: K. W. WOYCICKI: Volkssagen und Märchen aus Polen. S. 82-83. – Auch enthalten in: HANS-JÖRG UTHER (Hg.): Digitale Bibliothek, Bd. 110: Europäische Märchen und Sagen.

zahlreiche versteinerte Menschen, indem sie die Statuen mit einer Salbe bestreicht (Die mutige Näherin[256]).

AT 402 „Die Katze als Braut". Bekannt sind Varianten mit drei Brüdern, die durch ein Pfeilordal den Wohnsitz ihrer künftigen Frau ermitteln. Abweichend davon verschießen in einem türkischen Märchen vom Bosporus drei Schwestern Pfeile (Die Rosenschöne[257]).

AT 425 A „Amor und Psyche". Die unter diesem Titel zusammengefassten Märchen handeln von der Anwerbung eines Mädchens aus armer Familie für den praktischen Teil der sexuellen Aufklärung im Rahmen der Buschschule. In der Beschreibung des Typus wird der Hintergrund nicht aufgedeckt, und kein Laie vermag ihn zu erraten. Ebenso wenig wird in der Beschreibung vermerkt, dass es Märchen gibt, die von der Anwerbung eines Burschen aus armer Familie für dasselbe Anliegen handeln. Ich werde beide Märchentypen im Kapitel „Amor, Psyche und Liombruno" besprechen (siehe weiter unten).

AT 451 „Das Mädchen, das seine Brüder sucht". Gewöhnlich bewirkt eine Verwünschung, dass mehrere Knaben, als Brüder vorgestellt, Tiergestalt annehmen. In einem Märchen aus Rügen, welches Ernst Moritz Arndt in der Kindheit gehört hatte und als Erwachsener nacherzählte, trifft der Fluch sieben Schwestern (Die Geschichte von den sieben bunten Mäusen[258]). Ebenso im ungarischen Märchen „Die Dohlenmädchen"[259]. – Spiegelverkehrt zu dem Märchentypus, der im Aarne-Thompson-Katalog beschrieben wird, berichtet das schlesische Märchen „Bruder und Schwester"[260] vom Aufenthalt eines jungen Mannes an der

---

[256]   Die mutige Näherin (AT ---). In: HERBERT BOLTZ (Hg.): Venezianische Märchen. S. 107-111.

[257]   Rózsa-szépe (AT 402). In: IGNÁC KÚNOS: A szótlan szultánkisasszony. S. 133-143, hier S. 133-134.

[258]   Die Geschichte von den sieben bunten Mäusen (AT 451). In: ERNST MORITZ ARNDT: Märchen. S. 9-12.

[259]   A csókalányok (AT 451). In: JÁNOS KRIZA: A csókalányok. S. 109-114.

[260]   Bruder und Schwester oder Die finstere Welt (AT 451). In: WILL-ERICH PEUCKERT: Schlesische Kinder- und Hausmärchen. S.

Initiationsstätte für Mädchen. Sogar das Motiv der Leiter aus Hühnerbeinchen kommt vor, hinter dem sich das Befragen eines Orakels verbirgt.

AT 500 „Rumpelstilzchen". Gewöhnlich verhilft ein Kobold oder der Teufel einem Mädchen zur Heirat mit dem Königssohn. In einem deutschen Märchen aus Lothringen möchte ein Junge die Königstochter heiraten, und eine alte Hexe will ihm helfen, wenn er ihr sein erstes Kindchen verspricht (Antonius Hooreknippel[261]).

AT 530 „Die Prinzessin auf dem Glasberg". Hier sollen bekanntlich drei Brüder der Reihe nach am Grabe ihres Vaters Wache halten, der jüngste Sohn, der als einziger den Wunsch des Vaters erfüllt, wird mit drei Rössern beschenkt. In einem litauischen Märchen des Typus AT 510 A „Aschenputtel" befiehlt ein Mann auf dem Sterbebett seiner Tochter, drei Nächte lang an seinem Grab zu beten, und beschenkt sie mit Kleidern und Kutschen (Das Wasser-Handtuch-Peitschen-Schloss[262]).

AT 675 „Der faule Bursche". Im polnischen Märchen „Der verzauberte Hecht"[263] hilft der dankbare Fisch einem Mädchen.

AT 930 „Der reiche Mann und sein Schwiegersohn". Im englischen Märchen „Der Fisch und der Ring"[264] sträubt sich der Baron, im rumänischen Märchen „Der Spruch der Schicksalsfrauen"[265] sträubt sich

---

151-158. – Auch enthalten in: PAUL ZAUNERT (Hg.): Deutsche Märchen seit Grimm. Bd 1, S. 406-410.

[261]   Antonius Hooreknippel (AT 500). In: ANGELIKA MERKEL-BACH-PINCK: Lothringer Volksmärchen. S. 265-266.

[262]   Das Wasser-Handtuch-Peitschen-Schloss (AT 510 A). In: JOCHEN D. RANGE (Hg.): Litauische Volksmärchen. S. 132-135.

[263]   Der verzauberte Hecht (AT 675). In: VIERA GAŠPARÍKOVÁ, JAROMÍR JECH, HELENA KAPEŁUŚ, PAUL NEDO (Hg.): Die gläserne Linde. S. 170-172.

[264]   Der Fisch und der Ring (AT 930). In: KATHARINA BRIGGS und RUTH-MICHAELIS-JENA (Hg.): Englische Volksmärchen. S. 36-39.

[265]   Cuvîntul ursitoarelor (AT 930). In: ION POP RETEGANUL: Poveşti ardeleneşti. S. 244-247.

der Grüne Kaiser gegen die Heirat *des Sohnes* mit einem armen *Mädchen.*

Auch bei Überlieferungen, die keine Beziehung zur Buschschule erkennen lassen, kommen Abweichungen vom Schema vor.

AT 328 „Der Knabe stiehlt die Schätze des Unholds". In einem ungarischen Märchen stiehlt ein Mädchen die Schätze des Teufels (Susi und der Teufel[266]).

Den Jüngling aus AT 513 A, der mit seinem Schiff über Wasser und Land fährt, begleiten gewöhnlich Männer; in einer schwedischen Variante sind es alte Weiber (Das Schiff, das über Wasser und Land fuhr[267]).

Beim Märchentypus AT 518 streiten gewöhnlich drei Brüder – Riesen oder Teufel – um drei ererbte Wünscheldinge; im sizilianischen Märchen „Die drei Tauben"[268] sind es drei Frauen. Während sonst der Held die drei Brüder betrügt, machen ihm hier die Schwestern die Wünscheldinge zum Geschenk.

AT 923 „Lieb wie Salz". Im türkischen Märchen „Teuer wie Salz"[269] fragt ein Padischah seine Söhne, wie sie ihn lieben, und verstößt dann den jüngsten. So auch im burmesischen Märchen „Speisen, die einem König gemäß sind"[270].

In einem rumänischen Schwankmärchen aus der Bukowina tritt eine alte Frau an gegen den Teufel: Wer mehr Lieder kennt – Rüben säen

---

[266]   Susi und der Teufel (AT 328). In: LÁSZLÓ ARANY: Ungarische Volksmärchen. S. 158-165.

[267]   Das Schiff, das über Wasser und Land fuhr (AT 513 B). In: HANS-JÜRGEN HUBE (Hg.): Du alter Riesenhupf! S. 13-19.

[268]   Die drei Tauben (AT 936* + 413 + 400 + 518). In: RENATO APRILE (Hg.): Die Schöne mit den sieben Schleiern. S. 168-174.

[269]   Teuer wie Salz (AT 923). In: SEVGI AĞCAGÜL und ELISA-BETTA RAGAGNIN (Hg.): Türkische Volksmärchen. S. 168-174.

[270]   Speisen, die einem König gemäß sind (AT 923). In: ANNEMA-RIE ESCHE (Hg.): Märchen der Völker Burmas. S. 22-26.

und Weizen säen – mit Heugabeln prügeln – wer weiter werfen kann – um die Wette laufen (Die Alte und die Doina[271]).

Die Gestalt, die den Tod im Birnbaum festbannen kann, ist gewöhnlich männlich. In einem rumänischen Märchen aus Siebenbürgen ist sie weiblich (Mütterchen Sorge[272]).

---

[271] Baba şi doina. In: ELENA NICULIŢĂ-VORONCA: Datinile şi credinţele poporului român. Bd. 1, S. 131-132.
[272] Baba Grija. In: ION POP RETEGANUL: Poveşti ardeleneşti. S. 429-432.

Die Entstellungen

Im Spannungsfeld der Überlieferung machten sich zwei Tendenzen bemerkbar: Manche Erzähler hielten mit peinlicher Sorgfalt am überlieferten Wortlaut fest. Andere ließen ihrer Fantasie freien Lauf, schmückten die Handlung aus und kombinierten Motive aus mehreren ihnen geläufigen Geschichten. Es gab Zuhörergemeinschaften, die Abweichungen vermerkten und korrigierten, während andere sich an den Abweichungen ergötzten.

Solange die Märchen als Erfindungen galten, waren die Entstellungen kein gewichtiges Thema. Man analysierte die Techniken der begabten Erzähler und gab sich damit zufrieden. Doch wenn wir in Betracht ziehen, dass zahlreiche Märchen aus Erinnerungen an ehemalige Bräuche entstanden sind, dass ihre Urformen viele hundert Jahre lang von Mund zu Mund wanderten, bis ein Sammler sie aufzeichnete, dann erhalten die möglichen Entstellungen einen anderen Stellenwert – sowohl für den Erzählforscher als auch für den Historiker. Wer voraussetzt, dass der Handlung ein realer Vorgang zugrunde liegt und diesen Vorgang rekonstruieren möchte, muss die Entstellungen identifizieren und ihre Ursachen klären.

Die größte Auswirkung auf den Gang der Märchenhandlung hatte **die Umwertung des Ritus,** denn sie stellte das Verhältnis des Initianden zu den Leitern der Buschschule auf den Kopf. Dieses Phänomen hat Propp entdeckt. Sein Wesen besteht darin, dass sich die Einstellung zum ehemaligen Brauch radikal änderte: „Der Ritus war für Kinder und Mütter furchterregend und entsetzlich, aber er galt als notwendig, weil der, der ihn durchlaufen hatte, etwas erlangte, was wir als magische Herrschaft über die Tiere bezeichnen würden, d. h. der Ritus entsprach den Verfahrensweisen einer primitiven Jagd. Doch wenn mit der Vervollkommnung der Werkzeuge, mit dem Übergang zu Landwirtschaft und mit einer neuen Gesellschaftsordnung die alten grausamen Riten als unnötig und verhaßt empfunden werden, kehrt sich ihre Spitze gegen die, die sie ausführen. Wenn im Verlauf des Ritus der Jüngling im Walde von einem Wesen geblendet wird, das ihn quält und zu verschlingen droht, dann wird der Mythos, der sich vom Ritus schon gelöst hat, zum Mittel eines gewissen Protestes."[273] Infolge der Umwertung erscheinen Zauberer und Hexe gewöhnlich als böse, als heimtückisch, als gefährlich. Während der Initiand in der Buschschule vor dem Schulleiter zitterte, tritt der Held des Märchens mutig zum Kampf gegen die Zauberer-Gestalt an und macht ihr den Garaus.

Nach und nach griff die Umwertung auf Momente der Jugendweihe über, die nichts weniger als grausam waren, aber mit dem Auftreten von Zauberer und Hexe zusammenhingen: die Teilnahme an gemeinnützigen Arbeiten (im Märchen als „schwere Aufgaben" vorgestellt), die Vermittlung magischer Praktiken, ja sogar die Rückkehr ins Dorf, dargestellt als Flucht aus dem Machtbereich der Verderber. Glücklicherweise macht sich der Vorgang nur als Tendenz bemerkbar, denn er berührte nicht alle Varianten eines Märchentypus im selben Maße, sodass wir beim Vergleichen den ursprünglichen Ablauf der Handlung ermitteln können.

Als folgenreich für den Inhalt der Märchen, wie wir sie kennen, erwies sich auch **die Ökonomie der Erzähler.** Um die Handlung flüssig vorzutragen, verzichteten die Erzähler auf Einzelheiten, der eine auf diese, der andere auf jene, bei diesem Vorgang führte der Zufall Regie. Sie wiederholten nicht alle Bedingungen der Saligen-Ehe, sondern nannten nur eine, weil das genügte. Sie beschrieben das große Gebäude nicht ausführlich. Beim Märchentypus AT 402 „Die Katze als Braut" begnügten sie sich mit drei Probestücken für die handwerkliche Tüchtigkeit der Braut. Sie stellten den Stammeszauberer und die Oberin des Frauenbundes nicht mehr umfassend vor. Infolgedessen registrierten die Erzählforscher verwundert, dass an derselben Stelle der Handlung hier von einem Zauberer die Rede ist, dort aber von einem alten Mann – von einem eisernen Mann – von einem Menschenfresser – von einem Wassermann – von einem Riesen – von einem Vogel – von einem Drachen – von einem Blumenmann – von der Sonne. Ähnlich im Falle der Hexe.

---

[273]   VLADIMIR PROPP: Die historischen Wurzeln des Zaubermärchens. S. 87.

Im Laufe der Zeit sind diesem Kunstgriff unzählige Einzelheiten zum Opfer gefallen.

Um **die Authentizität der Märchenhandlung** zu demonstrieren, wählten die Erzähler Schauplätze in der Umgebung des Publikums und beriefen sich auf bekannte Personen als Gewährsleute. Abgesehen davon näherten sie die Lebensumstände des Helden ihren eigenen Lebensumständen an, was zahlreiche **Anachronismen** zur Folge hatte.

Die Idealisierung des Helden umfasst mehrere Facetten.

Die Erzähler ersetzten den kollektiven Helden, das war die Gruppe von Zöglingen, durch einen individuellen Helden, mit dem sich der Zuhörer leichter identifizieren konnte. Von diesem Kunstgriff wurden u.a. folgende Märchentypen betroffen: AT 301 „Die drei geraubten Königstöchter" – AT 306 „Die zertanzten Schuhe" – AT 325 „Der Zauberer und sein Schüler" – AT 400 „Der Mann auf der Suche nach seiner verschwundenen Gattin".

Ein weiterer Aspekt der Idealisierung ist die Erhebung des Helden zum Königssohn bzw. der Heldin zur Königstochter. In der Folklore wimmelt es von gekrönten Häuptern. Das italienische Märchen vom „Mädchen im Apfel"[274] (AT 409 A) wäre ein Beispiel für viele. Wir hören von einer Königin, die sich ein Kind wünscht und einen Apfel zur Welt bringt, aus diesem Apfel steigt heimlich ein Mädchen, das kämmt sich auf der Terrasse. Und siehe da, dem königlichen Palast gegenüber wohnt *ein anderer König*, der sich sofort in jenes Mädchen verliebt, als ob Könige so häufig wären wie Spatzen. Genauso in den türkischen Volksmärchen aus Stambul, die Ignáz Kúnos aufgezeichnet hat – laufend erscheint der Held als Sohn eines Herrschers oder gleich als Padischah.[275] Basile hat sich auf seine Art über diese Taschentuch-Könige lustig gemacht: *Es war einmal ein König von Buschtal, ... ein König von Hochberg, ... ein König von Langelaube, ...ein König von Starkenfels, ... ein König von Schönhügel* usw.

---

[274] Das Mädchen im Apfel (AT 409 A). In: FELIX KARLINGER (Hg.): Das Mädchen im Apfel. S. 65-68, hier S. 65-66.
[275] IGNÁZ KÚNOS: Türkische Volksmärchen aus Stambul.

Man erkennt die Idealisierung anhand eines Vergleichs von mehreren Varianten. Betrachten wir den Märchentypus <u>AT 402 „Die Katze als Braut"</u>. Hier ist der Held mal der Sohn eines armen Besenbinders (Hans und die Kröte[276], deutsch aus Lothringen), mal der Sohn eines Bauern (Die kleine weiße Katze[277], deutsch aus Holstein), mal der Sohn eines Müllers (Die verwunschene Katze[278], deutsch aus der Steiermark), mal der Sohn eines Königs (Die weiße Katze[279], rätoromanisch). Im mecklenburgischen Märchen „Schorfkopf"[280] (AT 314) ist der Held ein verwaister Prinz. Wir erfahren, dass die Stiefeltern ihn schlecht behandeln, so etwas kommt vor. Doch dann läuft er in die Welt, *um sich einen Dienst zu suchen*, und das ist für Sprösslinge aus königlichen Häusern schon etwas ungewöhnlich. Im slowakischen Märchen „Raduz und Ludmilla"[281] (AT 313) sagt gar der König, der vier Kinder hat, eines Tages zu seiner Frau: „Du, mein Weib, wir sind zu zahlreich, wir müssen etwas unternehmen, sonst werden wir es nicht weit bringen. Weißt du was? Wir wollen einen unserer Söhne in die Welt schicken, er mag sich einen Dienst suchen und sich zurechtfinden, so gut er eben kann."

Die späteren Erzähler stellten den Märchenhelden über die anderen Menschen. Ihm gelingt einfach alles, oft besteigt er zuletzt den Thron. Der Anstoß zu dieser Auszeichnung kam aus zwei Richtungen: aus dem Menschenfresser-Märchen, wo der Held durch seine List einen mäch-

---

[276] Dr Hans un die Krott (AT 402). In: ANGELIKA MERKEL-BACH-PINCK: Volkserzählungen aus Lothringen. S. 28-33, hier S. 28.

[277] De lütt wit Katt (AT 402). In: WILHELM WISSER: Plattdeutsche Volksmärchen. Bd. 1, S. 132-136, hier S. 132.

[278] Die verwunschene Katze (AT 402). In: VIKTOR VON GERAMB: Kinder- und Hausmärchen aus der Steiermark. S. 121-127, hier S. 121.

[279] Die weiße Katze (AT 402). In: URSULA BRUNOLD-BIGLER (Hg.): Die drei Winde. S. 196-197.

[280] Schorfkopp (AT 314). In: GOTTFRIED HENSSEN (Hg.): Mecklenburger erzählen. S. 48-53, hier S. 48.

[281] Raduz und Ludmilla (AT 313). In: PAVOL DOBŠINSKÝ: Slowakische Märchen. S. 155-167, hier S. 155.

tigen Dämon besiegt, und aus dem Initiationsmärchen, wo der ehemalige Zögling infolge der Umwertung des Ritus den nunmehr bösen Zauberer überwindet. Doch dann ging der Wurf über das Ziel hinaus – dem Helden sind auch Dinge erlaubt, die im Alltag unser Rechtsempfinden verletzen würden. AT 518 „Teufel (Riesen) streiten um Wünscheldinge": Der Held betrügt die drei Brüder, die um ihr Erbe streiten; anstatt wie versprochen den Zwist um Tarnkappe und Siebenmeilenstiefel zu schlichten, macht er sich mit den Wünscheldingen davon. AT 550 „Der Vogel, das Pferd und die Prinzessin": Der Held begeht drei Diebstähle und eignet sich zuletzt alle drei unrechtmäßig erworbenen Güter an, obwohl er die Prinzessin für das Pferd und das Pferd für den Vogel hätte geben müssen. In einer rumänischen Variante steht ihm dabei Gott selbst zur Seite – Gott hilft dem Helden beim Stehlen und Betrügen (Der Vogel des Paradieses[282]). AT 569 „Der Ranzen, das Hütlein und das Horn": Hier wird der Held sogar zum Räuber: Auf seinen Befehl nehmen seine Soldaten die Wünscheldinge, die es ihm angetan haben, den rechtmäßigen Besitzern einfach weg, das ist in der hessischen Variante der Brüder Grimm[283] (nach der man den Typus benannt hat) genauso wie in der tschuwaschischen Variante von der Wolga (Der gusseiserne Hut[284]). Damit nicht genug, in zwei rumänischen Varianten lässt der Held die rechtmäßigen Besitzer der Wünscheldinge umbringen (Der närrische Trifon[285], rumänisch

---

[282]   Der Vogel des Paradieses (AT 550). In: PAULINE SCHULLE-RUS: Rumänische Volksmärchen aus dem mittleren Harbachtal. S. 244-250, hier S. 247-249.

[283]   Der Ranzen, das Hütlein und das Hörnlein (AT 569). In: GRIMM, BRÜDER GRIMM: Kinder- und Hausmärchen. KHM 54. Bd. 1, S. 278-284.

[284]   Der gußeiserne Hut (AT 569). In: DIE SCHÖNE KULINE. S. 34-42.

[285]   Trifon Hăbăucul (AT 569). In: ION POP RETEGANUL: Poveşti ardeleneşti. S. 3-8.

aus Siebenbürgen; Die Geschenke des Vogelkönigs[286], rumänisch aus der Moldau). <u>AT 851 „Turandot"</u>: In drei Varianten, die eine aus Rumänien, die zweite aus Marokko, die dritte aus Zaire, verkauft der Held Vater und Mutter, um sich ein Pferd nebst Kleidern bzw. ein Gewehr für die geplante Reise zu besorgen (Geschichte eines weisen Helden, der sich mit einer gelehrten Kaisertochter unterhält[287]; Das Wasser, das nicht vom Himmel herabfällt und nicht aus der Erde entspringt[288]; Das unlösbare Rätsel[289]). Wie können wir Sympathie für eine Gestalt empfinden, die sich derartig vergeht? Trotzdem bleibt der Held beim Publikum in Ehren. Die schändlichen Verbrechen schaden seinem Ruf nicht im Geringsten, es ist so, als ob die Zuhörer gegenüber seinen kriminellen Taten unempfindlich wären.

Wenn ein Märchenheld, der, aus bescheidenen Verhältnissen stammend, sich für die Entrechteten und Erniedrigten einsetzt, am Ende zum König aufsteigt, liegt seiner Erhebung die Sehnsucht der Erzählgemeinschaft nach einer Welt zugrunde, in der es keine Armut, keine Unterdrückung, keine gemeinen Betrüger und keine falschen Richter gibt. Der neue König regiert zum Segen des Volkes …[290]

---

[286] Fă bine și-l aruncă-n baltă, că nici nu știi cum iese la iveală (AT 569). In: ELENA D. O. SEVASTOS: Literatură populară. Bd. 2, S. 43-50.

[287] Geschichte eines weisen Helden, der sich mit einer gelehrten Kaisertochter unterhält (AT 851). In: FELIX KARLINGER und OVIDIU BÎRLEA (Hg.): Rumänische Volksmärchen. S. 5-14, hier S. 5.

[288] Das Wasser, das nicht vom Himmel herabfällt und nicht aus der Erde entspringt (AT 851). In: UWE TOPPER (Hg.): Märchen der Berber. S. 11-14, hier S. 11-12.

[289] Das unlösbare Rätsel (AT 851). In: WOLFGANG HAMMER und RAINER ARNOLD (Hg.): Als das Buschferkel fliegen wollte. S. 15-20, hier S. 16.

[290] Zu diesem Hintergrund siehe: WALTRAUD WOELLER: Nachwort. In: Dies. (Hg.): Deutsche Volksmärchen von arm und reich. S. 391-401.

Der Dummling. Das Sitzen im Herdwinkel, das Bestreuen mit Asche, die Bezeichnung *Dummling* sind Hinweise auf den Status des Initianden bei der individuellen Jugendweihe. Diese Motive werden durch ein schottisches Märchen bestätigt, es heißt „Assipattle und der Meister Lindwurm"[291], denn hier wird der Held von einem Meerdrachen verschlungen und ausgespien, was der Begegnung mit dem Tier-Ahnen entspricht. Zu den genannten Motiven hat ein anonymer Erzähler die Verachtung der älteren Brüder gefügt, um die Anteilnahme des Publikums zu gewinnen. Später wurde die Einstellung der älteren Brüder aus den Märchen mit Initiationsmotiven (AT 326, 402, 530, 571) auf Märchen ohne Initiationsmotive (AT 513 A, 513 B, 550, 551, 610) übertragen.

Unverständliche Einzelheiten. In Afrika, genauer: bei den Kpelle in Liberia, erhielten Initianden Urlaub, um ihren Eltern bei dringenden Feldarbeiten zu helfen.[292] Wenn man es im Alten Europa auch so hielt, dann wäre das die Erklärung für ein bekanntes Motiv der Tierbräutigam-Märchen. Ein kinderloser Bauer, der von anderen verspottet wird, spricht zuletzt: „Ich will ein Kind haben, und sollt's ein Igel sein." Daraufhin bringt seine Frau einen Igel zur Welt, der sich später nützlich macht, indem er die Schweine im Walde hütet (Hans mein Igel[293], deutsch aus Hessen). – In einem armunischen Märchen wünscht sich die kinderlose Frau ein Töchterchen, und wenn es nur so wäre wie ein Kürbis (Das Kürbismädchen[294]). Die Waldmutter schenkt ihr den gewünschten Kürbis. Tochter Beta geht mit Mädchen aus der Nachbarschaft zum Bach Wasser holen. – In einem bulgarischen Märchen adoptiert eine alte Frau

---

[291] Assipattle und der Meister Lindwurm (AT 300). In: HANNAH AITKEN und RUTH MICHAELIS-JENA (Hg.): Märchen aus Schottland. S. 106-117. – Unter dem Titel „Aschenpütter und der Meerdrache" enthalten in: ALFRED EHRENTREICH (Hg.): Englische Volksmärchen. S. 212-227.

[292] DIEDRICH WESTERMANN: Die Kpelle. S. 249.

[293] Hans mein Igel (AT 441). In: GRIMM, BRÜDER GRIMM: Kinder- und Hausmärchen. KHM 108. Bd. 2, S. 118-123.

[294] Curcubeta (AT 425 A). In: POVEŞTI NEMURITOARE Nr. 18 (1982). S. 19-25.

einen Flaschenkürbis. Der rollt hinter ihr her, wenn sie die Ferkel füttert, und begleitet den alten Mann, wenn er die Ochsen zur Tränke führt (Kratuntscho[295]).

Was steckt hinter diesem Motiv? Nach dem vermeintlichen Abstieg in die Unterwelt setzten die Initianden Tier-Masken bzw. Pflanzen-Masken auf zum Zeichen, dass sie gestorben sind. Mit ihrem ungewöhnlichen Outfit erschienen sie auch zur Feldarbeit. Die späteren Erzähler konnten sich diese Erscheinung nicht erklären – sie reizte zu einer Begründung.

Durch **die blühende Fantasie** von begabten Erzählern hat sich die Märchenlandschaft bereichert. Der Märchentypus AT 300 A „Der Kampf an der Brücke" hat einen realen Kern, nämlich die Begegnung des Initianden mit dem Tier-Ahnen, der ihn symbolisch verschlingt, und den Schmied-Beruf des Stammeszauberers. Die Erzähler haben diese Motive mit der Mythe vom Raub der Gestirne durch Drachen verbunden. Der Held hat die Drachen besiegt, nun planen die verwitweten Drachenfrauen, ihn und seine Brüder zu verderben, ohne zu ahnen, dass er sie in Gestalt einer Katze oder einer Fliege belauscht. Zuletzt jagt die Drachenmutter in Gestalt einer Sau hinter dem Helden her. Sie entpuppt sich als ein umgewerteter Tier-Ahne, denn sie will den Helden verschlingen, aber nicht, um ihn zu begaben, sondern um ihn zu verderben. Der mit dem Helden verbündete Weltenschmied schiebt ihr ein eisernes Ebenbild des Helden, glühend gemacht, in den Schlund (Greuceanu[296], rumänisch aus der Walachei).

Obwohl die dramatischen Szenen am „Nabel der Erde" beim Märchentypus AT 301 „Die drei geraubten Königstöchter" die Wahrheit auf den Kopf stellen, fanden sie beim Publikum offenbar großen Anklang. Im Märchen steigt meist nur der Held in die Unterwelt hinab, und

---

[295]   Kratuntscho (AT 425 A). In: KYRILL HARALAMPIEFF (Hg.): Bulgarische Volksmärchen. S. 120-123, hier S. 120. – Unter dem Titel „Das Kürbiskind" enthalten in: ELENA OGNJANOWA (Hg.): Bulgarische Märchen. S. 283-286, hier S. 283.
[296]   Greuceanu (AT 300 A). In: PETRE ISPIRESCU: Legende sau basmele românilor. S. 203-213, hier S. 210.

nachdem seine Gefährten, seine *Kreuzbrüder,* die geretteten Königstöchter in die Oberwelt gezogen haben, beschließen sie, ihn zu verderben – sie lassen den Strick mit dem Korb fallen. Mit diesem Verrat hängt die Rückkehr des Helden zur Oberwelt auf dem Rücken des Riesenvogels zusammen, dessen Jungen er vor der Schlange rettete. Der Riesenvogel fliegt mit ihm durch denselben [engen] Schacht nach oben, durch den er in die Unterwelt gelangte ...

AT 302 „Das Herz des Unholdes im Ei". Hier verteilt der Held die gemeinsame Beute von mehreren Tieren (Windhund, Löwe, Adler, Ameise) zu deren Zufriedenheit und erhält zum Dank die Fähigkeit, ihre Gestalt anzunehmen. Die Erzähler verknüpften dieses Motiv zum einen mit der Entführung der Königstochter, zum anderen mit dem Geheimnis des versteckten Herzens. Um den Unhold zu übertölpeln, schmückt die Königstochter die Stellen mit Blumen, an denen sich angeblich sein Herz befindet, bis er mit der Wahrheit herausrückt.

AT 303 A „Sechs Brüder suchen sieben Schwestern zu Frauen". Die Suche nach dem versteckten Herzen des Zauberers (in der siebenbürgisch-sächsischen Variante: der Hexe[297]) ist erfunden.

Als genial erwiesen hat sich auch der Einfall, in die Fabel des Märchentypus AT 313 „Der dem Teufel versprochene Königssohn" die Probe aufzunehmen, ob der Held seine heimliche Verlobte und Helferin erkennt. Das Motiv beruht auf einem für Serbien, Italien, Sardinien, Frankreich, Deutschland und Siebenbürgen bezeugten Volksbrauch. Im französischen Berry etwa stellten sich am Ende der Hochzeit alle Frauen in einer Reihe auf, und der Bräutigam ging hinter ihnen die Reihe entlang – er musste seine Braut an den bloßen Füßen erkennen.[298] Bei den Rumänen im Harbachtal *(Valea Hârtibaciului)* stellte man die Braut im Hof der Schwiegereltern neben zwei Frauen von gleicher Größe und warf ein Leintuch über sie, sodass alle drei verhüllt waren – dann musste der

---

[297] Von den zwölf Brüdern, die zwölf Schwestern zu Frauen suchten (AT 303 A). In: JOSEF HALTRICH: Sächsische Volksmärchen aus Siebenbürgen. S. 177-180.

[298] VLADIMIR PROPP: Die historischen Wurzeln des Zaubermärchens. S. 413. (Mit Berufung auf E. SAMTER.)

jungen Mann sagen, welches seine Braut sei, und wenn er sie verfehlte, kostete ihn das einen Eimer Wein.[299] Im Märchen soll der Held seine Verlobte aus einer Schar gleich gekleideter, gleich frisierter Mädchen herausfinden, die zuweilen auch noch verschleiert sind, was nur möglich ist, weil das Paar ein Zeichen verabredet hat: Die Verlobte lächelt – sie lässt eine Haarsträhne über die Stirn hängen – sie zieht eine Ende vom Kopftuch übers Ohr – sie streicht den Rock glatt – sie stellt einen Fuß vor – sie zwinkert mit dem rechten Auge – sie versteckt eine Nelke im Haar – sie lässt ein Ende vom Taschentuch aus der Tasche hängen – sie lässt aus der hohlen Faust eine Fliege entweichen – sie trägt einen Schuh mit schiefem Absatz – sie stößt mit dem einen Fuß gegen den anderen.

AT 329 „Die Versteckwette". Die Handlung ist erfunden: Ob der Held sich so gut verstecken könne, dass ihn die Königstochter mit ihrem Zauberspiegel (dem sogenannten *Weltenspiegel*) nicht findet.

AT 402 „Die Katze als Braut". Der Wettstreit der drei Brüder um das väterliche Erbteil ist erfunden.

AT 930 „Der reiche Mann und sein Schwiegersohn" + AT 461 „Drei Haare vom Barte des Teufels". Die Varianten verbinden verblasste Erinnerungen an zwei Bräuche: die Versammlung der Sippenältesten an der Wiege eines Neugeborenen und das Auftreten des Stammeszauberers als Orakel. Vormals wurden die Kinder schon in der Wiege verlobt, deshalb waren die Eheleute etwa gleich alt. Im Märchen geben die Schicksalsfrauen einen Häuslersohn mit der Tochter eines Händlers zusammen, die „zur selben Stunde" geboren wurde. Doch der reiche Mann lehnt sich gegen die Tradition auf und will den unwillkommenen Schwiegersohn beseitigen. Nach zwei misslungenen Anschlägen schickt er ihn zu einem geheimnisvollen Wesen, das jeden Eindringling tötet. Dieses Wesen tritt auf als Zauberer – Menschenfresser – Vogel – Drache mit Federn – Federnteufel – Blumenkönig. Es lebt mit der entführten Prinzessin zusam-

---

[299] TRUDE SCHULLERUS: Aus dem Leben der in sächsischen Dörfern des mittleren Harbachtals lebenden Rumänen. In: Dies.: Rumänische Volksmärchen aus dem mittleren Harbachtal. S. 36-87, hier S. 63-64.

men. Aus diesen Einzelheiten erkennen wir, dass es sich um ein Abbild des Stammeszauberers handelt.

Die Umstände der Reise sind erfunden bzw. umgedeutet. Das Abenteuer im Haus des Zauberers ist ein Ergebnis der Umwertung des Ritus, denn der Zauberer wird ausgetrickst und die entführte Prinzessin … flieht mit dem Helden.

Die Vermischung der Motive. Während manche begabten Erzähler ihnen geläufige Märchen so geschickt verknüpften, dass ihr Vortrag einen ganzen Abend füllte, brachten andere die Motive durcheinander. Sie kombinierten … das Märchen vom eisernen Wolf, der den Helden nicht heiraten lässt[300] (AT ?), mit einem Motiv aus AT 313 „Der dem Teufel versprochene Königssohn". Hier drehen sich die Häuser der heiligen Frauen Mittwoch, Freitag und Montag auf einem Hühnerbein. Als der Kaiser prüfen will, ob der Held seine Braut erkennt und ihr zwei gleich aussehende Mädchen zur Seite stellt, setzen sich die drei heiligen Frauen als Fliegen (!) auf die Wange der Kaisertochter (Onkel Hört, Onkel Sieht, Onkel Schwer-wie-die Erde[301], rumänisch aus der Bukowina). – In einem spanischen Märchen ziehen die drei Söhne des Königs aus, um das Wasser des Lebens und der Gesundheit für ihren erblindeten Vater zu finden (AT 551), werden aber am Zielort von einer Hexe versteinert (AT 303). Schließlich überwindet die Gemahlin des ältesten Sohnes die Hexe (Die Frau, die auszog, ihren Mann zu erlösen[302]). – Ein turkmenisches Märchen beginnt gemäß AT 425 C – ein Kaufmann fragt seine Töchter, was er ihnen von der Handelsreise mitbringen soll. Dann geht die Fabel über in AT 311 – der Herr des abgelegenen Gebäudes fordert vom Kaufmann der Reihe nach die drei Töchter. Schließlich geht die Fabel über in AT 303 A – die jüngste Tochter bringt in Erfahrung, wo der

---

[300] Der Wolf mit dem eisernen Kopf (AT ?). In: WOLFGANG ESCHKER (Hg.): Serbische Märchen. S. 100-106.

[301] Nea-Aude, Nea-Vede, Nea-Greul-Pământului (AT ---). In: ELENA NICULIȚĂ-VORONCA: Datinile şi credinţele poporului român. Bd. 1, S. 144-145.

[302] Die Frau, die auszog, ihren Mann zu erlösen (AT ---). In: SIGRID FRÜH (Hg.): Die Frau, die auszog, ihren Mann zu erlösen. S. 9-15.

Dew seine Seele versteckt hält und zerbricht das Fläschchen (Der Unhold Dew und die drei Jungfrauen[303]).

Ein Paradebeispiel für die Vermischung der Motive ist der Märchentypus AT 516 „Der treue Johannes". In seinen europäischen Varianten finden wir u.a. Motive folgender Märchentypen: AT 301, 302, 302 C, 303, 400, 409 B*, 413, 460, 460 B, 507 C. Die Anschläge auf den Königssohn und die von ihm entführte Prinzessin gehen entweder vom Vater der Prinzessin aus, der als Zauberer vorgestellt wird, oder vom Vater des Helden oder von seiner Stiefmutter, die um ihre Stellung am Königshof fürchten. Mit jenem Zauberer stimmt etwas nicht, weil er die Entführung seiner Tochter weder vorhersehen noch vereiteln kann. Auch die Geschichte mit den Anschlägen des eigenen Vaters bzw. der Stiefmutter ist mit weißem Zwirn genäht, denn wie können sie Anschläge planen, bevor sie vom Gelingen der Entführung erfahren haben? In einem verwandten innerasiatischen Märchen gehen die drei Anschläge von den drei Herren des Wissens aus, die sich am Bräutigam der Chaanstochter rächen wollen, weil er ein reiches Wissen erworben hat, aber seine Kenntnisse vor allen anderen Menschen geheim hält. Er hat sich geweigert, der Hochzeitsgesellschaft ein paar von seinen Märchen vorzutragen (Warum sich der Erzähler nicht lange bitten lassen soll[304], tuwinisch). Offenbar wurde auch dieser Text entstellt, weil es doch sinnvoll wäre, dass *die Hochzeitsgäste* reihum eine Geschichte zum Besten geben, aus der das junge Paar etwas lernen kann.

In manchen Varianten übernachten Herr und Diener bzw. die Brüder sowohl bei der Hinreise als auch bei der Rückreise in einer Unterkunft, die mit dem großen Gebäude der Initiationsstätte übereinstimmt: Das Schloss bzw. Haus steht im Wald. – Unsichtbare Diener kümmern sich um das Wohl der Gäste. – Dort wohnen verwunschene Jungfrauen; mal haben sie die Gestalt von Raben, mal sind sie schwarz, mal

---

[303]   Der Unhold Dew und die drei Jungfrauen (AT 425 C + 311 + 303 A). In: TURKMENISCHE VOLKSMÄRCHEN. S. 28-34.

[304]   Warum sich der Erzähler nicht lange bitten lassen soll (AT 516). In: ERIKA TAUBE (Hg.): Tuwinische Volksmärchen. S. 216-218. Die Tuwinen leben im Herzen Asiens, nordöstlich und südöstlich vom Altai.

unsichtbar. – In einer spanischen Variante belauscht der Begleiter des Königssohns wiederholt zwei unsichtbare Männer (Der Marmorstein[305]). – Viele Burschen sind zu Stein geworden, als sie versuchten, die verwunschenen Jungfrauen zu erlösen.

Der „treue Johannes" entnimmt den Gesprächen, die er während seiner Nachtwache belauscht, wertvolle Informationen für sein weiteres Verhalten. Aus der Grimm'schen Variante fehlt der Aufenthalt in dieser Unterkunft. In der Beschreibung des Typus wird das Motiv nicht vermerkt.

Die Übertreibung gedeiht im Zaubermärchen wie Löwenzahn auf der Wiese. Das erste Schloss ist aus Kupfer, das zweite aus Silber, das dritte aus Gold. – Die drei Schlösser befinden sich im Erdboden, das zweite unter dem ersten, das dritte noch tiefer. – Der erste Drache hat 12 Köpfe, der zweite 24, der dritte 36. Dessen ungeachtet schneidet der Held allen Köpfen die Zunge aus und wickelt diese in sein Taschentuch …

Während es in der Beschreibung des Typus <u>AT 303 A</u> heißt, dass sechs Brüder sieben Schwestern zu Frauen suchen, sind es in der siebenbürgisch-sächsischen Variante doppelt so viele (Von den zwölf Brüdern, die zwölf Schwestern zu Frauen suchten[306]) und in einer rumänischen Variante aus der Walachei hundert (Ion Hundert[307]), in einer zweiten sogar tausend (Ion Tausend[308]).

<u>AT 301 B „Die außerordentlichen Gesellen"</u>. Um zu veranschaulichen, mit was für Kerlen sich der Starke Hans verbündet, haben die Erzähler dick aufgetragen: Baumausraufer reißt die Bäume mit zwei

---

[305]   A márványkő (AT 516). In: LAJOS BOGLÁR (Hg): Spanyol népmesék. S. 73-83, hier S. 77-78, 79-80, 82.

[306]   Von den zwölf Brüdern, die zwölf Schwestern zu Frauen suchten (AT 303 A). In: JOSEF HALTRICH: Sächsische Volksmärchen aus Siebenbürgen. S. 177-180.

[307]   Suta Ion (AT 303 A + 313). In: VIORICA NIŞCOV (Hg.): Cele trei rodii aurite. S. 105-112.

[308]   Miia Ion (AT 303 A + 313). In: OVIDIU BÎRLEA (Hg.): Antologie de proză populară epică. Bd. 1, S. 355-365, hier S. 355. Deutsche Kurzfassung Bd. 3, S. 397-399.

Fingern aus dem Boden, wie es die Frauen mit Hanfstengeln machen Bohnenjanko[309], ungarisch). – Flüsselenker leitet mit seinen Händen zwei Flüsse zusammen Der mannhafte Mikko[310], finnisch). – Gebirgeplattmacher macht ein Gebirge mit seinem Hintern platt (Juan der Bär[311], spanisch aus Andalusien). – Sie alle werden vom Recken Bärtle übertroffen, der seinen Schnurrbart quer über den Fluss hängen lässt, und auf dem Schnurrbart laufen Menschen, galoppieren Reiter, rollen schwerbeladene Fuhrwerke wie auf einer Brücke (Die Recken Kieferle, Biegle, Bergle und Bärtle[312], russisch).

Die Urbilder der außerordentlichen Gesellen waren Spezialisten der Bronzezeit: für das Roden, für Dornhecken und Baumschulen – für das Umleiten von Wasserläufen – für das Einebnen von Buckelwiesen und Wegebau – für Wehre und Brücken.

AT 410 „Dornröschen". Der Schlaf des Mädchens verbreitet sich übers ganze Schloss. Nicht nur der König und die Königin samt ihrem Hofstaat schlafen ein, sondern auch die Pferde im Stall, die Hunde im Hof, die Tauben auf dem Dach sowie die Fliegen an der Wand, ja sogar das Feuer auf dem Herd (Dornröschen[313], deutsch aus Hessen).

AT 400 „Der Mann auf der Suche nach seiner verschwundenen Gattin". Zuweilen sind die zu erlösenden Prinzessinnen im verwunschenen Schloss geschwärzt; als der Held die Martern der drei Qualnächte

---

[309]   Bohnenjanko (AT 312 D + 650 A + 301 B). In: ÁGNES KOVÁCS (Hg.): Ungarische Volksmärchen. S. 53-65, hier S. 60.

[310]   Der mannhafte Mikko (AT 650 A + 301 B). In: ROBERT KLEIN (Hg.): Das weiße, das schwarze und das feuerrote Meer. S. 37-50, hier S. 43.

[311]   Juan der Bär (AT 650 A + 301 B). In: FREDERIK HETMANN (Hg.): Märchen aus Andalusien. S. 17-21, hier S. 18.

[312]   Die Recken Kieferle, Biegle, Bergle und Bärtle (AT 650 A + 301 B). In: ALEXANDER N. AFANASJEW: Russische Volksmärchen. Bd. 1, S. 252-255, hier S. 253.

[313]   Dornröschen (AT 410). In: GRIMM, BRÜDER GRIMM: Kinder- und Hausmärchen. KHM 50. Bd. 1, S. 257-260. – Auch enthalten in: WALTRAUD WOELLER (Hg.): Deutsche Volksmärchen. S. 142-145.

besteht, gewinnen sie stufenweise die weiße Hautfarbe wieder. Im Falle der Prinzessin von Tiefenthal aber ist im Schloss absolut alles schwarz, beginnend mit den Dienern. Der Speisesaal ist schwarz ausgeschlagen, die Schüsseln und die Teller, die Gabeln und die Messer sind allesamt schwarz. Auch die Schlafkammer des Helden ist schwarz. Nach der ersten Qualnacht … trägt die Prinzessin einen weißen Schleier, die Diener haben weiße und rote Gesichter wie alle Menschen, die Schüsseln und Tassen weiße Ränder, die Messer und Löffel weiße Stiele. Im Schlafzimmer des Helden ist die Zimmerdecke gleich den Laken und Kissen weiß geworden (Die Prinzessin von Tiefenthal[314], deutsch aus dem Odenwald).

---

[314]   Die Prinzessin von Tiefenthal (AT 400). In: JOHANN WIL-
HELM WOLF (Hg.): Deutsche Hausmärchen. S. 16-29. – Auch enthal-
ten in: PAUL ZAUNERT (Hg.): Deutsche Märchen seit Grimm. Bd. 1,
S. 355-365.

Amor, Psyche und Liombruno

Märchenforscher in der Sackgasse

Der römische Schriftsteller Lucius Apuleius, der im zweiten nachchristlichen Jahrhundert lebte, hat in seinen satirischen Roman „Metamorphosen"[315] das Märchen von Amor und Psyche eingefügt (nach dem Antti Aarne, als er sein Verzeichnis der Märchentypen ausarbeitete, den Typus Nr. 425 A benannte). Dieses Märchen brachte die Erzählforscher in Verlegenheit, weil es Motive enthält, die auch in rezent aufgezeichneten Märchen vorkommen: Psyche gelangt in ein Schloss mit unsichtbaren Dienerinnen. – Wenn der Herr des Schlosses sie besucht, darf sie kein Licht machen, aber sie bricht das Gebot. – Sie soll auf Geheiß der Venus ein Maß vermischte Körner sortieren. – Psyche muss in die Unterwelt hinabsteigen. – Aus der Unterwelt soll sie eine Büchse mitbringen und öffnet diese unterwegs, wobei der Inhalt entweicht.

Noch mehr: Die Handlung insgesamt weist frappante Ähnlichkeiten zu rezent aufgezeichneten Erzählungen auf, solche sind: „Vom Re Porco"[316] (sizilianisch) – „Das Schlangenkind"[317] (albanisch) – „Der weiße Wolf"[318] (deutsch aus Holstein) – ferner „Der Quappfisch und die

---

[315]   Deutsch auch unter dem Titel „Der goldene Esel".

[316]   Vom Re Porco (AT 425 A). In: LAURA GONZENBACH: Sicilianische Märchen. Erster Teil, S. 285-293.

[317]   Das Schlangenkind (AT 425 A). In: J. G. v. HAHN: Griechische und albanesische Märchen. Zweiter Teil, S. 116-124. – Auch enthalten in: JOHANN GEORG VON HAHN: Griechische Märchen. S. 177-181. Der Märchenforscher GEORGIOS A. MEGAS meint, dass es sich um ein griechisches Märchen handelt. Siehe: Märchensammlung und Märchenforschung in Griechenland seit dem Jahre 1864. In: FELIX KARLINGER (Hg.): Wege der Märchenforschung. S. 361-371, hier S. 362.

[318]   De witt Wulf (AT 425 A). In: WILHELM WISSER: Plattdeutsche Volksmärchen. Bd. 1, S. 266-274.

Prinzessin Marja"[319] (ein Märchen der Nenzen, eines Polarvolks, das beiderseits vom Uralgebirge lebt). Ihre enge Verwandtschaft ließ den Schluss auf ein hohes Alter aller Varianten zu, was den gängigen Vorstellungen von der Entstehung der Märchen im Mittelalter widersprach.

Es konnte nicht ausbleiben, dass sich immer wieder Erzählforscher mit diesem Text beschäftigten. **Jan-Öjvind Swahn** untersuchte in seiner umfangreichen Studie „The Tale of Cupid and Psyche" 1.042 Varianten. Er gelangte zu dem Schluss, dass der Subtyp A dem indogermanischen Erbe zugehört. **Georgios A. Megas** sammelte allein an griechischen Überlieferungen 442 Texte. Laut Megas hat Apuleius das Märchen in Griechenland aus schriftlichen oder mündlichen Quellen geschöpft. Als psychologische Grundlage nahm **Ernst Tegethoff** in Übereinstimmung mit **Friedrich von der Leyen** einen Wunschtraum kombiniert mit einem Alptraum an. Diese Einzelheiten sind im Artikel „Amor und Psyche" vermerkt, den Megas für die „Enzy-klopädie des Märchens" verfasste, veröffentlicht im ersten Band, der 1977 erschienen ist.

Offenbar lag die Vorstellung, dass die Märchen des Typus AT 425 A in einem ehemaligen Brauch wurzeln könnten, für Tegethoff, Swahn, Megas und die Herausgeber der Enzy-klopädie jenseits des Horizonts.

1984 veröffentlichte der Röth-Verlag in Kassel die Anthologie „Antiker Mythos in unseren Märchen" mit Überlegungen von vierzehn Erzählforschern.[320] Keiner von diesen erwähnte die Abhandlung „Die historischen Wurzeln des Zaubermärchens" von Wladimir Propp, die 1946 in Leningrad erschienen war, und man darf annehmen, dass sie die Abhandlung gar nicht oder nur fragmentarisch kannten. Die deutsche Übersetzung liegt ja erst seit 1987 vor.

In Propps Abhandlung ist nämlich ein mit „Amor und Psyche" überschriebener Abschnitt enthalten, in dem belegt wird, dass die Märchen dieses Typus sich auf die Buschschule beziehen. Der Autor ver-

---

[319]   Der Quappfisch und die Prinzessin Marja (AT 425 A). In: E. POMERANZEWA (Hg.): Die Herrin des Feuers. S. 87-99.

[320]   Herausgegeben von WOLFDIETRICH SIEGMUND im Auftrag der Europäischen Märchengesellschaft.

gleicht die Fassung des Apuleius mit rezent aufgezeichneten Varianten und zeigt im Lichte der ihm bekannten Fakten aus der Völkerkunde, was hinter dem jeweiligen Motiv steckt: Schauplatz der Handlung ist das Große Haus, ein Abbild des großen Gebäudes der Initiationsstätte. – Das Mädchen wurde ins Große Haus verkauft, der Vater bringt es hin. – Unsichtbare Dienerinnen. – Der Bräutigam ist konventionell unsichtbar oder maskiert sich als Tier. – Das Mädchen empfängt Verwandte.[321] Allerdings betrachtet Propp das Große Haus wegen seiner einseitigen Lektüre als „Männerhaus". Dass im Alten Europa auch die Mädchen an der kollektiven Jugendweihe teilgenommen haben, konnte er sich nicht vorstellen. Das Moment der sexuellen Aufklärung im Rahmen der Buschschule hat er nicht gesehen. Deshalb unterscheidet der russische Gelehrte nicht zwischen den Vorgängen im Großen Haus und den Gebräuchen der „Waldbruderschaft", einer Gemeinschaft von Burschen, die, nachdem sie die Buschschule absolviert haben, nicht in ihre Dörfer zurückgekehrt sind, sondern noch einige Jahre als Mitglieder einer Gemeinschaft von Jägern im Wald lebten.[322]

Während der Stammeszauberer und Schulleiter junge Absolventinnen der Buschschule für den praktischen Teil der sexuellen Aufklärung angeworben hat, suchten die Mitglieder der Waldbruderschaft nach einer Konkubine. Wenn Geschenke als Angebot nicht reichten, griff man zu Drohungen, siehe hier die Varianten des Märchentypus AT 425 C „Die Schöne und das Tier", dort das von Propp zitierte Märchen „Schleifenkufe"[323] (AT --- + 425 A).

Psyche ist das Abbild einer jungen Frau der ersten Gruppe, Schneewittchen das Abbild einer jungen Frau der zweiten Gruppe. Propp wirft sie in einen Topf. Beide jungen Frauen haben die Buschschule absolviert, in den Märchen finden sich deutliche Hinweise auf die Teilnahme an der Jugendweihe (siehe weiter unten), aber dann trennten sich

---

[321] VLADIMIR PROPP: Die historischen Wurzeln des Zaubermärchens. S. 158-161.

[322] Ebd., S. 142-158.

[323] Voločaška (AT --- + 425A). In: N. E. ONČUKOV: Severnye skazki. Bd. 2, S. 104-108, hier S. 104.

ihre Wege. Bekanntlich gelangt Schneewittchen in ein Haus, in dem Brüder leben (Die schöne Naramza[324], rumänisch aus der Walachei; Schneewittchen[325], albanisch; Die Schöne[326], russisch; Das Mädchen und die sieben Jäger[327], arabisch aus Syrien; alle AT 709). Im rumänischen und im albanischen Märchen sind die Brüder Drachen, im russischen – Recken, im syrisch-arabischen – Jäger. Laut Propp hat man Schneewittchens Urbild dem Ritus der Initiation unterworfen, damit sie die Geheimnisse des „Männerhauses" nicht ausplaudere[328], aber das erweist sich als Irrtum.

Swahn vermerkt in seinem Beitrag zur genannten Anthologie, dass viele frühere Forscher ersten Ranges zur Auffassung neigten, der Text des Apuleius sei die Quelle der mündlichen Volkstradition.[329] Er beschrieb den „Mythos" des Apuleius als *mythologisch dekorierte oder garnierte Volksmärchenversion, ausstaffiert, damit sie in den literarischen Kreisen, für welche sie vorgesehen war, salonfähig sei.*[330] Ich füge hinzu, dass die von Apuleius vorgenommene Bearbeitung, deren Protagonisten olympische Götter sind, mit den verchristlichten Varianten der uns bekannten Märchen vergleichbar ist, bei denen positive und negative

---

[324] Naramza a frumoasă. (AT 709.) In: G. DEM. TEODORESCU: Basme romăne. S. 106-117, hier S. 110.

[325] Schneewittchen (AT 709). In: J. G. v. HAHN: Griechische und albanesische Märchen. Zweiter Teil, S. 134-143, hier S. 137.

[326] Krasavica (AT 709). In: V. G. BAZANOV und O. B. ALEKSEEVA: Velikorusskie skazki v zapisjach I. A. Chudjakova. S. 186-189, hier S. 186.

[327] Das Mädchen und die sieben Jäger (AT 709). In: UWE KUHR (Hg.): Arabische Märchen aus Syrien. S. 237-243, hier S. 238.

[328] VLADIMIR PROPP: Die historischen Wurzeln des Zaubermärchens. S. 155.

[329] JAN-ÖJVIND SWAHN: Psychemythos und Psychemärchen. In: WOLFDIETRICH SIEGMUND (Hg.): Antiker Mythos in unseren Märchen. S. 92-102, hier S. 94.

[330] Ebd., S. 99.

Rollen durch Gestalten der christlichen Legende besetzt sind: durch Gottvater – die Gottesmutter – Sankt Peter – Engel – den Teufel.

In Teilen Europas haben die Menschen in der Späten Bronzezeit (1200-800 v.Chr.) auf die kollektive Jugendweihe im Rahmen der Buschschule verzichtet, was bedeutet, dass schon Überlieferungen der griechischen und römischen Antike in diesem Brauch wurzelten.

Sexuelle Aufklärung

Mehrere Motive erlauben die Annahme, dass die Zöglinge der Buschschule sexuell aufgeklärt worden sind. Eine Gestalt, in der wir den Schulleiter bzw. die Schulleiterin erkennen, wirbt hier eine junge Frau an, dort einen jungen Mann, die im Folgenden Verkehr mit dem Abbild eines Initianden bzw. einer Intiandin haben. Meine Annahme stützt sich auf Berichte aus der Völkerkunde sowie auf Informationen über die rumänische und die ukrainische Mädchen-Spinnstube.

Die Naturvölker widmeten der sexuellen Aufklärung große Aufmerksamkeit.

Als Diedrich Westermann sich 1914 im Hinterland von Liberia aufhielt, notierte er mit Bezug auf die Knaben der Kpelle: „Ein guter Teil der Ausbildungszeit ist angefüllt mit geschlechtlichen Belehrungen: To handle women, to find the secret parts of women; Frauen sich geneigt zu machen, sie zum Gehorsam zu zwingen, wie man hinter ihre Schliche und Nebenwege kommt und sich dafür schadlos hält.“[331] Mit Blick auf die Mädchen der Kpelle notierte der Forscher: „Man klärt die Schülerinnen auf über das Verhältnis der beiden Geschlechter, darüber, wie man einen Mann behandelt, gewinnt und betrügt, wie man sich bei Anklagen wegen Ehebruchs benimmt; über Empfängnis, Schwangerschaft, Gebären und Fruchtabtreiben.“[332]

Von den Cwabo in der Sambesi-Angola-Provinz ist bekannt, dass sie zur Belehrung der Knaben Instruktionsplastiken verwendeten, z.B.

---

[331] DIEDRICH WESTERMANN: Die Kpelle. S. 248.
[332] Ebd., S. 259.

das aus Lehm gefertigte Abbild einer Schwangeren.[333] – Bei den Ila-Leuten in Sambia erhielten die Mädchen in der Abgeschlossenheit Eheunterricht. Alles, was sie dabei lernten, mussten sie in Lehm nachformen. Diese Figuren wurden gesammelt und zur Begutachtung dem Rat der Alten vorgelegt, damit er entscheide, ob sie das nötige Wissen für die Ehe besitzen.[334] – Ähnlich bei den Valenge in Südafrika. Dort wurde von Generation zu Generation ein besonderes Körbchen mit Initiationssymbolen von der Mutter an die Tochter weitergereicht. Sie bestanden aus einer Trommel, einem Horn, Nachbildungen der Genitalien beider Geschlechter sowie männlichen und weiblichen Puppen, die alle mit rotem Ocker bemalt waren. Im Rahmen der über einen Monat dauernden Jugendweihe fand u.a. eine systematische Unterweisung in die Tatbestände des Geschlechtslebens statt. Zu diesem Zweck wurden die Puppen aus dem Korb genommen und dienten zusammen mit den Nachbildungen der Genitalien als Anschauungsmaterial.[335] – Bei den Atchuabo am nördlichsten Mündungsarm des Sambesi führten maskierte alte Weiber den Mädchen vor, wie Mann und Frau sich begatten.[336]

Fallweise ging die Aufklärung noch über die Belehrung mit Hilfe von Abbildungen oder Gesten hinaus und mündete in praktischen Übungen. Auf den Palau-Inseln wurden die Knaben nach der Pubertät im Männerhaus von Frauen in die Sexualität eingeführt.[337] – Bei den Xosa-

---

[333]   H. BAUMANN: Die Sambesi-Angola-Provinz. In: HERMANN BAUMANN (Hg.): Die Völker Afrikas und ihre traditionellen Kulturen. Teil I, S. 513-648, hier S. 600. Die Cwabo haben ihre Wohnsitze am Unterlauf des Sambesi, nördlich des Stroms. Ich vermute, dass sie mit den weiter unten genannten Atchuabo identisch sind.

[334]   ALEXANDER MUTHESIUS: Die Afrikanerin. S. 155-156. Die eigentlichen Ila leben um Kasenga und Namwala.

[335]   HANS BIEDERMANN: Die Großen Mütter. S. 159-160. (Mit Berufung auf E. D. EARTHY: Valenge Women. 1933, 1960.)

[336]   AD. E. JENSEN: Beschneidung und Reifezeremonien bei Naturvölkern. S. 57-58. – Siehe auch: ALFRED WINTERSTEIN: Die Pubertätsriten der Mädchen und ihre Spuren im Märchen. S. 271.

[337]   EVELYN HEINEMANN: Die Frauen von Palau. S. 53, 56.

Kaffern [Xhosa] stand den Initianden der Verkehr mit Mädchen und Witwen frei.[338] – Bei den Ila und Sala schliefen die Initianden mit der Frau ihres Lehrer-Paten, wobei der Koitus imitiert wurde.[339] – Bei den Cokwe in Angola fand eine Koitus-Probe mit einer Verwandten des Vaters statt.[340] – Bei der Lobi-Dagari-Gruppe in der Obervolta-Provinz durften die männlichen und weiblichen Initianden untereinander verkehren.[341] – Bei den Kono in Sierra Leone waren sexuelle Kontakte zwischen den Initianden der Poro-Schule (Knaben) und der Sande-Schule (Mädchen) unter Kontrolle der Bund-Leitungen erlaubt.[342]

Ausgehend von diesen Informationen dürfen wir uns vorstellen, dass im Alten Europa ursprünglich verheiratete Männer und Frauen den praktischen Teil der Aufklärung übernahmen. Warum sich die Einstellung im Laufe der Jahrhunderte änderte und diese Aufgabe Absolventen der Buschschule anvertraut wurde, die der ärmsten Schicht der Bevölkerung angehörten, kann ich nicht mit Bestimmtheit sagen, wahrscheinlich hängt es mit der vertikalen Differenzierung der Gesellschaft zusammen – für Mitglieder der oberen Schichten kam diese Aufgabe nicht mehr in Frage. Immerhin galt die sexuelle Aufklärung bis zum Verschwinden der Buschschule aus der sozialen Wirklichkeit als relevante Aufgabe. Später wurde sie dem Zufall überlassen. Die meisten Erwachsenen, die sich Gedanken machten, standen ihr hilflos gegenüber. Wo Sklaverei herrschte,

---

[338]   FERDINAND FREIHERR VON REITZENSTEIN: Das Weib bei den Naturvölkern. S. 74.

[339]   H. BAUMANN: Die Sambesi-Angola-Provinz. In: HERMANN BAUMANN (Hg.): Die Völker Afrikas und ihre traditionellen Kulturen. Teil I, S. 513-648, hier S. 599.

[340]   Ebd., S. 603. Das Stammland der Cokwe (Tschokwe) liegt am Oberlauf der Flüsse Kasai und Sambesi.

[341]   K. DITTMER: Die Obervolta-Provinz. In: HERMANN BAUMANN (Hg.): Die Völker Afrikas und ihre traditionellen Kulturen. Teil II, S. 495-542, hier S. 524. Die Lobi und Dagari (Dagaba, Dadati) leben am Oberlauf der Schwarzen Volta.

[342]   RITA SCHÄFER: Die Sande-Frauengeheimgesellschaft der Mende in Sierra Leone. S. 102.

war die Sklavin von den ältesten Zeiten bis zum amerikanischen Sezessionskrieg die Konkubine des Hausherrn und sehr oft die erste Geliebte seiner Söhne.[343] Im Alten Rom führten wohlhabende Männer ihre Sprösslinge in ein Bordell und vertrauten sie dort einem Freudenmädchen an.[344] Bürgerliche Familien verfielen auf den Ausweg, eine attraktive junge Frau als Zimmermagd anzustellen, sobald ihre Söhne in die Pubertät gelangten, und dann Gelegenheiten für Schäferstündchen zu arrangieren; im westlichen Rumänien, im Banat, wo ich aufgewachsen bin, wurde diese Verlegenheitslösung bis weit ins 20. Jahrhundert praktiziert, bis zum Zweiten Weltkrieg.

In der rumänischen Mädchen-Spinnstube, die bis ins 20. Jahrhundert als lebendiger Brauch existierte, bereitete die Leiterin die Mitglieder auf das künftige Leben als Ehefrau vor, dazu dienten überlieferte Texte, die den Mädchen ein aktives Verhalten empfahlen, und überlieferte Spiele mit bezeichnenden Namen wie „Festung" *(De-a cetatea)*, „Bett" *(Patul)*, „Hose" *(De-a ciorecelul)*.[345] Die Spinnstuben-Gemeinschaft spielte eine wichtige Rolle bei der Bildung der Paare, sie regelte die Liebesbeziehungen im Einklang mit traditionellen Normen und institutionalisierte das voreheliche Verhältnis.[346] Vorehelicher Geschlechtsverkehr war unter der strengen Bedingung der späteren Heirat erlaubt.[347] Ähnlich in der Ukraine. Dort gingen die Spinnstuben-Mädchen und die mit ihnen befreundeten Burschen während ihrer winterlichen Zusammenkünfte eheähnliche Beziehungen ein.[348]

Nebenbei werfen diese verbürgten Nachrichten aus der nahen Vergangenheit ein Licht auf mehrere etwas verblasste Tiroler Sagen über

---

[343] LUJO BASSERMANN: Das älteste Gewerbe. S. 15.

[344] ALBERTO ANGELA: Liebe und Sex im Alten Rom.

[345] MONICA BRĂTULESCU. S. 45. *Cioareci* ist die Bezeichnung für die enge, weißwollene Bauernhose, regional auch für Flauschstrümpfe.

[346] Ebd., S. 41.

[347] Ebd., S. 54.

[348] GEORG BOHDAN MYKYTIUK: Die ukrainischen Andreas-Bräuche und verwandtes Brauchtum. S. 143.

die Saligen: Nachdem die Bergfräulein bei der Heuernte geholfen, blieben sie oft bis in die späte Nacht auf Thial, aßen mit den Mähern zu Abend, sangen und tanzten (Die wilden Bergfräulein in Martell[349]). – Auf Mühlegg bei Aichleit im Tal der Fersina trafen sich die Dorfburschen mit den Seligen der weiteren Umgebung, um zu singen, zu tanzen und sich zu lieben (Fersentaler Selige[350]). – Die Ötztaler Holden, die in einer Höhle lebten, sahen sich gern nach jungen Burschen um und luden sie zum Gegenbesuch ein, wobei sie den Jungen alles erlaubten, was aus deren Augen abzulesen war (Die Ötztaler Holden[351]).

Die Anwerbung der Helferinnen und Helfer

Von den Zipsern, einer deutschen Bevölkerung in den rumänischen Waldkarpaten[352], stammt ein Märchen, welches verständlich für jedermann die Umstände der sexuellen Aufklärung im Rahmen der Buschschule schildert. Es heißt „Marisch bei den Fischen"[353] (AT ---), man kann es nicht oft genug zitieren. Wir hören von einer armen Witwe mit drei Töchtern, die keinen Mann kriegen, weil sie keine Mitgift haben. Eines Tages bietet der Goldene Fisch Hilfe an mit der Bedingung, dass die jüngste Tochter einen seiner Söhne heiratet. In der Tat halten bald zwei stattliche Burschen um die Hand der ältesten und um die Hand der mittleren Tochter an, die jüngste Tochter aber, Marisch, wird beim

---

[349] Die wilden Bergfräulein in Martell. In: JOHANN ADOLF HEYL: Volkssagen, Bräuche und Meinungen aus Tirol. S. 518-520.

[350] Fersentaler Selige. In: HANS FINK: Salige und Unholde. S. 48.

[351] Die Ötztaler Holden. In: HANS FINK: Salige und Unholde. S. 49-50.

[352] Die sogenannten *Zipser,* von denen ein Teil aus der Zips stammte, lebten in Oberwischau und Umgebung, sie waren hauptsächlich Waldarbeiter. Nach der politischen Wende vom Jahre 1989 nahmen sie die Gelegenheit wahr und verließen das von politischen und wirtschaftlichen Krisen zerrüttete Land.

[353] Marisch bei den Fischen (AT ---). In: CLAUS STEPHANI: Zipser Mära und Kasska. S. 46-47.

Wäschewaschen am Fluss in die Tiefe gezogen. Nach drei Jahren kehrt sie zurück, denn bei den Fischen dauert eine Ehe nur drei Jahre, dann ist die Frau, wenn sie dem Fisch-Sohn treu war, wieder frei und kann gehen, wohin sie will. Die neue Marisch trägt feine Kleider und fährt in einer goldenen Kutsche, alles Geschenke von ihrem Fisch-Mann. Nun besitzt sie die nötige Mitgift und heiratet einen Hirten.

Dieses Märchen liefert den Schlüssel sowohl zum Verständnis der Tierbräutigam-Märchen, als auch zum Verständnis der Märchen über einen Burschen, der als Helfer angeworben wird.

Ich beginne mit Beispielen für die Anwerbung einer jungen Frau.

AT 400 „Der Mann auf der Suche nach seiner verschwundenen Gattin" mit vertauschten Rollen. Ein Kaufmann hat drei Schiffe verloren und ist zum Bettler geworden. Er willigt ein, seine Töchter einer Schlange zu überlassen, die ihm dafür die Schiffe ersetzen will (Der Mensch aus Stein[354], italienisch aus der Toskana).

AT 425 B „Der entzauberte Gatte und die Aufträge der Hexe". Wenn der arme Mann bereit ist, dem Mohren seine jüngste Tochter zu geben, soll er ein Säckchen Goldstücke bekommen, sodass er die anderen Töchter verheiraten kann und sich nicht mehr abzuschinden braucht (Der Karssilevéndis[355], griechisch aus dem Dodekanes). – In derselben schrecklichen Lage, eine Tochter verkaufen zu müssen, befinden sich ein Kräutersammler (Der goldgrüne Adler[356], griechisch aus Athen) – ein Krauthändler (Der König der Liebe[357], sizilianisch) – und ein Schuster (Der König Stieglitz[358], sizilianisch).

---

[354]   Der Mensch aus Stein (AT 400 mit vertauschten Rollen + 516). In: HERBERT BOLTZ (Hg.): Toskanische Märchen. S. 108-115.

[355]   Der Karssilevéndis (AT 425 B). In: MARIANNE KLAAR: Die Reise im goldenen Schiff. S. 56-61.

[356]   Der goldgrüne Adler (AT 425 B). In: GEORGIOS A. MEGAS (Hg.): Griechische Volksmärchen. S. 196-204.

[357]   Der König der Liebe (AT 425 B + 310). In: RUDOLF SCHENDA und DORIS SENN (Hg.): Märchen aus Sizilien. S. 92-102.

[358]   Der König Stieglitz (AT 425 B + 313). In: LAURA GONZEN-BACH: Sicilianische Märchen. Erster Teil, S. 93-103.

AT 425 C „Die Schöne und das Tier". Das Ungeheuer gibt dem Kaufmann für die jüngste Tochter eine Truhe voll Geld (Der erlöste Prinz[359], deutsch aus Böhmen).

AT 425 E „Der verzauberte Gatte singt ein Wiegenlied". Ein armer Mann übergibt eine seiner Töchter dem Sklaven des Sonnenballs (Der Sonnenball und seine Frau[360], griechisch aus Naxos). – Eine verwitwete Kräutersammlerin überlässt ihre älteste Tochter einem Mohren für eine Handvoll Goldstücke (Filek-Zelebi[361], griechisch aus Kreta). – Dem armen Schuster bietet ein Jüngling für die jüngste Tochter einen Scheffel Geld (König von Haspel[362], sizilianisch).

Anschließend Beispiele für die Anwerbung eines jungen Mannes.

AT 400 „Der Mann auf der Suche nach seiner verschwundenen Gattin". Eine Frau bietet dem verarmten Fischer ein Säckchen Geld für seinen Sohn, den sie dann der Kaiserin zuführt (Die Kaiserin von Trapezunt[363], sizilianisch). Hier ist die Kaiserin, ein Abbild der Schulleiterin, mit dem Abbild der Initiandin verschmolzen. Natürlich ist das Geld ein Anachronismus; in welcher Form die Bezahlung erfolgte, wissen wir nicht.

AT 425 A mit vertauschten Rollen. Ein Fischer überlässt seinen Sohn einem schwarzen Mann, der ihn dreimal mit Goldstücken aufwiegt.

---

[359] Der erlöste Prinz (AT 425 C). In: ULRICH BENZEL (Hg.): Märchen und Sagen der Deutschen aus Böhmen und Mähren. Bd. 1, S. 133-138.

[360] Der Sonnenball und seine Frau (AT 425 E). In: GEORGIOS A. MEGAS (Hg.): Begegnung der Völker im Märchen. Unveröffentlichte Quellen. Bd. 3. Griechenland – Deutschland. S. 200-203.

[361] Filek-Zelebi (AT 311 + 425 E). In: J. G. v. HAHN: Griechische und albanesische Märchen. Zweiter Teil, S. 67-70. – Auch enthalten in: JOHANN GEORG VON HAHN: Griechische Märchen. S. 373-376.

[362] König von Haspel (AT 425 E). In: RUDOLF SCHENDA und DORIS SENN (Hg.): Märchen aus Sizilien. S. 136-141.

[363] Die Kaiserin von Trapezunt (AT 400). In: RUDOLF SCHENDA und DORIS SENN (Hg.): Märchen aus Sizilien. S. 131-135.

Der schwarze Mann führt Frederik in ein Schloss, vor dem zwei Löwen Wache halten. Dort legt sich Nacht für Nacht eine Frau in Frederiks Bett, doch darf er diese nicht sehen (Das schwarze Schiff[364], dänisch). – Ein armer Holzfäller überlässt seinen Sohn einer Schlange, die beiden ein glückliches Leben verspricht. Die Schlange führt Antonio in einen unterirdischen Palast. Dort legt sich nachts jemand zu Antonio, aber er darf kein Licht machen (Das Schloss mit den Klapptüren[365], spanisch).

Im Falle von <u>AT 432 „Der Prinz als Vogel"</u> ist die Aussage insoweit entstellt, als die Tochter von sich aus, ohne Zeichen der Not, eine Verbindung mit dem Tierbräutigam eingehen möchte. In einer russischen Variante bittet die jüngste Schwester den Vater, als er zum Jahrmarkt fährt, um ein rotes Blümchen. Der Vater begegnet einem fremden alten Mann mit einem roten Blümchen in der Hand, und jener spricht: „Meine Blume ist nicht zu verkaufen, sie ist eine Wunschblume; wenn deine jüngste Tochter meinen Sohn Finist, den lichten Falken, heiraten will, gebe ich dir das Blümchen umsonst." Später bekommt die Tochter von Finist eine Feder, mit der sie sich kostbare Kleider herbeizaubern kann (Das Federchen von Finist, dem lichten Falken[366]). Wenn Zweifel auftauchen sollten, dass Finist ein Tierbräutigam ist, kann ich sie ausräumen. In einem banatdeutschen Märchen findet die Begegnung des Mädchens mit dem Vogelprinzen in einem Waldhäusl statt, *wo das Essen von selbst kocht* (Das blaue Vögerl[367]). Das ist ein Hinweis auf das große Gebäude, denn dort kümmerten sich Zöglinge um das Essen, die zum Zeichen des Todes geschwärzt und damit konventionell unsichtbar waren. Könnte es sich bei der Frage nach der Blume um ein Losungswort handeln?

---

[364] Das schwarze Schiff (AT 425 A mit vertauschten Rollen + 302). In: HEINZ BARÜSKE (Hg.): Dänische Märchen. S. 309-316.

[365] A csapóajtós kastély (AT 425 A mit vertauschten Rollen + 400). In: LAJOS BOGLÁR (Hg.): A három narancs palotája. S. 94-99.

[366] Das Federchen von Finist, dem lichten Falken (AT 432). In: ALEXANDER N. AFA-NASJEW (Hg.): Märchen aus dem alten Rußland. S. 135-143.

[367] Das blaue Vögerl (AT 432). In: ALEXANDER TIETZ: Märchen und Sagen aus dem Banater Bergland. S. 7-13.

Bekanntlich bittet die Heldin von AT 425 C „Die Schöne und das Tier" den Vater stereotyp um eine besondere Blume, und der Vater findet diese stereotyp beim Wohnsitz des Tierbräutigams.

Als Apuleius seine Erzählung veröffentlichte, waren seit dem Erlöschen der Buschschule mehr als tausend Jahre vergangen. Die Märchenerzähler wussten schon damals nicht mehr, wovon sie sprechen. Doch so, wie Apuleius die Überlieferung umdichtete, um das von ihm anvisierte Publikum zu ergötzen, schmückte der anonyme Erzähler seinen Vortrag mit Motiven, die Spannung erzeugen. So ein Motiv ist das Feuerzeug. Im Märchen nimmt die Heldin (bzw. der Held) auf Anraten eines Familienmitglieds, das kann die Schwester sein oder die Großmutter, heimlich ein Feuerzeug mit, als sie (als er) vom Urlaub zurückkehrt. Und nachdem Amor eingeschlafen ist, macht Psyche heimlich Licht … Ein verrückter Gedanke. Aber in diesem Fall hat der anonyme Erzähler seine Naivität offenbart, weil die Heldin ein Abbild der Helferin ist (der Held ein Abbild des Helfers), also einer Person, die über das Geschehen auf dem Gelände der Buschschule Bescheid wusste.

Die Standard-Version des Typus AT 425 C „Die Schöne und das Tier" weist mehrere Entstellungen auf: Die Heldin ist die Tochter eines Kaufmanns, also eines begüterten Mannes. – Der Vater gelangt zufällig zur Initiationsstätte. – Er verhandelt nicht mit einem Abbild des Schulleiters, sondern mit dem Tierbräutigam (Bär, Wolf, Schlange, Igel usw.), d.h. mit einem Abbild des Zöglings der Buschschule, der keine Vollmacht besaß. – Der Tierbräutigam setzt den Vater unter Druck. Deshalb verdient folgende von der Standard-Version abweichende Information unsere Aufmerksamkeit. In einer baskischen und in einer französischen Variante soll der Vater dem *Herrn des Waldes* einen Gruß überbringen, und der Vater verhandelt mit diesem (Der Herr des Waldes und seine Frau[368]; Der Herr des Waldes[369].) Allerdings geht die Entstellung hier in

---

[368] Der Herr des Waldes und seine Frau (AT 425 C). In: FELIX KARLINGER und ERENTRUDIS LASERER (Hg.): Baskische Märchen. S. 25-30.

[369] Der Herr des Waldes (AT 425 C). In: ELENA CHMELOVÁ (Hg.): Märchen der Bergwelt. S. 23-29.

eine andere Richtung, denn die Tochter des Kaufmanns heiratet nicht den Tierbräutigam, sondern den Herrn des Waldes.

Parallel zum gewaltlosen Übereinkommen hat die Überlieferung auch Hinweise auf Zwang gespeichert: Eine Vertraute der Kaiserin setzt den Vater des Helden, einen Fischer, unter Druck, als sie ihn beim Holzdiebstahl überrascht (Die Kaiserin von Trapezunt[370], sizilianisch, AT 400). – Der Wagen des Försters bleibt auf der Heimfahrt in einer Sumpflache stecken, wo auf der Hinfahrt keine gewesen, da meldet sich ein großer Schweinsbär (Keiler) und bietet seine Hilfe an, wenn der Förster ihm die jüngste Tochter verspricht (Der Schweinsbär[371], deutsch aus dem Banater Bergland, AT 425 C). – Der Zwang äußert sich stereotyp in den Drohungen des Tierbräutigams, als der Kaufmann die von seiner Tochter gewünschte besondere Blume endlich in einem geheimnisvollen Garten findet und abreißt (AT 525 C).

Die Verpflichtungen der jungen Frau, die als Helferin bei der Jugendweihe diente, beschränkten sich nicht auf Liebesdienste. Beim Märchentypus AT 437 „Der Nadelprinz" entfernt die Heldin Dornen aus der Haut eines ohnmächtigen Jünglings, so ist es in indischen, persischen und einem tadschikischen Märchen.[372] In einem sizilianischen Märchen muss sie den scheintoten Jüngling mit Gras abreiben (Der böse Schulmeister und die wandernde Königstochter[373], AT 894). Das heißt, sie pflegte die von den Martern geschwächten, verwundeten oder kranken Zöglinge.

Der Helferin fiel ferner die Aufgabe zu, die Zöglinge sexuell zu reizen, wenn diese ihre Selbstbeherrschung beweisen sollten, siehe AT 400: Die Soldaten liegen nachts neben den zu erlösenden Mädchen, sie

---

[370] Die Kaiserin von Trapezunt (AT 400). In: RUDOLF SCHENDA und DORIS SENN (Hg.): Märchen aus Sizilien. S. 131-135.

[371] Der Schweinsbär (AT 425 C). In: ALEXANDER TIETZ: Märchen und Sagen aus dem Banater Bergland. S. 114-117.

[372] ANNIKA SCHMITT: Nadelprinz. In: ENZYKLOPÄDIE DES MÄRCHENS. Bd. 9, Spalte 1141-1146, hier Spalte 1142.

[373] Der böse Schulmeister und die wandernde Königstochter (AT 894). In: LAURA GONZENBACH: Sicilianische Märchen. Ester Teil, S. 59-64, hier S. 61-62.

dürfen diese aber nicht berühren, ja nicht einmal mit ihnen sprechen (Von den achtzehn Soldaten[374], deutsch; Die sieben Jungfrauen[375], rätoromanisch). – In einem rumänischen Text kommen die verwunschenen Kaisertöchter zu den Soldaten, um sie zu verführen, aber die Soldaten dürfen nicht darauf eingehen (Der versteinerte Kaiser[376]). Die Entsprechung in der Völkerkunde: Bei den Kusase in Nord-Ghana wurde der von einem Mädchen gewählte junge Mann von den Eltern eingeladen, eine Nacht in ihrem Hof zu verbringen; er durfte in der Hütte der Mutter oder in der eines älteren Bruders mit dem Mädchen schlafen, wobei mit Ausnahme des Geschlechtsakts alles erlaubt war, der Geschlechtsakt selbst aber war streng verboten.[377] – Bei den Alawa im Arnhem-Land in Nordaustralien musste der mit etwa neun Jahren zum Initianden erklärte Knabe inmitten einer Gruppe von nackten Frauen schlafen, die seine Schwägerinnen waren, ohne sie zu belästigen oder auch nur mit ihnen zu reden.[378]

Die Heldin von AT 451 „Das Mädchen, das seine Brüder sucht" flicht Hemden aus Nesselfasern, um ihre Brüder von der Tiergestalt zu erlösen, eine rätselhafte Beschäftigung, die ich nicht zu kommentieren vermag. Bei manchen afrikanischen Völkern spielte in der letzten Phase des Aufenthalts in der Buschschule oder im Kontext der Heimkehr ein

---

[374] Von den achtzehn Soldaten (AT 400). In: JOHANN WILHELM WOLF (Hg.): Deutsche Hausmärchen. S. 30-39, hier S. 38. – Auch enthalten in: JOHANN WILHELM WOLF: Verschollene Märchen. S. 30-36, hier S. 35-36. – Enthalten ferner in: PAUL ZAUNERT (Hg.): Deutsche Märchen seit Grimm. Bd.1, S. 101-108, hier S. 107.

[375] Die sieben Jungfrauen (AT 400). In: LEZA UFFER (Hg.): Rätoromanische Märchen. S. 30-32. – Unter dem Titel „Die sieben Fräulein" enthalten in: URSULA BRUNOLD-BIGLER (Hg.): Die drei Winde. S. 185-187.

[376] Împăratul împietrit (AT 400). In: RUXANDRA NICULESCU (Hg.): Omul de piatră. S. 31-39, hier S. 33-34.

[377] EMIL FINKERNAGEL: Familienleben und Jugenderziehung in Westafrika. S. 83-84.

[378] DOUGLAS LOCKWOOD: Tabu. S. 30-32.

aus Pflanzenteilen geflochtener Überwurf eine Rolle. Vielleicht wurden die Nesselfasern, ein uralter Werkstoff, aus rituellen Gründen verwendet.

Der Goldene Fisch hat Marisch für drei Jahre verpflichtet. – In einem polnischen Märchen fordert das Untier die Tochter des Kaufmanns für ein Jahr, dann darf sie gehen (Die blaue Rose[379], AT 425 C). – Frederik sollte drei Jahre in dem geheimnisvollen Schloss bleiben (Das schwarze Schiff[380], dänisch, AT 425 A mit vertauschten Rollen).

Die traditionswidrige Heirat

Unter den Märchen von jungen Frauen und jungen Männern, die als Helfer bei der Initiation eingesetzt waren, bildet die Geschichte von Marisch und dem Goldenen Fisch eine Ausnahme. Die anderen schildern eindrucksvoll, welches Unglück manche Helferinnen und Helfer betroffen hat. Halten wir uns vor Augen, dass sie Habenichtse und als solche auf dem Heiratsmarkt chancenlos waren.

AT 400 „Der Mann auf der Suche nach seiner verschwundenen Gattin“. Der junge Mann hat sich mit einer Initiandin verlobt, die von ihrer Sippe einem anderen versprochen worden ist. Weil er sich während eines Besuchs zu Hause verplappert, fällt er bei der Leitung der Buschschule in Ungnade. Die Verlobte kehrt nach Schulschluss zu ihren Eltern zurück und soll den Mann heiraten, den die Sippenältesten für sie ausgesucht haben. Schließlich setzt sie ihren Willen durch und heiratet den Helfer (wobei sie mit der Parabel vom alten Schlüssel argumentiert).

AT 313 „Der dem Teufel versprochene Königssohn“ (hier in Verbindung mit AT 425 A). Die junge Frau hat sich mit einem Initianden verbandelt, obwohl dieser schon vergeben ist. Welche Probleme das Paar erwarten, sobald es ins Dorf zurückkehrt, ist aus dem einzelnen Märchen nicht ersichtlich. Propp hat sie beschrieben, und ich halte mich im

---

[379]   Die blaue Rose (AT 425 C). In: KÄTHE ALTWALLSTÄDT (Hg.): Die blaue Rose. S. 27- 40, hier S. 33.
[380]   Das schwarze Schiff (AT 425 A mit vertauschten Rollen + 302). In: HEINZ BARÜSKE (Hg.): Dänische Märchen. S. 309-316.

Folgenden an seine Interpretation.[381] (Allerdings hat der russische Gelehrte die Waldbruderschaft vor Augen, er sieht in der Braut aus dem Wald – der „ersten Braut" der traditionellen Forschung – nicht die Helferin des Schulleiters, sondern *nur* die vormalige Konkubine der „Brüder".)

Für den Absolventen der Buschschule haben die Sippenältesten nach altem Brauch längst eine Ehepartnerin ausgesucht, man drängt ihn zur Heirat. Nun muss das Paar sich gegen den Widerstand seiner Sippe wie auch der Sippe seiner rechtmäßigen Verlobten durchsetzen.

Doch das ist nicht alles. Weil das Heiratsabkommen zwischen den zwei Sippen gebrochen wurde, muss die Sippe der rechtmäßigen Verlobten entschädigt werden – man schenkt ihr Kleider, Arbeitsgeräte (wie Haspel, Webstuhl, Stickrahmen) und Kleintiere (wie Tauben, Ferkel, eine Glucke mit Küken). Im Märchen sind diese von Gold. Spätere Erzähler haben die Entschädigung in die Kleinodien umfunktioniert, mit denen die Heldin sich von der rechtmäßigen Braut drei Nächte im Zimmer des Bräutigams erkauft, um ihn wieder für sich zu gewinnen, ihn an sie „zu erinnern". Ein Webstuhl, und zwar der aufrechtstehende Gewichtwebstuhl, ist für die Hallstatt-Zeit belegt, die auf die Späte Bronzezeit folgte. In manchen Texten wird als Bestechung auch ein Spinnrad genannt, aber dieses Gerät gelangte erst gegen Ende des 12. Jahrhunderts n.Chr. aus dem orientalischen Raum nach Europa.

Propp zufolge waren die Chancen für eine traditionswidrige Heirat gering, trotzdem müssen Ehen auf diese Art geschlossen worden sein, sonst hätte sich das Motiv der Entschädigung nicht erhalten.

In den Varianten des Märchentypus AT 313 findet die Rückkehr des heimlich verlobten Paars von der Buschschule in Form der „magischen Flucht" statt. Am Stadtrand trennt sich der Held von seiner Verlobten. Mal heißt es, er wolle vorausgehen, um eine Kutsche oder schöne Kleider zu holen, damit seine Braut standesgemäß einziehen könne, mal heißt es, er wolle seine Eltern auf die Ankunft der Braut vorbereiten. Die zweite Erklärung kommt der Wahrheit näher. Die Verlobte bindet ihm

---

[381]   VLADIMIR PROPP: Die historischen Wurzeln des Zaubermärchens. S. 161-164.

noch ans Herz, sich von niemandem küssen zu lassen, sonst würde er sie vergessen. Mit dem Küssen ist die rechtmäßige Verlobte gemeint, aber im Märchen küsst ihn die Mutter oder die Amme. Die Erzähler haben die wahren Probleme hinter einer Metapher versteckt. Während die Vorbereitungen für seine Hochzeit laufen, hält sich die Verlobte aus dem Wald nur mühsam über Wasser: Sie verdingt sich als Magd, arbeitet als Näherin oder betreibt eine (anachronistische) Kaffeewirtschaft. Von der männlichen Jugend wird sie als Freiwild betrachtet, was angesichts ihrer Vergangenheit nicht verwunderlich ist.

Die Verlobte aus dem Wald weiß von aller Anfang an, wie fragil ihr Heiratsprojekt ist. Sie lässt sich wiederholt versprechen, dass der Held ihr treu bleiben werde, etwa wenn er Hilfe bei den „schweren Aufgaben" braucht oder im Kontext der „magischen Flucht" (Ekinchen und Akinchen[382], slowakisch; Adamek und Weißchen[383], tschechisch; Der Graf und das Mädchen[384], serbokroatisch; Der rote und der weiße Kaiser[385], Märchen rumänischer Zigeuner; Der Königssohn Johannes[386], deutsch aus Niedersachsen; Goldmariken und Goldfeder[387], deutsch aus Holstein;

---

[382]   Ekinchen und Akinchen (AT 313). In: PAVOL DOBŠINKÝ: Slowakische Märchen. S. 89-94.

[383]   Adamek und Weißchen (AT 313). In: OLDŘICH SIROVÁTKA (Hg.): Tschechische Volksmärchen. S. 36-44.

[384]   Der Graf und das Mädchen (AT 313). In: MAJA BOŠKOVIĆ-STULLI (Hg.): Kroatische Volksmärchen. S. 146-158.

[385]   Der rote und der weiße Kaiser (AT 313). In: WALTHER AICHELE (Hg.): Zigeunermärchen. S. 129-145. – Auch enthalten in: WALTHER AICHELE und MARTIN BLOCK (Hg.): Zigeunermärchen. S. 143-161.

[386]   Der Königssohn Johannes (AT 313). In: WILHELM BUSCH: Aus alter Zeit. S. 64-69.

[387]   Goldmariken und Goldfeder (AT 313). In: PAUL ZAUNERT (Hg.): Deutsche Märchen seit Grimm. Bd. 1, S. 303-314, Zitat S. 306. – Auch enthalten in: WALTRAUD WOELLER (Hg.): Deutsche Volksmärchen. S. 154-166, Zitat S. 157.

Vildering Königssohn und Miseri Mö[388], dänisch; Der Königssohn und die Prinzessin Singorra[389], schwedisch). Goldmariken sagt zu Goldfeder: „Ja, ich soll dir immer helfen, und du hilfst mir nie!" Worauf Goldfeder antwortet: „O, süßes Goldmariken, glaube mir, ich will dich auch immer lieb haben und nie verlassen, so lange nur noch ein Tropfen warmes Blut in mir ist. Hilf mir nur noch auch diesmal aus der Not!" Dabei, sieh mal an, hat Goldfeder schon eine Braut, die auf ihn wartet, es wird sogar der Name genannt, sie heißt *Menne*.

Doch das Motiv der „magischen Flucht" mit all seinen Facetten wurde von begabten Erzählern erfunden. In Wirklichkeit haben die Urbilder des Liebespaars die Initiationsstätte nicht gemeinsam verlassen. Der Initiand und seine Mitschüler durften heimkehren, nachdem sie ihre Probestücke (im Nähen, Schmieden usw.) angefertigt und ihre Prüfungen bestanden hatten – der Anlass für ein Fest des ganzen Dorfes. Die Helferin kehrte heim, sobald die vertraglich festgelegte Zeit abgelaufen war oder – wenn sie schwanger war. Beim Märchentypus AT 425 A ist die Heldin schwanger, als der Tierbräutigam sie verlässt (Der Igel und die Königstochter[390], ungarisch aus dem Bihorgebiet; Ion Schwein König[391], rumänisch aus Siebenbürgen; Der Schlangenbräutigam[392], serbokroatisch). AT 425 E: Sie versucht, bei den Eltern oder bei den Schwestern

---

[388] Vildering Königssohn und Miseri Mö (AT 313). In: HEINZ BARÜSKE (Hg.): Dänische Märchen. S. 316-331.

[389] Der Königssohn und die Prinzessin Singorra (AT 313 + 425 B). In: HANS-JÜRGEN HUBE (Hg.): Du alter Riesenhupf! S. 191-206. – Auch enthalten in: HANS-JÜRGEN HUBE (Hg.): Schwedische Märchen. S. 196-213.

[390] A sündisznó meg a királylány (AT 425 A). In: IMRE FÁBIÁN: Eredeti népmesék Biharból. S. 118-125, hier S. 121.

[391] Ion porc-împărat (AT 425 A). In: ION POP RETEGANUL: Poveşti ardeleneşti. S. 319-330, hier S. 326.

[392] Der Schlangenbräutigam (AT 425 A). In: WOLFGANG ESCHKER (Hg.): Serbische Märchen. S. 34-40, hier S. 35-36. – Auch enthalten in: URSULA ENDERLE (Hg.): Märchen der Völker Jugoslawiens. S. 265-270, hier S. 266.

des Verlobten Aufnahme zu finden (Die Waschfrau[393], spanisch; Der Schlangen-Prinz[394], türkisch). Sie bringt das Kind in einem Stall zur Welt (König von Haspel[395], sizilianisch; Der Sohn des Königs, der ein Falke war[396], albanisch). Der Verlobte schleicht im Schutz der Nacht herbei, um es zu betrachten (Das Hängeschloß, neapolitanisch[397]; Der Sellerie[398], rätoromanisch).

Auch Psyche ist schwanger, als Amor sie verlässt (Amor und Psyche[399]).

Offenbar fand der praktische Teil der sexuellen Aufklärung bald nach dem vermeintlichen Abstieg in die Unterwelt statt, als die Initianden sich schwärzten, um zu veranschaulichen, dass sie gestorben sind, und Tier-Masken aufsetzten zum Zeichen, dass sie sich bei ihren Ahnen befinden. Weil ein Lebender einen Toten nicht sehen kann, waren die geschwärzten Initianden konventionell unsichtbar. Wenn sie nach einiger Zeit zum Leben zurückkehrten, verzichteten sie nach und nach auf die Schwärzung – infolgedessen wurden mehr und mehr Körperteile wieder

---

[393] Die Waschfrau (AT 425 E). In: HARRI MEIER und FELIX KARLINGER (Hg.): Spanische Märchen. S. 149-156, hier S. 154.

[394] Der Schlangen-Prinz (AT 425 E). In: IGNÁZ KÚNOS: Türkische Volksmärchen aus Stambul. S. 326-331, hier S. 329-330.

[395] König von Haspel (AT 425 E). In: RUDOLF SCHENDA und DORIS SENN (Hg.): Märchen aus Sizilien. S. 136-141, hier S. 138.

[396] Der Sohn des Königs, der ein Falke war (AT 425 E). In MARTIN CAMAJ und UTA SCHIER-OBERDORFFER (Hg.): Albanische Märchen. S. 70-73, hier S. 72.

[397] Das Hängeschloß (AT 425 E). In: GIAMBATTISTA BASILE: Das Pentameron. S. 185-189, hier S. 188-189.

[398] Der Selleri (AT 425 E). In: CHRISTIAN SCHNELLER: Märchen und Sagen aus Wälschtirol. S. 84-86.

[399] Amor und Psyche (AT 425 A). In: ERICH ACKERMANN (Hg.): Märchen der Antike. S. 115-136, hier S. 123.

sichtbar.[400] Die späteren Erzähler haben den allmählichen Verzicht auf die Schwärzung auf die Maskierung ausgedehnt.

Natürlich gilt das auch für die Varianten des Typus <u>AT 425 A mit vertauschten Rollen.</u> In einer ungarndeutschen Variante ist die Bettgefährtin zur Hälfte schwarz, aber zur Hälfte schon weiß (Der Fischersohn und die Verwunschene[401]). In einer deutschen Variante aus Lothringen liegt in dem anderen Bett ein Tier wie ein Fuchs, aber der Kopf ist schon wie der eines Menschen (Der arme Fischersohn[402]).

Die außerhalb des Herkommens geschlossenen Ehen scheinen die Erzählgemeinschaften intensiv beschäftigt zu haben. Vielleicht hat das dramatische Schicksal der von ihrem Liebhaber verratenen, schutzlosen jungen Frau sie beeindruckt. Vermutlich ist es diesem Umstand zu verdanken, dass zahlreiche Motive erhalten geblieben sind, die uns über den Dienst an der Initiationsstätte Aufschluss geben. Mindestens sieben Märchentypen schildern, wie ein männlicher Zögling sich mit einer Frau verbindet, die in der Buschschule dient:

- AT 313 „Der dem Teufel versprochene Königssohn";
- AT 425 A „Amor und Psyche";
- AT 425 B „Der entzauberte Gatte und die Aufträge der Hexe";
- AT 425 C „Die Schöne und das Tier";
- AT 425 E „Der verzauberte Gatte singt ein Wiegenlied";
- AT 425 G „Am Lager des schlafenden Prinzen" (in Teilen übereinstimmend mit AT 437 „Der Nadelprinz" und AT 894 „Der Kummerstein");
- AT 432 „Der Prinz als Vogel".

---

[400] Günter Tessmann hat diese rituelle Prozedur bei den Pangwe in Kamerun beobachtet (wo die [dunkelhäutigen] Initianden sich mit Lehm beschmierten). GÜNTER TESSMANN: Die Pangwe. Bd. 2, S. 49-51.

[401] Der Fischersohn und die Verwunschene (AT 425 A mit vertauschten Rollen + 302). In: GOTTFRIED HENSSEN (Hg.): Ungarndeutsche Volksüberlieferungen. S. 143-146.

[402] Der arme Fischersohn (AT 425 A mit vertauschten Rollen + 302). In: ANGELIKA MERKELBACH-PINCK: Lothringer Volksmärchen. S. 180-192, hier S. 185.

Die weibliche Jugend auf dem Gelände der Buschschule setzte sich aus der großen Gruppe der Zöglinge und aus der kleinen Gruppe der zum Dienst verpflichteten jungen Frauen zusammen. Ihre Abbilder sind verschmolzen. Nur so ist es zu erklären, dass die Heldin von AT 313 einerseits Merkmale der Initiandin aufweist (1), andererseits Merkmale der jungen Frau, die als Helferin des Initiationsleiters tätig war (2). Sehen wir sie uns an.

(1) Die Heldin ist geschwärzt: In pommerschen Märchen „Das Goldspinnen"[403] hilft eine schwarzgekleidete Jungfrau dem Prinzen Alwin beim Erledigen der „schweren Aufgaben". – Die Heldin und zwei andere Mädchen erhalten Unterricht im Zaubern von einer alten Frau (Der Trommler[404], deutsch aus Böhmen). – Die Heldin wird ins Feuer geworfen, das Echo einer Form des „zeitweiligen Todes" (Der Trommler[405], deutsch aus Thüringen). – Die Heldin wird in Stein verwandelt, das Echo der Vorbereitung für den angeblichen Austausch der Organe: In einer rumänischen Variante verflucht die Frau des Nordostwinds ihre Tochter, sie soll drei Jahre lang starr wie eine Steinsäule sein (Der Märchenprinz und die Tochter des Nordostwinds[406]). – Die Heldin wird zerstückelt und gekocht: Im Märchen muss der Königssohn die Tochter des Zauberers zerstückeln bzw. zerstückeln und kochen, damit sie ihm bei

---

[403] Das Goldspinnen (AT 500 + 313). In: ULRICH JAHN: Volksmärchen aus Pommern und Rügen. S. 1-9, hier S. 4-6. – Auch enthalten in: WALTRAUD WOELLER (Hg.): Deutsche Volksmärchen. S. 468-480, hier S. 472-475.

[404] Der Trommler (AT 413 + 400 + 518 + 313). In: THEODOR VERNALEKEN: Alpenmärchen. S. 214-219, hier S. 217.

[405] Der Trommler (AT 413 + 313). In: GRIMM, BRÜDER GRIMM: Kinder- und Hausmärchen. KHM 193. Bd. 2, S. 397-408, hier S. 403-404.

[406] Făt-Frumos şi fata Crivăţului (AT 313). In: DUMITRU LAZĂR (Hg.): Fata din dafin. S. 121-143, hier S. 139.

einer „schweren Aufgabe" helfen kann (Das Schwarze Gebirge[407], französisch; Das Taubenmädchen und sein Kamm[408], baskisch; Weißblümchen[409], portugiesisch; Der Zauberer Palermo[410], spanisch). – Die Heldin verliert ein Fingerglied oder den kleinen Finger bzw. eine Zehe: Im Märchen geschieht das während einer von den dramatischen Aktionen, die sie zusammen mit dem Helden unternimmt, um eine „schwere Aufgabe" zu bewältigen (Das Schwarze Gebirge, französisch; Der Zauberer Palermo, spanisch; Weißröschen[411], spanisch; Die Vogelschlacht[412], schottisch).

Jedes dieser Merkmale ist ein Hinweis auf die Jugendweihe, zusammen belegen sie unverkennbar den Status der Initiandin. Doch ebenso deutlich lassen sich Merkmale der in der Buschschule dienenden jungen Frau erkennen.

(2) Gewöhnlich wird die Heldin von AT 313 als Tochter des Zauberers und der Hexe vorgestellt, manchmal auch als Ziehkind, Magd oder Gefangene. Die angebliche Tochter hat Befehlsgewalt über die dienstbaren Geister des Hauses oder kann selbst zaubern. Sie verlobt sich heimlich mit dem Königssohn und hilft ihm heimlich bei den „schweren Aufgaben". So steht es in der Beschreibung des Typus, aber das ist nur ein Schema, welches die Dinge vereinfacht und nebenbei den sexuellen

---

[407]   Das Schwarze Gebirge (AT 313). In: MARLIES HÖRGER (Hg.): Der Verschleierte. S. 70-77, hier S. 76.

[408]   Das Taubenmädchen und sein Kamm (AT 313). In: FELIX KARLINGER und ERENTRUDIS LASERER (Hg.): Baskische Märchen. S. 98-107, hier S. 101.

[409]   Weißblümchen (AT 313). In: HARRI MEIER und DIETER WOLL (Hg.): Portugiesische Märchen. S. 162-165, hier S. 163.

[410]   Der Zauberer Palermo (AT 313). In: HARRI MEIER und FELIX KARLINGER (Hg.): Spanische Märchen. S. 50-62, hier S. 56.

[411]   Weißröschen (AT 413 + 313). In: JOSÉ MARÍA GUELBENZU (Hg.): Spanische Volksmärchen. S. 76-89, hier S. 80-81.

[412]   Die Vogelschlacht (AT 222 + 537 + 313). In: HANNAH AITKEN und RUTH MICHAELIS-JENA (Hg.): Schottische Volksmärchen. S. 5-17, hier S. 11.

Aspekt verharmlost. In den Märchen tritt der sexuelle Aspekt zuweilen ungeschminkt zutage, sei es, dass im Gespräch des Helden mit dem Zauberer offen von Heirat die Rede ist, sei es, dass die Zauberer-Tochter den Königssohn gleich nach seiner Ankunft in ihre Stube führt. Allerdings meinen die Wörter *Heirat, Hochzeit, Vermählung* und andere, welche die Erzähler aus Verlegenheit verwendeten, nicht die Eheschließung im üblichen Sinne, sondern eine zeitweilige Verbindung innerhalb der Buschschule. Im Extremfall verdrängte das Motiv der sogenannten *Heirat* alle anderen Motive.

In einer italienischen Fassung darf der junge Billardspieler mit verbundenen Augen unter den drei Töchtern des Sonnenkönigs wählen, wobei er seine Liebste am verstümmelten Finger erkennt; dann wird Hochzeit gefeiert, und das Paar bekommt ein eigenes Zimmer (Der Billardspieler[413]). Der verstümmelte Finger ist hier ein blindes Motiv. – In einer spanischen Fassung aus Chile muss der junge Hirte und Jäger seine Liebste, die Tochter des Riesenkönigs, unter sechzig gleichgekleideten Mädchen herausfinden, dann lässt der Riesenkönig Hochzeit halten (Juvenal und Fatima[414]). – In einer ukrainischen Fassung muss der Kaufmannssohn dreimal unter zwölf gleichgekleideten Schwestern wählen und dreimal dasselbe Mädchen treffen; nach der Hochzeit wird das Paar reichbeschenkt entlassen (Der Meereskönig[415]).

Manche Texte berichten von einem Konkubinat: Prinz Ludwig meldet sich beim Zauberer, der ihm die Tochter zur Frau verspricht, wenn er seine Sache gut macht, dann führt ein Diener Ludwig zur Schlafkammer der Zauberer-Tochter, wo für ihn das Nachtlager gerichtet ist – und dort verbringt er die Nächte, bevor der Zauberer ihm Aufgaben stellt (Die

---

[413]   Der Billardspieler (AT 413 + 313). In: ITALO CALVINO (Hg.): Die Braut, die von Luft lebte. S. 65-69.

[414]   Juvenal şi Fatima (AT 313). In: TUDORA ŞANDRU OLTEANU (Hg.): Legenda copacului manacá. S. 139-145.

[415]   Der Meereskönig (AT 413 + 313). In: WIE IWAN DIE SONNE BESUCHTE. S. 56-69.

beiden feindlichen Könige[416], deutsch aus Pommern). – Die allweise Wassilissa nimmt den Zarensohn unter ihre Obhut, ohne viel zu fragen, sie bringt ihn zu Bett und weckt ihn am Morgen, inzwischen lässt sie von geschickten Helfern die geforderten Arbeiten verrichten (Der Meereszar und die allweise Wassilissa[417], russisch).

Heiratsmodelle

Gestützt auf Aussagen der Initiationsmärchen nehme ich für das vorgeschichtliche Europa mehrere Heiratsmodelle an. Darin werde ich durch die Mitteilungen Westermanns über die Kpelle bestärkt. Westermann unterscheidet:

- die Verlobung der Mädchen im Kindesalter mit einem Mann, gewöhnlich unter ausdrücklichem Vorbehalt der späteren Einwilligung;
- die Bewerbung eines jungen Mannes um ein schon erwachsenes Mädchen durch Vermittlung der beiderseitigen Eltern;
- die Ehe aus einer freien Verbindung, zu der die Eltern der Frau nachträglich ihre Zustimmung gaben, so dass sie als gesetzlich anerkannt wird;
- die wilde, vor dem Gesetz nicht anerkannte Ehe aufgrund einer freien Verbindung, zu der die Eltern der Frau die Zustimmung verweigerten;
- die Ehen zwischen Sklaven und Hörigen, die von deren Herren arrangiert werden, ohne die Partner zu fragen.[418]

---

[416] Die beiden feindlichen Könige (AT 313). In: ULRICH JAHN: Volksmärchen aus Pommern und Rügen. S. 212-219. – Auch enthalten in: WALTRAUD WOELLER (Hg.): Deutsche Volksmärchen. S. 438-449.

[417] Der Meereszar und die allweise Wassilissa (AT 537 + 413 + 313 + 513). In: ALEXANDER N. AFANASJEW (Hg.): Russische Volksmärchen. Bd. 2, S. 520-531.

[418] DIEDRICH WESTERMANN: Die Kpelle. S. 58-60.

Unsere Märchen suggerieren folgende Modelle:
- Die Partnerwahl wird frühzeitig von den Sippenältesten getroffen. Die Partner sind etwa gleich alt. Sie besuchen zur selben Zeit die Buschschule und kehren gemeinsam aus dem Wald ins Dorf zurück (AT 301, 303 A).
- Der Bräutigam ist älter oder hat die Buschschule an einem anderen Ort und früher absolviert, denn er holt die Braut von der Initiationsstätte ab (AT 402, 408).
- Es gibt keine von den Sippenältesten getroffene Abmachung. Das gilt für die Kinder aus armen Familien, weil sie auf dem Heiratsmarkt nicht gefragt sind. Die Kinder aus armen Familien müssen sich erst eine Aussteuer besorgen, so wie die Halbwaise Marisch im Zipser Märchen.
- Die Partner missachten eine von den Sippenältesten getroffene Abmachung (AT 313, 400).

Die sozialen Verhältnisse der Kpelle im Hinterland von Liberia, wie Westermann sie beschrieben hat, eignen sich als Vergleichsbasis, weil ihre Gesellschaft sich um 1900 der Staatsbildung näherte: Die vertikale Differenzierung war fortgeschritten, und ein Geheimbund reicher Männer, der Leopardenbund, griff nach der Macht. Im Alten Europa ereignete sich der Übergang von der Gentilordnung zum Staat in der Späten Bronzezeit – dann, als die Buschschule aufgegeben wurde und die Urformen unserer Märchen entstanden (siehe das nächste Kapitel).

In der Werkstatt des Erzählers

Schneewittchen in der Buschschule. Eine Reihe von Märchen, die sich nur auf den Aufenthalt des Mädchens in der Buschschule beziehen, kommt im Aarne-Thompson Katalog meines Wissens nicht zur Geltung. Hier gelangt das in den Wald gebrachte Mädchen *nicht* zur Wohnstätte der „Brüder" wie bei AT 709, die Handlung endet vorher. Das Mädchen wird aufgenommen: von einer alten Frau (Die drei

Prinzessinnen[419], deutsch aus Hessen) – von einem Greis (Die drei Schwestern[420], italienisch aus Wälschtirol) – von einem wilden Mann und dessen Frau (Variante ohne Titel aus Wälschtirol[421]) – von einer alten Frau (Sonne, schöne Sonne[422], italienisch aus Venetien) – vom Waldkönig (Der Waldkönig[423], italienisch aus Chieti) – von einem Menschenfresser und dessen Frau (Von der schönen Anna[424], sizilianisch) – von einer Fee (Rodia[425], griechisch). Weil in einigen der genannten Texte das Motiv des zeitweiligen Todes enthalten ist, geben sie offenbar den Vorgang der Jugendweihe wieder.

Zwei Stationen im Leben Schneewittchens. Die Märchen über Schneewittchen (mit anderen Worten: die Varianten des Märchentypus Aarne-Thompson 709) erweisen sich bei näherer Betrachtung als Kombinationen aus zwei Berichten über zwei Abschnitte im Leben einer Frau. Der eine handelt von ihrer Teilnahme an der Jugendweihe, der andere von einem späteren Aufenthalt bei der „Waldbruderschaft". Ursprünglich befanden sich die zwei Berichte in chronologischer Reihenfolge, dann haben Erzähler, die nichts mehr von den zugrundeliegenden Bräuchen wussten, die Einzelheiten vermischt. Zwei Motive, die mit der Jugendweihe zusammenhängen, verschoben sich in den zweiten Teil. Die zur

---

[419] Die drei Prinzessinnen (AT ---). In: CHARLOTTE OBERFELD (Hg.): Volksmärchen aus Hessen. S. 68-70.

[420] Die drei Schwestern (AT ---). In: CHRISTIAN SCHNELLER: Märchen und Sagen aus Wälschtirol. S. 55-59.

[421] Variante ohne Titel (AT ---). In: CHRISTIAN SCHNELLER: Märchen und Sagen aus Wälschtirol. Anmerkungen und Zusätze. S. 181-196, hier S. 184-185.

[422] Sonne, schöne Sonne (AT ---). In: SILVIA STUDER-FRANGI (Hg.): Märchen aus Italien. S. 32-41.

[423] Der Waldkönig (AT ---). In: FELIX KARLINGER (Hg.): Italienische Volksmärchen. S. 85-89.

[424] Von der schönen Anna (AT ---). In: LAURA GONZENBACH: Sicilianische Märchen. Erster Teil, S. 15-19.

[425] Rodia (AT --- + 403). In: LAZĂR ŞĂINEANU: Basmele române. S. 751.

Initiationsstätte geführten Kinder galten als tot, ihre Angehörigen versahen sie mit Kleidung und Schmuck, wie man sie den Toten mitgab, daher das Hemd, der Schnürriemen, die Pantöffelchen, die Schuhe und der Ring.[426] Ein Kernritus bezweckte die Erneuerung des Körpers durch den Austausch von Organen, zu diesem Zweck wurde der Initiand mit Gift betäubt – daher der Apfel, die Haarnadel und der Kamm.

Die späteren Erzähler ließen Schneewittchen dreimal sterben, weil auf diese Weise die größtmögliche Spannung erzeugt wird.

Zwei Stationen im Leben Liombrunos. Derselbe Befund wie oben – eine Kombination aus zwei Berichten über zwei Lebensabschnitte – gilt für den Märchentypus AT 400 „Der Mann auf der Suche nach seiner verschwundenen Gattin". Hier tritt eine mit Psyche und ihren Schicksalsgenossinnen vergleichbare männlich Gestalt auf. In einem italienischen Volksbuch des 16. Jahrhunderts heißt sie *Liombruno*.[427] Ein Vergleich des Volksbuchs mit nah verwandten Märchen bietet Einblick in die Werkstatt des Erzählers.

Die Varianten des Typus AT 400 spiegeln zwei Abschnitte im Leben dieses Mannes wider, nämlich die Jugendweihe und den späteren Aufenthalt in der Buschschule als Helfer bei der Initiation für Mädchen. Aus meiner Sicht lassen sich zwei Redaktionen unterscheiden. Bei der einen stehen die sogenannten *Qualnächte* im Vordergrund. Der Held erlöst durch standhaftes Verhalten eine verzauberte Jungfrau. Zum Anlass für die Qualnächte haben die Erzähler unterschiedliche Momente der Jugendweihe gewählt: die Umwandlung in einen Erwachsenen durch rituelles Zerstückeln oder Verbrennen – diverse Proben der Selbstbeherrschung (Tanzmusik, wilde Tiere, Hilferufe der Eltern, sexuelle Reizung).[428] Bei der anderen Redaktion haben die späteren Erzähler die

---

[426] VLADIMIR PROPP: Die historischen Wurzeln des Zaubermärchens. S. 156.

[427] Liombruno (AT 400). In: WALTER KELLER und LISA RÜDIGER (Hg.): Italienische Märchen. S. 58-66.

[428] Die Beschreibung des Typus AT 400 A weiß nur von einem individuellen Helden, der in ein verwunschenes Schloss gelangt und dort eine verzauberte Frau erlöst. Dr. Diether Röth, der das „Kleine

Lehrjahre in der Buschschule übersprungen und sich auf den zweiten Aufenthalt eines jungen Mannes an der Initiationsstätte konzentriert, als er den praktischen Teil der sexuellen Aufklärung übernimmt. Beispiele für diese Redaktion sind die Geschichte von Liombruno und eng verwandte Märchen: „Almerigo"[429], venezianisch; „Die Kaiserin von Trapezunt"[430], sizilianisch; „Der Mann, der einmal Baron war"[431], albanisch;

Typenverzeichnis der europäischen Zauber- und Novellenmärchen" verfasste (veröffentlicht 1998), hat die Varianten mit einem kollektiven Helden ignoriert. Er betrachtete den kollektiven Helden als Schöpfung der späteren Erzähler. (Dr. Röth lehnte die Möglichkeit der kollektiven Jugendweihe als Vorlage für die europäischen Märchen ab. In diesem Sinne äußerte er sich in drei Briefen, datiert 14. Oktober 2012 – 8. November 2012 – 27. Februar 2013 in Kassel.) Doch die künstlerische Entwicklung ist wahrscheinlich in umgekehrter Richtung verlaufen: Die späteren Erzähler haben den individuellen Helden begünstigt, weil sich das Publikum mit diesem besser identifizieren konnte. Gerade die Varianten von AT 400 bieten dafür Beispiele, denn es gibt Übergänge, und zwar Varianten mit einer Gruppe von desertierten Soldaten, die an der Aufgabe, die verwunschenen Prinzessinnen zu erlösen, aus dem einen oder anderen Grund scheitern, worauf einer von ihnen nach Jahren das Lösungswerk vollbringt. Die Kombination aus zwei Berichten über zwei Lebensabschnitte finden wir nur bei dem Untertypus mit einem individuellen Helden.

[429]   Almerigo (AT 400). In: HERBERT BOLTZ (Hg.): Venezianische Märchen. S. 89-93.

[430]   Die Kaiserin von Trapezunt (AT 400). In: RUDOLF SCHENDA und DORIS SENN (Hg.): Märchen aus Sizilien. S. 131-135.

[431]   Der Mann, der einmal Baron war (AT 400). In: MARTIN CAMAJ und UTA SCHIER-OBERDORFFER (Hg.): Albanische Märchen. S. 49-52.

„Cian Bolpin"[432], ladinisch aus dem Fassatal; „Verloren und gefunden"[433], dänisch.

Die Erzähler haben die Schulleiterin zur Schlossherrin umfunktioniert, ja sogar zur Kaiserin erhoben. Die Schlossherrin lebt mit dem jungen Mann zusammen, sie wollen heiraten – so wie der Helfer und die Initiandin heiraten wollten, mit der er sich verbandelte (obwohl sie seit früher Kindheit mit einem anderen verlobt war). Vor der Hochzeit darf der junge Mann seine Eltern besuchen, allerdings mit der Bedingung, dass er die Schlossherrin weder erwähnt noch gar herbeiruft. Ihm wird ein zauberkräftiger Ring mitgegeben (ursprünglich eine Art Pass, der auch bei AT 425 C eine Rolle spielt).

Den Aufenthalt bei den Eltern haben die späteren Erzähler zum Knoten des Dramas geschürzt. In seiner Heimat nimmt der Held an einem Turnier teil, geht aus diesem als Sieger hervor und soll mit der Tochter eines Königs Hochzeit halten – verschmäht sie aber, weil er bereits verheiratet ist und seine Frau so wunderschön, dass … die Prinzessin „nicht einmal ihre Schuhe putzen dürfte" (Die Kaiserin von Trapezunt). Daraufhin sperrt man ihn ein und will ihn hinrichten. Nun eilt die Schlossherrin zu seiner Rettung herbei, nimmt ihm aber den Ring ab und lässt ihn stehen. In der ladinischen Variante, wo der Ring vor dem Helden herrollte, um ihn zu leiten, heißt es unmissverständlich, dass er nun keinen Wegweiser zu Dona Chenina mehr hat. Er ist in Ungnade gefallen wie sein Urbild, der junge Mann, der während des Besuchs bei den Eltern Geheimnisse des großen Gebäudes ausplauderte.

An diese Geschichte fügten die späteren Erzähler die Romanze des Helfers an, der sich mit einer Initiandin verbandelte, die längst mit einem anderen verlobt war. Hier ist das Abbild der Schulleiterin mit dem Abbild einer Absolventin verschmolzen. Im Märchen trifft der Held just

---

[432] Cian Bolpin (AT 400): In: ULRIKE KINDL (Hg.): Märchen aus den Dolomiten. S. 18-27. – Unter dem Titel „Čianbolpin und Donna Kenina" enthalten in: INES KÖHLER-ZÜLCH und CHRISTINE SHOJAEI KAWAN: Schneewittchen hat viele Schwestern. S. 68-77

[433] Verloren und gefunden (AT 400). In: HEINZ BARÜSKE (Hg.): Dänische Märchen. S. 44-54.

dann beim Wohnsitz seiner Braut ein, als sie mit einem anderen vermählt werden soll, aber sie beruft sich auf die Parabel vom alten Schlüssel.

Im Falle der oben zitierten Märchen haben die späteren Erzähler den zweiten Teil breit ausgewalzt: Der Held trifft drei Teufel oder Räuber, die um drei Wünscheldinge streiten, nämlich einen Geldbeutel, der nie leer wird, um einen unsichtbar machenden Mantel und um ein Paar Siebenmeilenstiefel (AT 518). Es gelingt ihm, sie zu übertölpeln. Im dänischen Märchen gelangt er zum König der Fische, dann zum König der Vögel, dann zum König der Winde. Von dessen Sitz schließlich führt ihn der Nordwest zum Schloss der Prinzessin südlich der Sonne und östlich vom Mond. Alle zitierten Varianten schließen mit einer Versöhnung.

Einzelheiten des Märchens von Liombruno erinnern aufdringlich an die Sage vom Venusberg, die später mit der Gestalt des Minnesängers Tannhäuser verknüpft worden ist. In Thüringen wurde die Sage auf den Hörselberg fixiert[434], im Schwarzwald auf den Schinberg nahe Freiburg (Die Venusgrotte am Schinberg[435]). Tannhäuser lebt zeitweilig in einem Berg bei Frau Venus mit ihren Mägden, das ergibt aufgeschlüsselt fünf Übereinstimmungen: (1) Eine Leiterin, (2) umgeben von jungen Frauen, (3) lebt in einem Schloss. (4) Dort hält sich auch ein Mann auf. (5) Die sexuellen Beziehungen stehen im Vordergrund. Also haben Märchen und Sage einen gemeinsamen Kern.

---

[434] WALTRAUD WOELLER (Hg.): Volkssagen zwischen Hiddensee und Wartburg. S. 157-159.

[435] Die Venusgrotte am Schinberg. In: WILHELM STRAUB (Hg.): Sagen des Schwarzwaldes. S. 160.

Weltgeschichte im Märchen: der erste Staatsstreich

Das Märchen vom Wilden Mann (AT 502)

Die Handlung entspringt aus einem Konflikt zwischen dem Wilden Mann, in dem wir ein Abbild des Stammeszauberers erkennen, und dem König, in dem wir ein Abbild des Oberhäuptlings erkennen. Der Stammeszauberer verblüfft durch eine Vielzahl von Erscheinungsformen. Er tritt auf als:

- Wilder Mann;
- Wundermann, ein Greis; König des Elfenreichs; Unterirdischer König;
- Alterchen Kupferstirn; Mensch mit Kupferstirn und Bauch von Zinn; Mann mit Armen aus Eisen, Kopf aus Gusseisen und Leib aus Kupfer; Eiserner Mann; Eisenhans; Goldener Mann; Goldenes Bäuerlein; Goldbärtiger Mann;
- Waldgeist; Zar des wilden Waldes; König der goldenen Tiere; Kaiser der wilden Tiere;
- Riese, Riesenkönig
- Recke Nikanor;
- Tartaro (ein menschenfressender Riese mit einem Auge inmitten der Stirn);
- Behaarter Mann;
- Drache;
- Bär; Goldener Luchs;
- Blumenmann; Blumenvater;
- mit einer Doppelnatur: Tier oder alter Mann; Vogel oder Messinggelbes Männlein.

Im Folgenden ausführliche Angaben:

- **Wilder Mann:** De wilde Mann, deutsch aus dem Münsterland, (AT 502 + 314). In: PETER DETTMERING (Hg.): Kinder- und

Hausmärchen der Brüder Grimm. Urfassung. S. 495-498. – Der wilde Mann und der Königssohn, deutsch aus Lothringen (AT 502 + 314 A). In: ANGELIKA MERKELBACH-PINCK: Lothringer Volksmärchen. S. 36-43. – Der Wollensack, deutsch aus Pommern (AT 502 + 570). In: SIEGFRIED ARMIN NEUMANN (Hg.): Volksmärchen aus dem historischen Vorpommern. S. 38-48. – Der Hasenhüter, deutsch aus Oberösterreich (AT 502 + 570). In: KARL HAIDING: Märchen und Schwänke aus Oberösterreich. S. 8-11. – Der wilde Mann, tschechisch (AT 502 + 314). In: ALFRED VON WALDAU (Hg.): Tschechische Märchen. S. 197-223. Hier hat der Wilde Mann die Gestalt eines Riesen und ist ganz mit Moos bewachsen. Die späteren Erzähler haben zwei Masken – Riese und Blumenmann – kombiniert.

- **Wundermann, ein Greis:** Der Wundermann, deutsch aus der Steiermark (AT 502 + 314). In: INGO REIFFENSTEIN (Hg.): Österreichische Märchen. S. 40-46. – **König des Elfenreichs:** Der Mann mit dem Blumenkopf, ungarisch (AT 502). In: GYÖRGY SEBESTYÉN: Der Mann mit dem Blumenkopf. S. 5-13. – **Unterirdischer König:** Der Küchenjunge als Sieger, slowakisch (AT 502 + 314). In: PAVOL DOBŠINSKÝ: Der verwunschene Wald. S. 167-176.

- **Alterchen Kupferstirn:** Iwan Zarewitsch und Alterchen Kupferstirn/ Ivan Carevič i starik mednyj lob, russisch (AT 502 + ---). In: N. E: ONČUKOV: Severnye skazki. Bd. 1, S. 358-360. – **Mensch mit Kupferstirn und Bauch von Zinn:** Kupferstirn/ Mednyj lob, russisch (AT 502 + 566). In: N. E. ONČUKOV: Severnye skazki. Bd. 2, S. 10-16. – **Mann mit Armen aus Eisen, Kopf aus Gusseisen und Leib aus Kupfer:** Iwan der Zarensohn, und Marfa, die Zarentochter, russisch (AT 502 + 513 A + 300). In: ALEXANDER N. AFANASJEW: Russische Volksmärchen. Bd. 1, S. 156-164. – **Eisenhans:** In: Der Eisenhans, deutsch aus Franken (AT 502 + 314). In: GRIMM, BRÜDER GRIMM: Kinder- und Hausmärchen. KHM 136. Bd. 2, S. 233-242. – **Eiserner Mann:** Der eiserne Mann, deutsch aus Thüringen (AT 502 + 314). In: HANS SIWIK [Fotos] und SUSANNE LESAAR [Text]

(Hg.): Der eiserne Mann. S. 7-13. – **Goldener Mann:** Der lederne Gurt, deutsch aus dem Banater Bergland (AT 502 + 590). In: ALEXANDER TIETZ: Märchen und Sagen aus dem Banater Bergland. S. 38-44. – Der goldene Mann, georgisch (AT 502 + ---). In: HEINZ FÄHNRICH (Hg.): Georgische Märchen. S. 91-98. – **Goldbärtiger Mann:** Der goldbärtige Mann, ungarisch (AT 502 + 554). In: ELISABET SKLAREK (Hg.): Ungarische Volksmärchen. Bd. 1, S. 114-130. – Auch enthalten in: ÁGNES KOVÁCS (Hg.): Ungarische Volksmärchen. S. 49-64. – **Goldenes Bäuerlein:** Iwan Küchenjunge, russisch von der Weißmeerküste (AT 502 + 531 + 465). In: ISIDOR LEWIN (Hg.): Zarensohn am Feuerfluss. S. 94-107.

- **Waldgeist:** Der Königssohn und sein Diener, russisch (AT 502 + 314). In: ALEXANDER N. AFANASJEW: Russische Volksmärchen. Bd. 1, S. 149-156. – **Zar des wilden Waldes:** Der Zar des wilden Waldes, ukrainisch (AT 502 + 850). In: P. V. Lintur (Hg.): Ukrainische Volksmärchen. S. 319-340. – **König der goldenen Tiere:** Der goldbärtige Mann, ungarisch (AT 502 + 554). In: ELISABET SKLAREK (Hg.): Ungarische Volksmärchen. Bd. 1, S. 114-130. – Auch enthalten in: ÁGNES KOVÁCS (Hg.): Ungarische Volksmärchen. S. 49-64. – **Kaiser der wilden Tiere:** Der Sohn des Kaisers der wilden Tiere/ Feciorul împăratului lighionilor, rumänisch aus der Walachei (AT 502 + 314). In: C. RĂDULESCU-CODIN: Poveşti. S. 11-50.

- **Riese:** Der Knabe und die Riesen, deutsch aus Tirol (AT 502 + 314 A). In: IGNAZ und JOSEPH ZINGERLE: Kinder- und Hausmärchen aus Tirol. S. 240-244. – Auch enthalten in: PAUL ZAUNERT u.a. (Hg.): Deutsche Märchen aus dem Donaulande. S. 214-218. – Der dankbare Riese, spanisch aus den Pyrenäen (AT 502). In: ELENA CHMELOVÁ (Hg.): Märchen der Bergwelt. S. 30-42. – **Riesenkönig:** Der Milchbrunnen/ A tejkút, ungarisch (AT 502 + 850). In: JÁNOS KRIZA: A csókalányok. S. 197-201.

- **Recke Nikanor:** Der Zarensohn und sein Diener, russisch (AT 502 + 314). In: REINHOLD OLESCH (Hg.): Russische Volksmärchen. S. 124-130.

- **Tartaro:** Der dankbare Tartaro und die Heren-Suge, baskisch (AT 502). In: FELIX KARLINGER und ERENTRUDIS LASERER (Hg.): Baskische Märchen. S. 145-154.
- **Behaarter Mann:** Der behaarte Mann, ungarisch (AT 502). In: ELISABET SKLAREK (Hg.): Ungarische Volksmärchen. Bd. 1, S. 130-135.
- **Drache:** Das Märchen vom Kaisersohn/ Basmul fiului de împărat, rumänisch aus der Walachei (AT 502 + 314). In: B. P. HAȘDEU: Literatură populară. S. 248-258. Was mit der Bezeichnung *Drache* gemeint wird, ist nicht klar.
- **Bär:** Der Königssohn und der Bär, serbokroatisch (AT 502). In: AUGUST LESKIEN (Hg.): Balkanmärchen. S. 199-204. – Enthalten auch in: JOSEF SCHÜTZ (Hg.): Volksmärchen aus Jugoslawien. S. 154-159. – Enthalten ferner in: JOSEF SCHÜTZ (Hg.): Jugoslawische Märchen. S. 96-100.
- **Goldener Luchs:** Der goldene Luchs, polnisch (AT 502 + ---): In: VIERA GAŠPARÍKOVÁ, JAROMÍR JECH, HELENA KAPEŁUŚ, PAUL NEDO (Hg.): Die gläserne Linde. S. 22-28.
- **Blumenmann:** Der Blumenmann/ Omul de Flori, rumänisch aus der Walachei (AT 502 + 314). In: BOGDAN PETRICEICU HAȘDEU: Omul de Flori. S. 100-109. – Der Blumenmann/ Omul de flori, rumänisch aus der Walachei (AT 502 + ---). In: VIORICA NIȘCOV (Hg.): Cele trei rodii aurite. S. 181-184. – **Blumenvater:** Der Blumenvater/ Tata florilor, rumänisch aus Siebenbürgen (AT 502 + 850). In: ION POP RETEGANUL: Povești ardelenești. S. 259-266.
- **Tier oder alter Mann:** Der Pechkappenhans, deutsch aus Oberösterreich (AT 502 + 314). In: KARL HAIDING: Märchen und Schwänke aus Oberösterreich. S. 29-32. – **Vogel oder Messinggelbes Männlein:** Der Dzjedka, das messinggelbe Männlein, belorussisch (AT 502 + 314). In: ALEXANDER N. AFANASJEW: Russische Volksmärchen. Bd. 1, S. 164-170.

Aus dieser Aufstellung ergeben sich folgende Eigenschaften: Das Urbild des Wilden Mannes lebte im Wald – befand sich in einem vorgerückten Alter – war im Grundberuf Schmied – besaß magische Gewalt über wilde Tiere – verwendete mehrere Masken (Riese, Bär, Luchs, Blumenmann). In einer rumänischen Überlieferung aus der Walachei heißt es, dass der Blumenmann goldfarben war, schöne Zeichnungen im Gesicht und anstelle der Haare goldene Blumen hatte (Der Blumenmann). In einer ungarischen Überlieferung wird er als Jüngling vorgestellt, dessen Leib voller Blumen ist und auf dessen Kopf anstelle der Haare Blumen wachsen (Der Mann mit dem Blumenkopf). Mit dem Jüngling fällt diese Überlieferung aus dem Rahmen. Die Entstellung hängt mit der – angeblichen – Natur der Titelgestalt zusammen, denn ein Elfenkönig erfreut sich ewiger Jugend.

In manchen Varianten tritt anstelle des Wilden Mannes eine **alte Zauberin** auf bzw. eine **alte Frau,** Johannes Bolte und Georg Polívka nennen ein deutsches, ein vlämisches, ein dänisches und ein tschechisches Märchen.[436] Das deutsche stammt aus Niedersachsen und heißt „Hänschen Glasköpfchen". (In: GEORG SCHAMBACH und WILHELM MÜLLER: Niedersächsische Sagen und Märchen. S. 278-280.) Bei den Märchen von der Buschschule ist der Wechsel von männlichen und weiblichen Zauberer-Gestalten eine verbreitete Erscheinung. Er lässt sich durch das Zusammenwirken des Stammeszauberers mit der Oberin des Frauenbundes bei der Jugendweihe erklären. Dem alten Mann entspricht die alte Frau, dem Wassermann – die Nixe, Wasserlisse, Sirene oder Gorgo, dem Riesen – die Riesin, dem Menschenfresser – die Menschenfresserin, dem Mann ohne Herz – die Frau ohne Herz, dem Drachen oder Drakos – die Drachin oder Drakäna. Neben dem schwarzen Mann steht die schwarze Frau, neben dem grünen Mann – die grüne. Doch im Kontext der Märchen vom Wilden Mann gibt die weibliche Form Rätsel auf.

In anderen Varianten erscheint anstelle des Wilden Mannes ein zwergenhaftes Geschöpf:

---

[436]   JOHANNES BOLTE und GEORG POLÍVKA: Anmerkungen zu den Kinder- und Hausmärchen der Brüder Grimm. Bd. 3, S. 94-114, hier S. 98, 98, 99, 102.

Wildes Männlein bzw. **Waldkönig:** Werweiß, deutsch aus Tirol (AT 502 + 314). In: IGNAZ und JOSEPH ZINGERLE: Kinder- und Hausmärchen aus Tirol. S. 168-179. – Enthalten auch in: PAUL ZAUNERT (Hg.): Deutsche Märchen seit Grimm. Bd. 2, S. 113-120. – **Elle-Bart:** Der bärtige Alte, polnisch (AT 502 + ---). In: HELENA KAPEŁUŚ und JULIAN KRZYŻANOWSKI (Hg.): Die Kuhhaut. S. 172-178. – **Pilzkönig:** Der Pilzkönig, estnisch (AT 502 + 300). In: RICHARD VII-DALEPP (Hg.): Estnische Volksmärchen. S. 206-218. – **Zwerg** oder **Wilder Mann:** Die Prinzessin auf dem Glasberg, schwedisch (AT 502 + 530). In: KLARA STROEBE (Hg.): Nordische Volksmärchen. Bd. 1, S. 262-274. – Enthalten auch in: HANS-JÜRGEN HUBE (Hg.): Du alter Riesenhupf! S. 164-171. – **Wunderlicher Alter:** Vom wunderlich fliegenden Alten und Iwan dem Zarensohn, belorussisch (AT 502 + 314). In: L. G. BARAG (Hg): Belorussische Volksmärchen. S. 159-168.

Weil der Zwerg im polnischen und im belorussischen Märchen einen langen Bart trägt, erinnert er an den Quälgeist Zwerg Ellenbart aus AT 301 „Die drei geraubten Königstöchter", in dem wir einen Gehilfen des Stammeszauberers erkennen. In der Überlieferung ist der Gehilfe mit dem Meister verschmolzen. Das Geheimnis, welches diesen Gehilfen umgibt, ist noch nicht gelüftet. Vielleicht trug er eine traditionelle Maske.

Anstelle des Königs erscheint von Fall zu Fall ein Kaiser bzw. Zar, Fürst, Graf, Gutsherr oder Gastwirt.

Der Inhalt. Der König lässt den Wilden Mann fangen und lädt alle benachbarten Könige ein, um ihnen den Gefangenen zu zeigen. Doch bis diese eintreffen, ist der Gefangene geflohen, und zwar mit Hilfe des Königssohns. Der hat ihm die Käfigtür aus Mitleid geöffnet, oder aber, weil sein Pfeil (Bolzen bzw. Ball, goldener Apfel, Goldei, seine Keule oder der Stöpsel vom Stöpselrevolver) in den Käfig gefallen war. In manchen Varianten erklärt der Wilde Mann dem Königssohn, wie er den Schlüssel zum Käfig aus der Schürzentasche seiner Mutter nehmen soll.

Aus Wut über die Blamage verbannt der König seinen Sohn oder verurteilt ihn zum Tod. Zum Zeichen, dass der Sohn getötet wurde, soll der Henker ihm Beweise bringen: das Herz und den kleinen Finger (Der bärtige Alte, polnisch); Finger und Auge (Der Sohn des Kaisers der wilden Tiere, rumänisch aus der Walachei); die Augen (Der Wundermann, deutsch aus der Steiermark; Der wilde Mann und der Königssohn, deutsch aus Lothringen; Der Blumenmann, rumänisch aus der Walachei); beide Augen und das Herz (Der eiserne Mann, deutsch aus Thüringen); das Herz (Der dankbare Tartaro und die Heren-Suge, baskisch; Der Küchenjunge als Sieger, slowakisch; Die Prinzessin auf dem Glasberg, schwedisch). Der Henker hackt seinem Opfer einen Finger ab, nimmt die geforderten Organe von einem Hund oder einem Schwein und lässt den Königssohn laufen. Diese Einzelheiten stellen die Verbindung zur archaischen Jugendweihe her.

Anschließend wird der Königssohn vom Wilden Mann aufgenommen. Er geht bei ihm zur Schule oder wird von ihm, fallweise von seinen Töchtern, reich beschenkt und bei allen Unternehmungen großzügig unterstützt.

Warum der König den Wilden Mann fangen lässt. Die Gründe sind mannigfaltig. Er ist ein erfolgreicher Jäger (Der Königssohn und sein Diener, russisch). – Er verwüstet die Gärten und Kornfelder der Bauern (Der wilde Mann, deutsch aus dem Münsterland). – Er stiehlt dem Zaren die Äpfel (Iwan-Küchenjunge, russisch von der Weißmeerküste). – Er stiehlt Korn aus dem Speicher (Der Küchenjunge als Sieger, slowakisch). – Er sät Grassamen in den Heilkräuter-Garten des Königs (Der wilde Mann und der Königssohn, deutsch aus Lothringen). – Er trinkt täglich einen Eimer voll aus dem Milchbrunnen, der sich im Königshof befindet (Der goldbärtige Mann, ungarisch). – Er badet im Teich des königlichen Blumengartens (Der Blumenmann, rumänisch aus der Walachei). – Er badet im Milchbrunnen des Königs (Der Blumenvater, rumänisch aus Siebenbürgen). – Er badet in dem Becken, das sich im Badezimmer des Königs befindet (Der Mann mit dem Blumenkopf, ungarisch).

In zwei Überlieferungen hält der König bzw. der Zar den Wilden Mann seit Jahren gefangen und lässt sich von ihm beraten, „weil die wilden Männer von großer Weisheit sind, daß sie alles wissen, was in der Welt geschieht" (Der Wollensack, deutsch aus Pommern) – „weil er listenreich war und vieler Dinge kundig" (Iwan, der Zarensohn, und Marfa, die Zarentochter, russisch).

Wie der Wilde Mann in die Gewalt des Königs gerät. Der König fängt ihn während einer Jagd. – Er wird im Schlaf überrascht. – Man schöpft den Teich aus, in dem er schläft. – Durch den Verrat seines Dieners. – Er stürzt in eine Fallgrube. – Er wird betrunken gemacht: Man gießt Wein in den Brunnen, aus dem er trinkt bzw. in dem er badet.

Verbreitung des Märchens. Es war in ganz Europa und weit darüber hinaus bekannt, sogar bei den Malaien wurde eine Variante erzählt (Michel und die Schlange mit den sieben Köpfen[437]). Man hat AT 502 kombiniert mit AT 300, 314, 530, 850 und anderen Märchentypen. Oft bildet AT 502 den Rahmen für das eigentliche Märchen.

Bemerkungen zu Propps Kommentar. Der russische Gelehrte widmet der Gestalt des Wilden Mannes, von ihm als *Kupferstirn* bezeichnet, mehr als acht Seiten. Seine Interpretation geht von falschen Voraussetzungen aus: „Theoretisch lässt sich seine Verwandtschaft mit dem Zauberlehrer, dem Weisen postulieren; das neuzeitliche Folklorematerial gibt das nicht her."[438] Mit Märchen, die Propp offenbar nicht zur Verfügung standen, lässt sich nachweisen, dass es sich bei dem Wilden Mann um ein Abbild des Stammeszauberers handelt: Er wird vorgestellt als alter Mann – als Kupferstirn (ein Abbild des Schmiedes, der Rüstungsteile fertigte) – als Riese (eine Maske) etc. Der unwiderlegbare Beweis für seine Identität mit dem Stammeszauberer ist seine Kunst, auf der Haut des Kaisersohns dieselben Zeichen wachsen zu lassen, wie die Tochter des benachbarten Kaisers sie besitzt: die Sonne auf der Brust und den Mond auf dem Rücken (Der Blumenmann[439], rumänisch aus der Walachei). Vormals traten die Knaben in die Sippe ihrer künftigen Frau ein, deshalb wurde das Totemzeichen jener Sippe in ihre Haut gebrannt.

Die Identität des Wilden Mannes mit dem Stammeszauberer wird durch die kostbaren Bälle bzw. Äpfel bekräftigt, die er dem Königssohn

---

[437]   Michel und die Schlange mit den sieben Köpfen (AT 502 + 300). In: PAUL HAMBRUCH (Hg.): Malaiische Märchen. S. 160-164.

[438]   VLADIMIR PROPP: Die historischen Wurzeln des Zaubermärchens. S. 195-204, hier S. 197.

[439]   Omul de Flori (AT 502 + 314). In: BOGDAN PETRICEICU HAȘDEU: Omul de Flori. S. 100-109, hier S. 102.

gibt, damit er sie für gewisse Gunstbezeigungen der jüngsten Tochter des Königs überlasse, an dessen Hof er unerkannt als Küchenjunge dient. Im thüringischen Märchen vom eisernen Mann sind es ein goldener Ball – ein Ball aus Kristall – ein Ball aus rotem Karfunkelstein.[440] Im slowakischen Märchen vom Küchenjungen sind es drei goldene Äpfel.[441] Im belorussischen Märchen vom Messinggelben Männlein sind es ein silberner Apfel, ein goldener Apfel und ein Apfel so glänzend wie die Sonne.[442] Im Kontext der Heirat des Märchenhelden spielt oft ein Apfel eine Rolle, man denke an die Prinzessinnen aus AT 314, die ihren Gatten durch das Zuwerfen eines Apfels wählen, oder an die Prinzessin auf dem Glasberg aus AT 530, die dem Sieger einen Apfel überreicht. Dieser Gegenstand verkörpert das Zeugnis für den Absolventen der Buschschule.

Schließlich wird der Wilde Mann durch einen Taschenspielertrick als Abbild des Stammeszauberers ausgewiesen. In zwei rumänischen Märchen dient der Held unerkannt an einem Kaiserhof und wird von missgünstigen Knechten verleumdet: er könne mitten im Winter einen Leiterwagen mit grünem Klee für die Paradepferde besorgen[443] – er könne mitten im Winter reife Kirschen bringen, reife Erdbeeren und Brombeeren bringen[444]. Da führt ihn der Blumenvater in den Himmel, wo er das Gesuchte findet, bzw. der Blumenmann schenkt ihm, was er braucht. In ihrem Indianerbuch berichtet Eva Lips vom *Batse maxpe* oder Geheimnismann der Crow [d.h. der Krähen-Indianer], dass er mitten im tiefsten Winter wilde Rüben und Beeren hervorbrachte, Baumrinde in

---

[440] Der eiserne Mann (AT 502 + 314). In: HANS SIWIK [Fotos] und SUSANNE LESAAR [Text] (Hg.): Der eiserne Mann. S. 7-13.

[441] Der Küchenjunge als Sieger (AT 502 + 314). In: PAVOL DOBŠINSKÝ: Der verwunschene Wald. S. 167-176, hier S. 173-175.

[442] Der Dzjedka, das messinggelbe Männlein (AT 502 + 314). In: ALEXANDER N. AFANASJEW: Russische Volksmärchen. Bd. 1, S. 164-170, hier S. 166-168.

[443] Tata florilor (AT 502 + 850). In: ION POP RETEGANUL: Poveşti ardeleneşti. S. 259-266, hier S. 263.

[444] Omul de flori (AT 502 + ---). In: VIORICA NIŞCOV (Hg.): Cele trei rodii aurite. S. 181-184.

Dauerfleisch verwandelte und Geschossen trotzte, indem er einfach in seine Hände spuckte und sogleich von seinen Schusswunden geheilt war.[445]

Das Motiv der frischen Früchte mitten im Winter taucht auch im griechischen Märchen „Die Äffin"[446] (AT 402) auf.

Die Macht des Wilden Mannes über die Tiere ist ein Nachklang aus der Zeit, als der Stammeszauberer vor einer Jagd dem „Herrn der Tiere" ein Opfer bringen musste, um ihn gnädig zu stimmen. Dieser Hintergrund liefert auch die Erklärung für sein Auftreten als Ernteschädling. In der Späten Bronzezeit, als die Buschschule aus der sozialen Wirklichkeit verschwand, hatte sich die Landwirtschaft längst als wichtigster Wirtschaftszweig durchgesetzt. Zwar mussten die Knaben und Mädchen in der Buschschule aus Tradition auch Proben bestehen, die an das Leben als Wildbeuter erinnerten, doch wurden sie vor allem zu Bauern erzogen – in den Märchen tritt sogar ein Abbild des Stammeszauberers als Lehrer der Gartenkunst auf (Der Prinz und der Wassermann[447], dänisch, AT 314); Der wilde Mann[448], tschechisch, AT 502).

Das Schloss mit dem Schlüssel wurde erst im Späten Mittelalter erfunden, deshalb hat es in einer Geschichte aus der Späten Bronzezeit nichts verloren. Doch dieses Motiv ist zu unserer Verblüffung so weit verbreitet wie das Märchen selbst und erscheint in Varianten, die sich durch etliche Einzelheiten merklich unterscheiden. Wie die Neuerung eines geschickten Erzählers sich so stark verbreiten konnte, bleibt ein Rätsel.

Die Märchen vom Wilden Mann bestehen aus der Bombennachricht von der Verhaftung des Stammeszauberers, aus Erinnerungen an

---

445   EVA LIPS: Das Indianerbuch. S. 159.

446   Die Äffin (AT 402). In: J. G. v. HAHN: Griechische und albanesische Märchen. Zweiter Teil, S. 31-33. – Auch enthalten in: JOHANN GEORG VON HAHN: Griechische Märchen. S. 333-335.

447   Der Prinz und der Wassermann (AT 314). In: HEINZ BARÜSKE (Hg.): Dänische Märchen. S. 187-190, hier S. 188.

448   Der wilde Mann (AT 502 + 314). In: ALFRED VON WALDAU (Hg.): Tschechische Märchen. S. 197-223, hier S. 210.

dessen Auftreten als Schmied sowie als Leiter der Buschschule und aus mannigfaltigen erdichteten Zusätzen.

Soziale Verhältnisse der Späten Bronzezeit im Spiegel der Märchen von der Buschschule

Die europäischen Märchen von der Buschschule berichten in erster Linie über diese komplexe Institution, aber nebenbei gewähren sie Einblicke in die sozialen Verhältnisse vor dem Verschwinden der Buschschule aus der sozialen Wirklichkeit, d.h. in der Zeit des Übergangs von der klassenlosen zur vorfeudalen Gesellschaft.

Die Verschreibung. Propp vermerkt, was bei der Geburt eines Knaben geschah (denn über Mädchen konnte er sich wegen seiner einseitigen Bibliografie nicht äußern). Der Vater zahlte dem Männerbund eine gewisse Summe für die formelle Aufnahme. Die faktische Aufnahme erfolgte durch einen Initiationsritus, sobald der Knabe das entsprechende Alter erreicht hatte.[449]

Ursprünglich war die Teilnahme an der Jugendweihe selbstverständlich, verpflichtend und unentgeltlich, so bei den Yámana im Feuerland, die Wassernomaden waren, oder bei den Kpelle im Hinterland von Liberia, die Hackbauern waren. Erst dort, wo der Männerbund sich aus egoistischen Zwecken dem Rest der Gesellschaft gegenüberstellte, forderten die Oberen eine Zahlung für die Aufnahme. Beispiele dafür sind der Dukduk-Bund auf der Südsee-Insel Neubritannien und die „zweite Elefanten-Gesellschaft", die Elefanten-Gesellschaft der Reichen, bei den Dan in Liberia (siehe den Abschnitt „Nach dem Staatsstreich").

Während das Motiv der Verschreibung in unseren Überlieferungen häufig vorkommt, sind Hinweise auf eine Zahlung selten und vage. Gewöhnlich wird ein Mann erpresst, damit er seinen Sohn einer Zauberer-Gestalt verspricht. Zuweilen erhält er eine materielle Zuwendung. Im

---

[449]   VLADIMIR PROPP: Die historischen Wurzeln des Zaubermärchens. S. 102.

finnischen Märchen „Die Flucht vom Hof des Teufels"[450] (AT 313) kauft der Böse einem Häuslerpaar den Sohn für 24.000 Rubel ab. – Im Tiroler Märchen „Der Grindkopf"[451] (AT 314) füllt der Fremde mit dem grünen Hut den Keller des Bäuerleins mit guten Sachen. – Im französischen Märchen „Der Zaubervogel"[452] (AT 325) zahlt der Zauberer dem Vater des Helden hundert Franken in Gold für ein Jahr. – Im neapolitanischen Märchen „Das Ziegengesicht"[453] (AT 710) gibt die Eidechse dem Bauern einen Sack mit Goldstücken. In Wirklichkeit floss die Zahlung in entgegengesetzter Richtung. Tatsächlich zahlen in einem dänischen Märchen die Eltern, und zwar mit Ochsen, eine alte Währung. Sie zahlen aber nicht für die Jugendweihe, von der hatten die späteren Erzähler keine Vorstellung, sondern – um einen Aufschub der Trennung von ihrem Sohn zu erwirken. Sie geben einmal hundert Ochsen, dann zweihundert Ochsen, dann dreihundert Ochsen, bis der Junge fünfzehn Jahre alt ist (Vildering Königssohn und Miseri Mö[454], AT 313). – In einem westfälischen Märchen soll der Vater des Lehrlings dem Meister 200 Taler geben, wenn er den Lehrling nach einem Jahr nicht erkennt (Der Gaudieb und sein Meister[455], AT 325).

---

[450] Die Flucht vom Hof des Teufels (AT 313). In: PIRKKO-LIISA RAUSMAA und INGRID SCHELLBACH-KOPRA (Hg.): Finnische Volksmärchen. S. 76-83, hier S. 76.

[451] Der Grindkopf (AT 314). In: IGNAZ und JOSEPH Zingerle: Kinder- und Hausmärchen aus Süddeutschland. S. 167-175, hier S. 167. – Auch enthalten in: WALTRAUD WOELLER (Hg.): Deutsche Volksmärchen von arm und reich. S. 80-87, hier S. 80-81.

[452] Der Zaubervogel (AT 325). In: KARL RAUCH (Hg.): Märchen aus Frankreich, den Niederlanden und der Schweiz. S. 75-81, hier S. 75-76.

[453] Das Ziegengesicht (AT 710). In: GIAMBATTISTA BASILE: Das Pentameron. S. 87-94, hier S. 89.

[454] Vildering Königssohn und Miseri Mö (AT 313). In: HEINZ BARÜSKE (Hg.): Dänische Märchen. S. 316-331, hier S. 317-318.

[455] De Gaudeif un sien Meester (AT 325). In: GRIMM, BRÜDER GRIMM: Kinder- und Hausmärchen. KHM 68. Bd. 1, S. 361-363.

Als indirekter Hinweis auf eine Zahlung kann gelten, dass die Sippenältesten bei ihrer Beratung an der Wiege des Neugeborenen über die Jugendweihe gesprochen haben, obwohl diese zehn oder zwölf Jahre später vorgenommen wurde (siehe den Abschnitt „Die Beratung der Sippenältesten an der Wiege eines Neugeborenen").

Die Zahlung war ein Ausdruck der weitgehenden sozialen Differenzierung.

Heiratsvermittlungen. Der Vertraute des Stammeszauberers und Initiationsleiters, den wir als *Zwerg Ellenbart* kennen, scheint sich mit Heiratsvermittlungen abgegeben zu haben. Beim Märchentypus AT 500, wo er unter anderen Namen in Erscheinung tritt, z.B. *Rumpelstilzchen*, ist in mehreren Fällen unmissverständlich davon die Rede: Als der König bekannt gibt, er wolle das schönste Mädchen heiraten, nimmt ein etwas schieches (hässliches) Mädchen die Hilfe des Teufels in Kauf (Schwarzwalterle[456], deutsch aus Tirol). – Zwar besitzt das Mädchen die vom König geforderten pechschwarzen Haare und Augen, ist aber nur Köhlerstochter und muss die vom Männlein angebotene [magische] Hilfe akzeptieren (Kruzimugeli[457], deutsch aus Niederösterreich). – Ein armes Mädchen übergibt sich dem Teufel, weil der Kaufmann, der es heiraten will, viel Geld als Mitgift erwartet (Jungfer Schön[458], deutsch aus dem Harz).

Der Vertraute des Stammeszauberers dürfte auf diese Weise Informationen über das Innenleben der Sippen erhalten und von den Beziehungen profitiert haben, die mit seiner Hilfe geknüpft worden waren. Gewöhnlich fordert der Unhold das erste Kind (wir ergänzen: für die Buschschule), was bedeuten könnte, dass die Familien bzw. Kleinsippen damals aus Kostengründen nur das älteste Kind für die Jugendweihe angemeldet haben, um der Tradition zu genügen.

---

[456] Schwarzwalterle (AT 500). In: LEANDER PETZOLDT (Hg.): Sagen, Märchen und Schwänke aus Südtirol. Bd. 2, S. 128-129.

[457] Kruzimugeli (AT 500). In: THEODOR VERNALEKEN: Alpenmärchen. S. 15-19.

[458] Jungfer Schön (AT 500). In: HEINRICH PRÖHLE: Kinder- und Volksmärchen. S. 76.

Die Heiratsvermittlung wird durch Informationen über den Frauenbund der Mende in Sierra Leone glaubhaft. Dort vermittelte die Leiterin des Bundes Heiraten zwischen Mädchen aus leitenden Lineages und mächtigen Männern der Gesellschaft, wobei sie ihre Stellung festigte und nebenbei an der Auszahlung des Brautpreises beteiligt war.[459]

Männerbund und Frauenbund

In den Märchen von der Buschschule tritt mal eine männliche, mal eine weibliche Zauberer-Gestalt auf. Wenn bei den Varianten eines Märchentypus die männliche Zauberer-Gestalt dominiert, erscheint die weibliche als Ausnahme, und umgekehrt. An diesen Schwankungen sind die Zufälle der Überlieferung schuld, wir dürfen sie ignorieren. Die Alternanz der Zauberer-Gestalten bei den Märchentypen AT 301 A, 301 B, 302, 303, 303 A, 310, 313, 314, 403, 500 lässt sich als Ausdruck der Zusammenarbeit des Männerbundes mit dem Frauenbund zumindest auf einem Teil des Kontinents interpretieren.

AT 301 B „Die außerordentlichen Gesellen": Der starke Hans[460], deutsch aus der Schweiz; Der starke Hans[461], dänisch; Der mannhafte Mikko[462], finnisch; Die Recken Kieferle, Biegle, Bergle und Bärtle[463],

---

[459]   RITA SCHÄFER: Die Sande-Frauengeheimgesellschaft der Mende in Sierra-Leone. S. 42-43.

[460]   Der starke Hans (AT 650 A + 301 B). In: OTTO SUTERMEISTER: Kinder- und Hausmärchen aus der Schweiz. S. 37-41. – Auch enthalten in: WALTRAUD WOELLER (Hg.): Deutsche Volksmärchen. S. 398-402.

[461]   Der starke Hans (AT 650 A + 301 B). In: KLARA STROEBE (Hg.): Nordische Volksmärchen. Bd. 1, S. 88-96.

[462]   Der mannhafte Mikko (AT 650 A + 301 B). In: ROBERT KLEIN (Hg.): Das weiße, das schwarze und das feuerrote Meer. S. 37-50.

[463]   Die Recken Kieferle, Biegle, Bergle und Bärtle (AT 650 A + 301 B). In: ALEXANDER N. AFANASJEW: Russische Volksmärchen. Bd. 1, S. 252-255.

russisch; Muhammed, der Sohn der Witwe[464], arabisch aus Tunesien. (Hexe anstelle des Zwergs Ellenbart bzw. des Zauberers.)

AT 302 „Das Herz des Unholdes im Ei": Die Düstere Wolke[465], italienisch aus der Toskana; Die verwünschten Schwäne[466], deutsch aus Westpreußen. (Hexe statt Zauberer.)

AT 303 „Die zwei Brüder": Die bezauberte Hirschkuh[467], neapolitanisch; Die drei Schwerter, italienisch aus dem Tessin[468]; Die beiden Brüder und der goldene Vogel[469], lettisch. (Zauberer statt Hexe.)

AT 303 A „Sechs Brüder suchen sieben Schwestern zu Frauen": Von den zwölf Brüdern, die zwölf Schwestern zu Frauen suchten[470], deutsch aus Siebenbürgen. (Hexe statt Zauberer.)

AT 310 „Die Jungfrau im Turm": Von dem Patenkinde des heiligen Franz von Paula[471], sizilianisch. (Pate statt Patin.)

---

[464]   Muhammed, der Sohn der Witwe (AT 650 A + 301 B). In: WILFRIED M. BONSACK (Hg.): Der schwangere Kupferkessel. S. 7-25.

[465]   Die Düstere Wolke (AT 302). In: RUDOLF SCHENDA (Hg.): Märchen aus der Toskana. S. 131-139.

[466]   Die verwünschten Schwäne (AT 400 + 302). In: ALFRED CAMMAN (Hg.): Westpreußische Märchen. S. 39-54.

[467]   Die bezauberte Hirschkuh (AT 303). In: GIAMBATTISTA BASILE: Das Pentameron. S. 95-102.

[468]   Die drei Schwerter (AT 303). In: PIA TODOROVIĆ-Strähl und OTTAVIO LURATI (Hg.): Märchen aus dem Tessin. S. 26-35.

[469]   Die beiden Brüder und der goldene Vogel (AT 567 + 554 + 303). In: OJĀRS AMBAINIS (Hg.): Lettische Volksmärchen. S. 87-96.

[470]   Von den zwölf Brüdern, die zwölf Schwestern zu Frauen suchten (AT 303 A). In: JOSEF HALTRICH: Sächsische Volksmärchen aus Siebenbürgen. S. 177-180.

[471]   Von den Patenkinde des heiligen Franz von Paula (AT 310 + 710). In: LAURA GONZENBACH: Sicilianische Märchen. Erster Teil, S. 124-130.

AT 314 „Goldener": Hans bei der Hexe und das graue Fohlen[472], dänisch; Der Märchenprinz mit goldenem Haar[473], rumänisch aus der Walachei. (Eine Hexe bzw. drei Feen anstelle des Zauberers.)

AT 403 „Die weiße und die schwarze Braut": Marie, Yvon und die Sirene[474], bretonisch; Die beiden Kuchen[475], neapolitanisch; Von der Schwester des Muntifiuri[476], sizilianisch; Von Quaddaruni und seiner Schwester[477], sizilianisch. (Sirene statt Meermann.)

AT 500 „Der Name des Unholds": Antonius Hooreknippel[478], deutsch aus Lothringen; Das hübsche, aber faule Mädchen[479], baskisch. (Hexe statt Kobold.)

Als Argument für die Zusammenarbeit fallen die gemischten Gruppen von Initianden bei Varianten der Märchentypen AT 301, 303 A, 313, 325, 400 ins Gewicht.

Ein Märchentypus, nämlich AT 313 „Der dem Teufel verprochene Königssohn" stellt Zauberer und Hexe als Ehepaar vor (Von

---

[472] Hans bei der Hexe und das graue Fohlen (AT 314). In: HEINZ BARÜSKE (Hg.): Dänische Märchen. S. 279-283.

[473] Făt-Frumos cu părul de aur (AT 314). In: PETRE ISPIRESCU: Legende sau basmele românilor. S. 135-147.

[474] Marie, Yvon und die Sirene (AT 403). In: RÉ SOUPAULT (Hg.): Bretonische Märchen. S. 145-148.

[475] Die beiden Kuchen (AT 480 + 403). In: GIAMBATTISTA BASILE: Das Pentameron. S. 354-362.

[476] Von der Schwester des Muntifiuri (AT 403). In: LAURA GONZENBACH: Sicilianische Märchen. Erster Teil, S. 220-227.

[477] Von Quaddaruni und seiner Schwester (AT 480 + 403). In: LAURA GONZENBACH: Sicilianische Märchen. Erster Teil, S. 227-236.

[478] Antonius Hooreknippel (AT 500). In: ANGELIKA MERKEL-BACH-PINCK: Lothringer Volksmärchen. S. 265-266.

[479] Das hübsche aber faule Mädchen (AT 500). In: FELIX KARLINGER und ERENTRUDIS LASERER (Hg.): Baskische Märchen. S. 107-109.

Autumunti und Paccaredda[480], sizilianisch; Der Märchenprinz und die Tochter des Nordostwinds[481], rumänisch aus dem Banat; Der rote und der weiße Kaiser[482], rumänisch aus Oltenien; Das Wunderei[483], ukrainisch). Dieses Verhältnis wird durch eine rumänische Fassung des Typus AT 325 „Der Zauberer und sein Schüler" bestätigt (Hai-Hai[484]).

Angesichts der Zusammenarbeit des Männerbundes mit dem Frauenbund im Rahmen der Buschschule darf man annehmen, dass auch in anderen Bereichen eine Kooperation stattgefunden hat. Für eine solche Kooperation finden sich Parallelen in der ethnografischen Literatur. Laut Rita Schäfer war bei den Kpelle in Liberia ein Poro-Mann in die Sande-Leitung und eine Sande-Frau in die Poro Leitung einbezogen.[485] – Wie Westermann berichtet, ließ der Männerbund Poro dem Frauenbund Sande jegliche Unterstützung angedeihen, weil jener über einen für die Fortpflanzung wichtige Zauber verfügte.[486] – Bei den Kulere in Nigeria benutzten der Männerbund Mundja und die Mitglieder des Shwet-Kultes

---

[480]   Von Autumunti und Paccaredda (AT 313). In: LAURA GONZENBACH: Sicilianische Märchen. Erster Teil, S. 344-350. – Auch enthalten in: FELIX KARLINGER (Hg.): Inselmärchen des Mittelmeeres. S. 160-166.

[481]   Făt-Frumos şi fata Crivăţului (AT 313 + 432). In: G. DEM. TEODORESCU: Basme romậne. S. 85-105. – Auch enthalten in: DUMITRU LAZĂR (Hg.): Fata din dafin. S. 121-143.

[482]   Der rote und der weiße Kaiser (AT 313). In: WALTHER AICHELE (Hg.): Zigeunermärchen. S. 129-145. – Auch enthalten in: WALTHER AICHELE und MARTIN BLOCK (Hg.): Zigeunermärchen. S. 143-161.

[483]   Das Wunderei (AT 222 + 537 + 313). In: P. V. LINTUR (Hg.): Ukrainische Volksmärchen. S. 39-51.

[484]   Hai-Hai (AT 325 + 560). In: VIORICA NIŞCOV (Hg.): Cele trei rodii aurite. S. 193-199, hier S. 194.

[485]   RITA SCHÄFER: Die Sande-Frauengeheimgesellschaft der Mende in Sierra Leone. S. 91.

[486]   DIEDRICH WESTERMANN: Die Kpelle. S. 242, 255, 256, 259, 260, 261-262.

(die Spitze des Frauenbundes Rai muku borof) dieselben für die agrarischen Fruchtbarkeitsriten wichtigen Speicher und Tore.[487] – Auf den Palau-Inseln in Mikronesien übernahm der Frauenklub, wenn er ein Fest für das ganze Dorf veranstaltete, in der Vorbereitungszeit das Männerhaus, das in dieser Phase für die Männer tabu war.[488] Nun reichen vier Beispiele kaum für irgendeine Schlussfolgerung, die auf Europa bezogen werden könnte, aber sie erlauben uns, in diese Richtung zu denken.

In der Ethnografie finden sich auch Beispiele für ein eheliches Verhältnis zwischen der Person, welche für die Initiation der Knaben, und der Person, welche für die Initiation der Mädchen zuständig ist. Laut Schäfer fungierte bei den Kpelle in Liberia der Poro-Mann, der in die Sande-Leitung einbezogen war, als institutioneller Ehemann der Sande-Leiterin.[489] – Laut Westermann war oft die Hauptfrau des Königs Oberin des Frauenbundes.[490] – Bei den Bambara am Oberlauf des Niger in Mali wurden die Knaben vom Schmied beschnitten, die Mädchen von dessen Frau.[491] – Bei den südlichen Shoshoni in Kalifornien bekamen die Mädchen nach der Initiation durch die Frau des Häuptlings ihre erste Gesichtsbemalung.[492]

Diedrich Westermann hielt sich im Jahre 1914 bei den Kpelle auf. Die Kooperation zwischen Männerbund und Frauenbund, die er beschreibt, funktionierte also auch noch, als die Gesellschaft der Kpelle sich vertikal stark differenziert hatte und der Männerbund zwar nach außen das Bild einer demokratischen Einrichtung bot, in Wirklichkeit aber von einer Clique manipuliert wurde (siehe weiter unten).

---

[487]   BARBARA FRANK: Die Kulere. Bauern in Mittelnigeria. S. 99.

[488]   I. HEERMANN: Die Inselkette Palau. In: Mikronesien. S. 1.01 – S. 1.07, hier S. 1.07.

[489]   RITA SCHÄFER: Die Sande-Frauengeheimgesellschaft der Mende in Sierra Leone. S. 91.

[490]   DIEDRICH WESTERMANN: Die Kpelle. S. 254-255.

[491]   EMIL FINKERNAGEL: Familienleben und Jugenderziehung in Westafrika. S. 76, 78.

[492]   HANS LÄNG: Kulturgeschichte der Indianer Nordamerikas. S. 349.

Die Verhaftung des Stammeszauberers

Das Urbild des Wilden Mannes ist der Stammeszauberer, der als Schmied tätig war, sich als Wahrsager betätigte, mancherlei Masken trug und zusammen mit der Oberin des Frauenbundes die Buschschule leitete.

Es gibt mehrere Hinweise auf seine Führungsfunktion und Machtfülle: Er heißt
- *Waldkönig* (Och[493], ukrainisch, AT 325; Der Waldkönig[494], italienisch, AT ---);
- *Geisterkönig* oder *Feenkönig* (Der Soldat[495], deutsch aus dem Banater Bergland, AT 465);
- *Unterirdischer König* (Der Küchenjunge als Sieger[496], slowakisch, AT 502);
- *Meereskönig* (Der Meereskönig[497], provenzalisch, AT 403; Der Meereskönig[498], ukrainisch, AT 313) bzw. *Meereszar* (Der Meereszar und die allweise Wassilissa[499], russisch, AT 313).

---

[493]   Och (AT 325). In: REINHOLD OLESCH (Hg.): Russische Volksmärchen. S. 30-39.

[494]   Der Waldkönig (AT ---). In: FELIX KARLINGER (Hg.): Italienische Volksmärchen. S. 85-89. Das Märchen gehört zu einem Typus, den der Aarne-Thompson-Katalog nicht kennt. Er schildert die Erlebnisse eines Mädchens in der Buschschule.

[495]   Der Soldat (AT 413 + 313 + 425 A + 465). In: ALEXANDER TIETZ: Märchen und Sagen aus dem Banater Bergland. S. 96-103.

[496]   Der Küchenjunge als Sieger (AT 502 + 314). In PAVOL DOBŠINSKÝ: Der verwunschene Wald. S. 167-176.

[497]   Der Meereskönig (AT 403). In: MARLIES HÖRGER (Hg.): Märchen der Provence. S. 74-82.

[498]   Der Meereskönig (AT 313). In: WIE IWAN DIE SONNE BESUCHTE. S. 56-69.

[499]   Der Meereszar und die allweise Wassilissa (AT 537 + 413 + 313 + 513 A). In: ALEXANDER N. AFANASJEW (Hg.): Russische Volksmärchen. Bd. 2, S. 520-531.

Mit Sicherheit führte er ein Doppelleben.

Ich ergänze die Aussagen der Märchen vom Wilden Mann mit Angaben aus den Sagen vom Grînkenschmied, der mit ihm wesensverwandt ist. In Mitteleuropa lebte der Brauch der Jugendweihe bis ins frühe Mittelalter fort, bis das Christentum sich ausbreitete. Auf diesen Brauch beziehen sich zahlreiche Sagen.

Im Grimm'schen Märchen „Der Eisenhans"[500] haust die Titelgestalt, ein Doppelgänger des Wilden Mannes, in einem Pfuhl. Was hören wir vom Grînkenschmied? Nach manchen Angaben lebte er in einem Berg, nach anderen in einem Wäldchen oder in einem See. Ein angeblicher Wohnort befand sich neben Grînkeswell, einer Wassergrube am Rösterberge, zwischen Nienberge und Altenberge, die mit dichtem Gebüsch umgeben war [bei Münster, am Rande der Bauernschaft Häger, wo es auch eine Straße *Grinkenswell* – „Grinkensquelle" gibt]. (Sagen vom Grînkenschmied[501].) Den Sagen zufolge bekamen ihn die Kunden nicht zu Gesicht, sie schrieben ihre Wünsche auf einen (anachronistischen) Zettel. Laut Adalbert Kuhn geben die Namen *Grînkenschmied* und *Grînkeswell* zu verstehen, dass der Schmied an dem Bach lebte, der die Grenze zwischen Oberwelt und Unterwelt bildet[502], was uns an die Jugendweihe denken lässt, bei der die Knaben und Mädchen angeblich in die Unterwelt hinabstiegen.

Dagegen wissen wir vom Oberhäuptling verschwindend wenig. Aus manchen Überlieferungen geht hervor, dass er sich um die Vorratslagerung kümmerte – er lässt den Überschuss an Getreide einlagern, um einen Vorrat für Zeiten der Not zu schaffen: In einem slowakischen Märchen werden auf Befehl des Königs Speicher gebaut, der größte in der Königsstadt (die seltsamerweise am Meeresufer liegt). Als wegen

---

[500]   Der Eisenhans (AT 502 + 314). In: GRIMM, BRÜDER GRIMM: Kinder- und Hausmärchen. KHM 136. Bd. 2, S. 233-242, hier 233-234.
[501]   Sagen vom Grînkenschmied. In: ADALBERT KUHN: Sagen, Gebräuche und Märchen aus Westfalen [...]. Bd. 1, S. 87, 88-89.
[502]   ADALBERT KUHN: Sagen, Gebräuche und Märchen aus Westfalen [...]. Siehe die Anmerkungen zu Nr. 138 b (ohne Titel). Bd. 1, S. 128-131.

Missernten eine Hungersnot eintritt, befiehlt der König, umsonst Korn an die Armen zu verteilen (Der Küchenjunge als Sieger[503], AT 502 + 314). – Ein griechisches Märchen, welches mit dem slowakischen nicht verwandt ist, hält dieselbe Funktion fest. Als eine Hungersnot ausbricht, begeben sich alle Großen, die Untergebenenschaft und der Rat zur verwitweten Königin; sie legen ihr nahe, die Vorratslager zu öffnen, die ihr Mann hatte anlegen lassen (Die Waise[504], AT 938 A + 612). – In einem deutschen Märchen aus Mähren versammelt sich zur Zeit einer Hungersnot viel Volk vor dem Palast und bittet um Brot (Die Geschichte vom Bärenprinzen[505], AT 433 B + 425 A).

Schon bei den Indianern der Nordwestküste, die in Häuptlingstümern organisiert waren, fiel dem Häuptling die Aufgabe zu, genügend Vorräte beiseitezulegen, um sie zu verteilen, sobald sie gebraucht werden.[506] Umso mehr dürfen wir diese Funktion für das Europa der Späten Bronzezeit annehmen, in dem die Menschen Landwirtschaft mit Bewässerung trieben.

Mit dem Häuptlingstum – wie es entsteht, sich entwickelt, in etwas anderes übergeht oder zerfällt – haben sich Völkerkundler, Historiker, Archäologen und Soziologen beschäftigt, sind sich aber nicht einig. Die Zusammenschau der verschiedenen Meinungen ergibt etwa folgendes Bild:

- Das Häuptlingstum ist eine Phase der gesellschaftlichen Entwicklung. Es entsteht, sobald mehrere Stämme in einen regen Handelsaustausch treten. Der Austausch benötigt einen Vermittler, diese Funktion übernimmt der Häuptling jenes Stammes, der über die größten Ressourcen verfügt und sich in einer für den

---

[503] Der Küchenjunge als Sieger (AT 502 + 314). In: PAVOL DOBŠINSKÝ: Der verwunschene Wald. S. 167-176, hier S. 167-168.

[504] Die Waise (AT 938 A + 612). In: MARIANNE KLAAR: Die Reise im goldenen Schiff. S. 94-106, hier S. 100.

[505] Die Geschichte vom Bärenprinzen (AT 433 B + 425 A). In: MARIE KOSCH: Deutsche Volksmärchen aus Mähren. S. 9-19, hier S. 9.

[506] PETER FARB: Die Indianer. S. 170-172.

Austausch günstigen geografischen Lage befindet. Er rückt zum Oberhäuptling auf.

- Den Erfolg des Oberhäuptlings schreiben die Menschen einer besonderen Zauberkraft zu, seinem *Mana*. Er bemüht sich, diese Vorstellung zu verstärken, indem er den Kult seiner Ahnen in den Vordergrund rückt und die Kontrolle über die Ausübung der Religion anstrebt, zu diesem Zweck lässt er zentrale Heiligtümer errichten. Zudem kann er sich mit dem Stammeszauberer verbünden oder diesen sich hörig machen oder dessen Funktion übernehmen.
- Der Oberhäuptling kann die Leiterin des Frauenbundes heiraten.
- Der Oberhäuptling handelt im Einklang mit dem Rat der Sippenchefs, die zunächst für alle Stammesgenossen sprechen. Doch in dem Maße, in dem sich die Bevölkerung differenziert – einerseits nach Berufen, andererseits in Arm und Reich –, vertreten die Sippenchefs nur bedingt die Interessen aller Stammesgenossen. Die Fraktion der Reichen zieht den Oberhäuptling, der selbst zu den Reichen gehört, auf ihre Seite.

Als Beispiele für Oberhäuptlinge im Alten Europa können die „Fürsten" von Leubingen (in Thüringen) und von Helmsdorf (in Sachsen-Anhalt) gelten, die um 1942 bzw. um 1840 v. Chr. beigesetzt wurden. Sie organisierten den überregionalen Austausch von Rohstoffen wie Kupfer, Zinn und Gold sowie den Austausch von Prestigegütern und kontrollierten den Handel mit Salz und Bernstein.

In unseren Märchen, die in der Späten Bronzezeit entstanden sind und sich auf die Entwicklung in den Jahrhunderten davor beziehen, tritt ein Oberhäuptling mit gesteigertem Selbstbewusstsein auf. Wir erfahren aus mehreren Überlieferungen, wie der König versucht, einen Stammesgenossen durch lebensgefährliche Aufträge zu beseitigen, um ihm die Frau zu nehmen, und dieses Verbrechen gerät ihm zum Verhängnis (AT 465 „Der um sein schönes Weib Beneidete"). In einem Märchen aus dem Banater Bergland erscheint der Geisterkönig, in dem wir den Stammeszauberer und Chef des Männerbundes erkennen, in Begleitung von zwölf

Rittern, hält über den Missetäter Gericht und vertreibt ihn (Der Soldat[507]). – In einer verwandten griechischen Überlieferung wird der böse König zur Strafe geblendet (Die Schildkröte und das Erbsenmännchen[508]), in einer verwandten serbokroatischen Überlieferung wird er getötet (Der eiserne Mann[509]). Bei Diedrich Westermann findet sich eine Entsprechung: Wenn ein Oberhäuptling der Kpelle einen freien Kpelle-Mann verkauft hatte und sich weigerte, dieses Vergehen gut zu machen, konnte er seines Amtes enthoben werden. Dann beriefen die Männer des Stammes einen fremden König zur Bekriegung und Verjagung des eigenen.[510]

Im zitierten banatdeutschen Märchen befinden sich die zwölf Ritter auf der Seite des Stammeszauberers, im zitierten griechischen Märchen gehören sie im Kontext derselben Fabel als *Zwölferrat* zur Begleitung des Oberhäuptlings. In diesem Unterschied offenbart sich die

---

[507]   Der Soldat (AT 413 + 313 + 425 A + 465). In: ALEXANDER TIETZ: Märchen und Sagen aus dem Banater Bergland. S. 96-103.

[508]   Die Schildkröte und das Erbsenmännchen (AT 465). In: GEORGIOS A. MEGAS (Hg.): Griechische Volksmärchen. S. 63-68.

[509]   Der eiserne Mann (AT 402 + 465). In: FRIEDRICH S. KRAUSS: Sagen und Märchen der Südslaven […]. Bd. 2, S. 384-390. – Auch enthalten in: URSULA ENDERLE (Hg.): Märchen der Völker Jugoslawiens. S. 114-118.

[510]   DIEDRICH WESTERMANN: Die Kpelle. S. 93-94.

Für den im Märchen festgehaltenen Vorgang der Bestrafung eines selbstherrlichen Oberhäuptlings findet sich eine Parallele in der sagenhaften Geschichte des Königs Gilgamesch von Uruk, der um 2600 v. Chr. lebte. Einerseits fragt Gilgamesch die Ältesten der Stadt um ihre Meinung, bevor er zu einem Abenteuer auszieht; andererseits tritt er als Tyrann auf und schändet Jungfrauen. Seine Untertanen wenden sich an den Herrn des Himmels, und der ruft die Göttin Aruru herbei, die in alter Zeit die Menschen aus Lehm geschaffen hatte. Aruru schickt den Recken Enkidu zu Hilfe, der als behaarter, in Felle gekleideter wilder Mann und als „Herr der Tiere" beschrieben wird. Siehe: Die Abenteuer des Gilgamesch. In: THEODOR H. GASTER (Hg.): Die ältesten Geschichten der Welt. S. 23-41.

Unsicherheit der späteren Erzähler. Vermutlich stellen die zwölf Ritter ebenso wie der Zwölferrat die Vorsteher der angesehensten Sippen dar, in deren Händen die politische Macht lag. Ursprünglich fungierte das Gremium als Ältestenrat des Männerbundes und unterstützte den Stammeszauberer, doch eines Tages, so muss man annehmen, kehrte es jenem den Rücken. Dieser Seitenwechsel war das entscheidende Element bei dem politischen Akt, der das Ende der klassenlosen Gesellschaft markierte.

Dutzende Texte, die zum Märchentypus <u>AT 502 „Der wilde Mann"</u> gehören, berichten teils lapidar, teils ausführlich, wie der Oberhäuptling den Stammeszauberer in seine Gewalt brachte. In einigen Fällen erfolgt die Gefangennahme angeblich durch Zufall, in anderen mit Absicht. Für ein planmäßiges Vorgehen spricht die Verhaftung eines Männleins, in dem wir den Vertrauten des Stammeszauberers erkennen, unter denselben Umständen (Werweiß, deutsch aus Tirol; Der bärtige Alte, polnisch; Der Pilzkönig, estnisch; Die Prinzessin auf dem Glasberg, schwedisch; Vom wunderlich fliegenden Alten und Iwan dem Zarensohn, belorussisch). Selbstverständlich war in den Urformen unserer Märchen sowohl vom Stammeszauberer als auch von seinem Gehilfen die Rede, aber die späteren Erzähler haben sich für jeweils ein Opfer entschieden, um die Handlung zu straffen.

Ganz gleich, ob durch Zufall oder mit Absicht, ob mit List oder mit Gewalt, ob im Feld oder im Wald – gewöhnlich lässt der König den Wilden Mann bzw. das Wilde Männlein einsperren, gewöhnlich lädt er benachbarte Könige und andere Leute ein, um ihnen seine Beute zu zeigen. Das ist ein allgemeiner Zug der Varianten von AT 502, der unsere Aufmerksamkeit verdient. Leider behält die sensationelle Nachricht den Charakter einer Momentaufnahme, wir erfahren nicht einmal, was die benachbarten „Könige" bei ihrer Zusammenkunft beschlossen haben. Was vorher und was nachher auf politischer Ebene geschah, bleibt in Dunkel gehüllt. (Dass der Gefangene nicht bewacht wurde und mit Hilfe eines Kindes fliehen konnte, ist ausgeschlossen.)

Nun war die Entmachtung des Stammeszauberers kein jahrhundertelang geübter Brauch wie die Jugendweihe. Dass dieser Vorfall trotzdem in die Überlieferung eingegangen ist, spricht für den ungeheuren

Eindruck, den er hinterlassen hat. Insoweit können wir ihn mit dem Aufbegehren gegen die Opferung einer Jungfrau (AT 300) vergleichen. Welcher Stamm den Anfang gemacht hat, wissen wir nicht. Durch die Wiederholung des Vorgangs bei anderen Stämmen wurde die Wucht des Eindrucks nicht gemindert. Die Abweichungen hinsichtlich der Gefangennahme lassen sich entweder durch Lücken der Überlieferung erklären, die von späteren Erzählern unterschiedlich aufgefüllt worden sind, oder – durch die Gefangennahme von mehreren Stammeszauberern in benachbarten Stammesgebieten.

Die Fachliteratur über
den Niedergang des Männerbundes

Der Sturz des Stammeszauberers hängt indirekt mit der Spaltung der Gesellschaft in Arm und Reich zusammen und direkt mit der Entwicklung des Männerbundes aus einer demokratischen Körperschaft zu einem Werkzeug der Unterdrückung. Aus einem Grund, den wir nicht kennen, vielleicht weil er an der alten, demokratischen Verfassung festhielt, stand der Stammeszauberer einer Koalition reicher Sippenvorsteher im Weg.

Was die Spaltung in Arm und Reich betrifft, wissen die Archäologen Bescheid – sie hat mehrere tausend Jahre vor der Späten Bronzezeit eingesetzt. Das hat u.a. die Erforschung eines kupferzeitlichen Siedlungshügels in der Donautiefebene ergeben, der ab etwa 4600 v.Chr. mehr als drei Jahrhunderte lang bewohnt war. Er heißt *Măgura Gorgana* und befindet sich im Süden Rumäniens, bei dem Dorf *Pietrile,* nahe der Donau. Die Grabungsfunde lassen eine vertikale Gliederung der Gemeinschaft erkennen: Auf dem Hügel lebte eine Oberschicht in Häusern mit besonderer Ausstattung, zu der Jagdwaffen und bis zu 30 Zentimeter lange Feuersteinklingen gehörten, während sich rings um den Hügel eine viel ältere und bescheidener ausgestattete Außensiedlung befand.[511]

---

[511]   RENATE NIMTZ-KÖSTER: High Society. Ein prähistorischer Siedlungshügel in Rumänien zeigt, wie die Kupferzeit vor 6500 Jahren die Menschheit veränderte: Es bildete sich die erste Klassengesellschaft der Weltgeschichte. In: DER SPIEGEL, Nr. 44/2013. S. 116-117.

Aus den Untersuchungen von Heinrich Schurtz und Hutton Webster lässt sich ableiten, dass der Verfall des Männerbundes den Sturz des Stammeszauberers begünstigt hat. Zwar beruhen ihre Untersuchungen auf Abläufen bei Naturvölkern, aber sie sind allgemeingültig, und ich sehe nicht ein, warum sie auf das vorgeschichtliche Europa nicht zutreffen sollten. Es handelt sich um zwei Standardwerke der Völkerkunde: „Altersklassen und Männerbünde" (1902) von Heinrich Schurtz und „Primitive Secret Societies" (1908, 1932) von Hutton Webster.

Bei Schurtz lesen wir:

„Die älteste, einfachste Art der Sonderung nach Geschlecht, Alter und allenfalls körperlicher und geistiger Tüchtigkeit hat sich nur bei den primitivsten und ärmlichsten Stämmen, wie bei den Buschmännern oder den Feuerländern, dauernd erhalten. Wo irgend die Leichtigkeit des Daseins es gestattete, haben sich Unterschiede in Rang und Besitz herausgebildet, sei es auch nur in dem Sinne, dass die Häuptlinge nur aus bestimmten Familien stammen dürfen, oder dass die eine Sippe reichere Jagdgründe besitzt als die andere. Werden gar Sklaven als eine unterste Schicht dem Stamme hinzugefügt, wie das schon bei manchen Jäger- und Fischervölkern geschieht und bei den Ackerbauern fast zur Regel wird, so muss dergleichen natürlich von Einfluß auf das Klassenwesen sein. Weder die Unfreien noch die Bettelarmen werden mehr in den Altersgruppen geduldet werden, und damit haben diese bereits einen klubartigen Charakter gewonnen. Die Forderung von Rang und Besitz, die übrigens beide zunächst meist zusammenfallen, beeinflußt dann weiterhin das Wesen des Klubverbandes: Wie der Eintritt nur gegen Zahlung möglich ist, so werden auch die höheren Grade nicht einfach mit dem entsprechenden Alter erreicht, sondern nur gegen weitere Zahlungen verliehen. In dieser Umbildung kann dann der Klub alle erwachsenen Männer von Rang und Besitz umfassen und enthält keine Altersklassen mehr, sondern ein System von Graden, deren höhere Stufen den niederen gegenüber mit einem gewissen Geheimnis umgeben sind, während Nichtmitgliedern der Zutritt zum Klub und zu dessen Zusammenkünften und Festlichkeiten überhaupt untersagt bleibt."[512]

---

[512] HEINRICH SCHURTZ: Altersklassen und Männerbünde. S. 328.

Webster belegt diese Entwicklung (im VI. und VII. Kapitel seines Buchs) mit Beispielen aus vielen Teilen der Welt, allerdings ohne den Versuch, eine Verbindung zur Wirtschaftsform herzustellen. Folgende Tendenzen zeichnen sich ab:

- Ursprünglich werden periodisch alle herangewachsenen Kinder durch die Jugendweihe in die Kategorie der Erwachsenen aufgenommen. Die Bevölkerung gliedert sich in mehrere Altersklassen. [Für diese Phase ist eine Mitteilung von Martin Gusinde zur handwerklichen Ausbildung bei den feuerländischen Yámana relevant: Der Drill ließ nicht eher nach, bis jeder Prüfling ein Mindestmaß von Fertigkeit errungen hatte.[513]]
- Zur Jugendweihe werden nicht mehr alle Kinder zugelassen. Man verlangt eine Taxe. Es entsteht eine Geheimgesellschaft.
- Die Altersklassen verwandeln sich in Ränge. Die Zulassung in höhere Ränge ist mit jeweils höheren Gebühren verbunden. Es entstehen immer mehr Ränge, und der Eintritt wird immer kostspieliger. Die Mitgliedschaft in den höheren Rängen ist mit Privilegien verbunden, deshalb erschweren ihre Mitglieder Neuaufnahmen. Der Zugang zu den höheren Rängen ist nur für politisch Mächtige und für Reiche möglich.
- Die soziale Kontrolle geht von den Alten auf den Häuptling über. Anstelle der Loyalität gegenüber dem Stamm tritt Gehorsam gegenüber dem Häuptling.
- Während man die Novizen ursprünglich feierlich in die Religion des Stammes eingeführt hatte, dienen die religiösen Aspekte in wachsendem Maße als Vorwand und Täuschung.
- Die Mitglieder der höheren Ränge bilden einen inneren Zirkel, der die Organisation im eigenen Interesse kontrolliert. Sie nutzen die Geheimgesellschaft zur Ausbeutung der Nichtmitglieder.
- Die Initiationszeremonien sind als Voraussetzung für eine Heirat nicht mehr verpflichtend.
- Die Zentralisierung der politischen Macht hat zur Folge, dass die Geheimgesellschaft sich in eine Bruderschaft der Priester oder

---

[513] MARTIN GUSINDE: Urmenschen im Feuerland. S. 275.

Schamanen verwandelt und ihre Tätigkeit auf das religiöse Leben beschränkt.

- Es entstehen Geheimgesellschaften aller Art (anfangs mit, später ohne Verbindung zur alten Organisation).
- Wo sich ein Häuptlingstum gebildet hat, aber die Jugendweihe nach alter Tradition abgehalten wird, nützt der Häuptling die Veranstaltung, um seine Macht zu festigen. Er legt den Termin fest, sobald die eigenen Kinder oder die von Verwandten in die Pubertät gekommen sind. Die mit seinem Sohn gleichaltrigen Kinder werden gemeinsam geweiht und sind später diesem untertan.
- Die Initiationszeremonien werden dem Nachwuchs der herrschenden Klasse vorbehalten.

Um die gewaltigen Unterschiede zwischen dem ursprünglich demokratischen Charakter der Jugendweihe und der eigennützigen Manipulierung der Geheimorganisation zu veranschaulichen, stellt Webster die Bora-Zeremonien der Kamilaroi in Australien dem Dukduk-Bund von Neubritannien [Melanesien] und dem Egbo-Bund von Alt-Calabar [Südnigeria] gegenüber.[514]

Nach Ansicht der Archäologen war der Keltenfürst aus dem 5. Jahrhundert v. Chr., dessen Sandsteinstele 1996 im hessischen Glauberg gefunden wurde, zugleich politischer Führer und Druide.

Im Jahre 2003 beteiligten sich zahlreiche Hallstatt-Experten in Hochdorf an einem öffentlichen Workshop zum Thema „Frühkeltische Fürstensitze – älteste Herrschaftssitze nördlich der Alpen?" Als Vertreter des traditionellen, in den 1960-er Jahren entwickelten Denkmodells trat der Esslinger Prähistoriker Dirk Krausse auf. Nach seiner Überzeugung war Mitteleuropa spätestens seit der Bronzezeit von Häuptlingstümern mit erblichen Führern geprägt, die sich im 6. Jahrhundert v.Chr. zu regelrechten Erbkönigen weiterentwickelten und neben ihren politischen und

---

[514]   HUTTON WEBSTER: Primitive Secret societies. S. 83, 94.

militärischen Führungsaufgaben auch wichtige religiöse Funktionen übernahmen.[515]

Diese Symbiose der Funktionen kommt in einem Detail der Vorbereitungen für die Jugendweihe zum Ausdruck.

Bei den Kpelle im Hinterland von Liberia gab der Oberhäuptling (oder „König") den Befehl zur Einrichtung der Initiationsstätte sowohl im Falle der Knaben als auch im Falle der Mädchen.[516] Offenbar war es auch im alten Europa der Stammeshäuptling, im Märchen als *König* bezeichnet, der die Vorbereitungen anordnete; auf seinen Befehl schüttete man den Hügel mit dem Tunnel auf, durch den die Initianden in die „Unterwelt" geschleust wurden.

In einem friesischen Märchen lässt der König einen Glasberg machen und verkündet, wer über diesen laufen könne, ohne zu fallen, der soll seine Tochter zur Frau haben (Oll Rinkrank[517]). Der Erzähler macht uns weis, dass die Königstochter mit dem Bewerber läuft, um ihn zu stützen; dabei fällt sie in ein Loch, welches offenbar dem Tunnel zur Unterwelt entspricht, und bleibt verschwunden. – In einem estnischen Märchen errichtet ein Weiser im Auftrag des Königs einen Glasberg und stellt den Sarg der scheintoten Königstochter auf dessen Spitze; die Königstochter erwacht nach sieben Jahren, als ein Bursche zu Pferd die Spitze erreicht hat (Die Prinzessin auf dem gläsernen Berg[518], AT 530). – In einem rumänischen Märchen wird auf Befehl des Kaisers ein Kloster gebaut, in

---

[515]   MARTIN KUCKENBURG: Das Zeitalter der Keltenfürsten. S. 119.

[516]   DIEDRICH WESTERMANN: Die Kpelle. S. 94; 241 bzw. 242.

[517]   Oll Rinkrank (AT ---). In: GRIMM, BRÜDER GRIMM: Kinder- und Hausmärchen. KHM 196. Bd. 2, S. 413-415.

[518]   Die Prinzessin auf dem gläsernen Berg (AT 530). In: ALEXANDER BAER (Hg.): Der gläserne Berg. S. 35-41. – siehe auch: Wie eine Königstochter sieben Jahre geschlafen hat. In: EBERHARD WESEMANN (Hg.): Estnische Märchen. S. 118-128.

das seine Tochter mit zwölf gleich alten Mädchen einzieht (Das Glückskind und Inia Dinia[519], AT 400).

In allen drei Fällen werden wir auf eine Besonderheit aufmerksam: Der König bzw. Kaiser gibt den Befehl, als seine Tochter das für die Jugendweihe entsprechende Alter erreicht hat, also musste sich die Gemeinschaft nach dem Oberhäuptling richten, wie Webster es in seiner Abhandlung vermerkt hat. Hier Parallelen in Afrika und in Melanesien: Bei den Buschong im südlichen Kongo-Becken, im Distrikt Kasai, sollte der Leiter der Novizen immer ein Sohn des Königs sein.[520] – Bei den Kaffern waren die mit dem Sohn eines Häuptlings zugleich Beschnittenen fortan jenem untergeben, während der Vater die Herrschaft über die älteren Leute behielt; deshalb wartete man oft jahrelang mit der Beschneidung der Knaben, bis einer der Häuptlingssöhne genügend herangewachsen war, sodass oft eine große Menge junger Leute gleichzeitig geweiht wurde.[521] – Damit stimmt die Mitteilung überein, dass sich der Beginn der Reifezeremonien bei den Tswana, Tsonga, Sotho und Xhosa außer nach guten Ernten auch nach dem Reifealter eines bzw. einer Häuptlingsverwandten richtete.[522] – Auf den Kaniet-Inseln im Bismarck-Archipel (nordwestlich der Admiralitäts-Inseln) bestimmte der Häuptling den Beginn der Reifezeremonien, wenn seine Söhne oder die seiner Anhänger das Alter von etwa zehn bis zwölf Jahren erreicht hatten.[523]

---

[519] Trişti-Copil şi Inia Dinia (AT 400). In: IOAN ŞERB (Hg.): Tinereţe fără bătrîneţe şi viaţă fără de moarte. S. 335-347, hier S. 335.

[520] J. VANSINA: Initiation rituals of the Bushong. In: Daryll Forde (Hg.): AFRICA. Zeitschrift des Internationalen afrikanischen Instituts. Bd. 25. S. 138-153, hier S. 138-139.

[521] HEINRICH SCHURTZ: Altersklassen und Männerbünde. S. 126.

[522] P. L. BREUTZ: Die Südost-Bantu. In: HERMANN BAUMANN (Hg.): Die Völker Afrikas und ihre traditionellen Kulturen. Bd. 1, S. 409-456, hier S. 448.

[523] R. PARKINSON: Dreißig Jahre in der Südsee. S. 437.

Vor dem Staatsstreich

Für das politische Klima im Vorfeld der Revolte gegen den Stammeszauberer ist ein Blick auf die Verhältnisse **bei den Kpelle in Liberia** um 1900 aufschlussreich, denn das Ausmaß der sozialen Differenzierung erlaubt die Einschätzung, dass sie sich der Staatsgründung genähert hatten.

Die Kpelle haben ihre Wohnsitze an beiden Seiten des Paulsflusses, hauptsächlich aber auf dessen linkem Ufer.[524] Sprachlich gehören sie zu den Mandingo oder Mande, weil sie aus einer Vermischung von eingewanderten Mande-Stämmen mit der ansässigen Urbevölkerung hervorgegangen sind.[525] Um 1900 bildete das Kpelle-Land keine politische Einheit, sondern zerfiel in rund 50 Herrschaftsgebiete, die je einem Oberhäuptling (oder „König") unterstellt waren. Die als Beispiel genannte mittelgroße Herrschaft Densu zählte 23 Dörfer; Westermann rechnete pro Dorf 30 Hütten und 90 Einwohner. Die Bevölkerung setzte sich aus Freien, Hörigen und Sklaven zusammen. Jedes Herrschaftsgebiet hatte einen Hauptort, in dem sich die Residenz des Königs befand (die „Hauptstadt").[526]

Im Leben der Kpelle und ihrer Nachbarn spielten der Männerbund Poro und der Frauenbund Sande eine große Rolle. Um 1900 waren diese unter den küstennahen Stämmen zwischen der westlichen Elfenbeinküste und Portugiesisch-Guinea (heute Guinea-Bissau) verbreitet. Dort hatten sie seit vielen Jahrhunderten bestanden. „Alle später an die Küste gewanderten Stämme, wie die Vai, die Kpelle und wohl noch andere, haben die Einrichtung übernommen und sich so gründlich angeeignet, dass sie auch bei ihnen eiserner Bestandteil des Volkslebens geworden ist."[527]

Westermann charakterisiert den Kpelle-König folgendermaßen:

---

[524]   DIEDRICH WESTERMANN: Die Kpelle. S. 4.

[525]   Ebd., S. 7, 13.

[526]   Ebd., S. 80-82.

[527]   Ebd., S. 235. – Siehe dazu auch die Ausführungen von JÜRGEN ZWERNEMANN über die Westatlantische Provinz. In: HERMANN BAUMANN (Hg.): Die Völker Afrikas und ihre traditionellen Kulturen. Teil 2, S. 427-460, hier S. 453-455.

„Ein Gefühl der Verantwortung für das Wohl seiner Untertanen oder auch bloß ein ernstliches Interesse daran wird der König nur in seltenen Fällen besitzen; seine Sorge richtet sich durchaus auf die Vermehrung seines persönlichen Vermögens, auch die meisten Regierungshandlungen sind für ihn in erster Linie Geschäfte, die Einnahmen daraus bilden sein Gehalt. [...] Die Steuerleistungen der Untertanen bestehen in Arbeiten oder Naturallieferungen an den König. Alle gemeinsam bestellen sein Feld, helfen bei der Einbringung seiner Ernte, beim Erbauen eines neuen Wohn- oder Versammlungshauses, tragen für ihn Lasten; von der Jagdbeute erhält er einen bestimmten Anteil an Fleisch, ferner vom Elefanten Schwanz und Stoßzähne, vom Leoparden Zähne und Fell. Abwechselnd müssen alle Dörfer des Reiches dem König Nahrungsmittel zur Bewirtung seiner Gäste liefern. Der eigentliche Hauptbesitz des Königs aber besteht in seinen Weibern, Sklaven und Hörigen, deren Produktionskraft in Ackerbau, Jagd, Fischfang, gewerblichen Arbeiten, Lastentragen um Lohn seinem persönlichen Vermögen zugutekommt. [...]"[528]

Zwischen dem Oberhäuptling und dem Großmeister des Poro-Bundes, dem alle freien Männer angehörten, bestand eine scharf ausgeprägte Rivalität.

Nominell war der Oberhäuptling der oberste Herr in seinem Reich: Ihm oblag die Verwaltung, er entschied über Krieg und Frieden, er bildete in allen gerichtlichen Entscheidungen die letzte Berufungsinstanz, er hatte das Recht, Todesurteile zu fällen und zu begnadigen. Auf seinen Ruf trat das Kriegsheer zusammen und wurde ein Kriegszug unternommen. Er war der Vertreter des Reiches gegenüber anderen Königreichen und überwachte auch die zum Wohle des Landes ausgeübten religiösen Handlungen. In Wirklichkeit war der Oberhäuptling nichts anderes als der Vollstrecker des Stammeswillens, wie er durch die erwachsenen freien Männer, vor allem die Sippenhäupter, ausgesprochen wurde. Ohne ihre Zustimmung konnte er keine wichtige Entscheidung fällen, und die Initiative zu Maßnahmen, die das Wohl des Stammes betrafen, ging ebenso häufig von den Stammesältesten wie von dem Oberhäuptling selber aus. Eine große Einschränkung erlitt seine Macht auch durch den

---

[528]   Ebd., S. 95-96.

Einfluss des Poro-Leiters, der ihm als religiöses Haupt der Stammesgemeinschaft und als geistlicher Vorgesetzter aller Männer oft seinen Willen aufzwang. Der Poro-Leiter konnte Versammlungen anberaumen, zu denen der Oberhäuptling zu erscheinen hatte, von denen er ihn aber auch ausschließen konnte, und in denen wichtige Angelegenheiten verhandelt wurden: Streitigkeiten zwischen zwei Ortschaften desselben Königreiches oder zwischen zwei Königreichen, Einleitung von Hexenprozessen, Abhaltung der Poro-Schule. Während der Oberhäuptling für jede von ihm gefällte Entscheidung den Ältesten verantwortlich war, verhängte der Poro-Leiter seine Strafen nach freiem Ermessen und vollzog sie – selbst Hinrichtungen – durch seine geheimen Agenten.[529] Wenn ein Poro-Lehrgang begann, übernahm der Großmeister sogar einen Teil der Landesverwaltung. Er hatte dann für die Instandhaltung der Wege und Brücken zu sorgen, wofür ihm alle Dorfbewohner zur Verfügung standen, außerdem richtete er einen eigenen Nachrichtendienst ein.[530] Solange der Lehrgang dauerte, wurde das Land praktisch von der Schulsiedlung aus verwaltet, denn bei den Zusammenkünften im „Poro-Busch", an denen der Großmeister mit seinen Gehilfen und der König mit seinen Ratsleuten teilnahmen, wurden alle wichtigen Angelegenheiten des öffentlichen Lebens besprochen. Die Gesetze wurden im Namen des Poro-Bundes erlassen und von dessen Boten verkündet.[531]

Auf den ersten Blick lebten die Kpelle in einer egalitären Gesellschaft, deren Verfassung durch den Poro-Bund gewährleistet wurde. Bei groben Verstößen gegen die Stammesgesetze konnte sogar der Oberhäuptling verjagt werden, wie es einmal nach dem Verkauf eines freien Kpelle-Mannes geschehen ist.[532] Höchst merkwürdig mutet das Verfahren gegen Familien an, die nach Ansicht der Poro-Häupter allzu vermögend und mächtig geworden waren. Man ordnete ihre Ausplünderung an;

---

529   Ebd., S. 94.
530   Ebd., S. 240.
531   Ebd., S. 252-253.
532   Ebd., S. 93-94.

wer dann Widerstand leistete, wurde sofort mit dem Tod bestraft.[533] Diese Maßnahme entspricht dem Prinzip der Gleichheit, das für die Gentilordnung spezifisch ist, doch wenn wir die konkreten sozialen Verhältnisse in Betracht ziehen, fällt sie aus dem Rahmen. Was genau es bedeutet, dass eine Familie zu mächtig geworden ist, geht aus den Mitteilungen nicht hervor: ob sie die konventionelle Auffassung der Gleichheit störte oder ob sie den anderen reichen Familien wegen Eigenmächtigkeiten ein Dorn im Auge war.[534]

Auf den zweiten Blick erkennt man, dass die Prinzipien der Gentilordnung durch die Differenzierung der Stammesmitglieder in Arm und Reich unterhöhlt waren. Abgesehen davon nahm die Masse der Poro-Mitglieder an den Beratungen über wesentliche Fragen nicht teil.[535]

Die soziale Differenzierung prägte schon die Ausbildung in der Buschschule, denn der Unterricht im Poro-Busch war nur in den ersten Monaten für alle Schüler gemeinsam. Danach wurden sie in Klassen eingeteilt, und zwar entsprechend ihren Fähigkeiten, ihrer Abkunft, den Wünschen ihrer Väter und des Königs. Es gab drei Klassen: eine allgemeine, *Klasse der Boten* oder *Diener* genannt, zweitens die Klasse der Zauberer und Religiösen, drittens die Klasse der Häuptlinge, deren Besuch zu öffentlichen Ämtern befähigte.[536] In der Häuptlingsklasse studierten nicht nur solche, die Aussicht hatten, einmal Häuptling oder Oberhäuptling zu werden, sondern all jene, die berufen waren, im

---

[533]   KLAUS E. MÜLLER und UTE RITZ-MÜLLER: Soul of Africa. S. 353.

[534]   Traditionelle Maßnahmen zur Herstellung der Gleichheit, wenn einige Mitglieder der Gemeinschaft zu missfälligem Reichtum gelangt waren (und zwar durch dessen Verteilung oder Zerstörung), sind auch bei den Eskimos, bei den Aleuten und bei den Vancouver-Indianern beobachtet worden. Siehe: PETER KROPOTKIN: Gegenseitige Hilfe in der Tier- und Menschenwelt. S. 101-102.

[535]   DIEDRICH WESTERMANN: Die Kpelle. S. 233, 240.

[536]   Ebd., S. 246-247.

öffentlichen Leben als Berater der Häuptlinge und als Mitglieder des Rates der Alten eine Rolle zu spielen, „also die Söhne aus vornehmen Familien".[537]

Zu diesem Punkt äußert sich Rita Schäfer ausführlicher als Westermann. Bei den Mende waren die Zöglinge weder im Poro-Busch noch im Sande-Busch gleichgestellt. Zusätzlich gezahlte Initiationsgebühren eröffneten einzelnen „bei entsprechender familiärer Herkunft" den Eintritt in Sonderklassen und die damit verbundene Einführung in geheime Kenntnisse einer höheren Stufe.[538] Die Herkunft eines Mädchens bestimmte seine Stellung innerhalb der Gruppe. Wenn man aus dem Kreis der Initiandinnen deren Führerin bestimmte, die sogenannte *Kema,* wurden Töchter oder Nichten von Sande-Offiziellen bevorzugt. Eine Kema betrat als erste das Schulgelände, sie beaufsichtigte die Arbeit der anderen Initiandinnen und konnte sich weiterer Führungspositionen im späteren Leben sicher sein. Deshalb versuchten Eltern zuweilen, den Kema-Titel für ihre Töchter zu erkaufen. Die Kema und einige ausgewählte Initiandinnen genossen auch das Privileg, in tiefere Geheimnisse – wie das der Geburtshilfe – eingeweiht zu werden.[539] Indem die Sande-Leiterin Mädchen aus leitenden Lineages mit mächtigen Männern der Gesellschaft verheiratete, knüpfte sie Allianzen mit der Familie des betreffenden Mädchens und der Lineage des Mannes.[540] Aus diesem Grund kam für das Amt der Sande-Leiterin nicht jede Frau in Frage; eine der Bedingungen war, dass die Kandidatin aus einer einflussreichen und wohlhabenden Landbesitzer-Lineage stammt.[541] Bezeichnenderweise ließ die Leiterin die Mädchen auf ihren eigenen Feldern arbeiten, und zwar unter dem Vorwand, sie müssten die weiblichen landwirtschaftlichen Aufgaben erlernen.[542]

---

[537]   Ebd., S. 247.

[538]   RITA SCHÄFER: Die Sande-Frauengeheimgesellschaft der Mende in Sierra Leone. S. 67.

[539]   Ebd., S. 60.

[540]   Ebd., S. 42.

[541]   Ebd., S. 43.

[542]   Ebd., S. 60.

Der Poro-Bund nährte eine Schlange am Busen, das war der Leoparden-Bund, dessen Zauber periodisch durch Menschenblut und Menschenfett aufgefrischt werden musste. Seine Mitglieder rächten sich an ihren Gegnern durch Raubzüge und Viehdiebstähle.[543] Zu den führenden Mitgliedern dieser relativ jungen Vereinigung gehörten Oberhäuptlinge, Dorfhäuptlinge, Zauberer und leitende Personen des Poro-Busches. Zwischen den zwei Bünden bestand eine enge Verbindung: Die Versammlungen des Leoparden-Bundes fanden häufig im Poro-Busch statt; die Leopardenkrallen wurden im Poro-Busch vom Schmied des Poro-Bundes angefertigt; leitende Personen des Poro-Bundes nahmen hervorragende Stellungen im Leoparden-Bund ein. „So gelingt es dem Bund", notierte Westermann, „auf das ganze Leben des Stammes seine Hand zu legen, in Gemeinschaft mit dem Poro-Orden macht er sich zum Herrn über jede öffentliche und private Angelegenheit, und niemand würde es wagen, seinen Anordnungen sich zu widersetzen."[544]

Doch die Zeit, um offen die Macht zu ergreifen, war für den Leoparden-Bund noch nicht gekommen. In mehreren Oberhäuptlingsschaften haben die Ältesten und der Häuptling, nachdem sie die Verderblichkeit der Vereinigung erkannt, sich ihrer Ausbreitung energisch widersetzt und die Zugehörigkeit zum Bund mit der Todesstrafe bedroht.[545] Eine heftige Reaktion erfolgte 1891 im Gebiet des Oberhäuptlings Imberri im Mende-Land. Dort hatten die Mordtaten der Menschenleoparden so überhandgenommen, dass der Oberhäuptling sich auf Drängen der Bevölkerung zum Einschreiten veranlasst sah; er berief die Mitglieder des Bundes vom Antilopenhorn, um die Mörder ausfindig zu machen. Einer der ersten Überführten war der Oberhäuptling selber, der die Versammlung einberufen hatte; er wurde auf der Stelle verbrannt. Mehr als achtzig Personen sollen in jener Verhandlung durch den Flammentod hingerichtet worden sein.[546] (Bei den Kpelle wurde ein Mitglied des Leoparden-Bundes

---

543   DIEDRICH WESTERMANN: Die Kpelle. S. 274.
544   Ebd., S. 276.
545   Ebd., S. 277.
546   Ebd., S. 277 (Fußnote, mit Berufung auf ALLDRIDGE).

verbrannt, wenn er des Mordes oder des Viehschlags überführt worden war.[547])

Um 1900 hatte der Leoparden-Bund seine größte Ausbreitung und Bedeutung unter den Mende in Sierra Leone. Bei den meisten Nachbarvölkern war er gleichfalls vorhanden, so unter den Susu und Temne; in Liberia bei den Kpelle, Gola, Gbande und Gbunde. Im Norden von Sierra Leone trieben eine Schimpansen-Gesellschaft und eine Krokodil-Gesellschaft ihr Unwesen.[548]

Die Möglichkeit der Staatsgründung war durch eine gebietsübergreifende Poro-Einrichtung vorgezeichnet, die Leo Frobenius erwähnt. Sie fasste fünf Völkerschaften der Fulha-Susu zwischen dem Sierra-Leone-Fluss und dem Cap Monte zu einer Republik zusammen. Jede Völkerschaft hatte ihre eigene Obrigkeit und ihre besondere Regierung, doch alle standen unter dem Einfluss des Poro, aus dessen Bezirksgremien sich das oberste Organ rekrutierte, eine Art Tribunal. Angeblich konnte diese Körperschaft 6.000 Krieger aufbieten. Der oberste Poro untersuchte Verbrechen, stiftete Frieden zwischen mächtigen Familien und vermittelte im Krieg zwischen zwei Völkerschaften. Der am Krieg schuldige Teil wurde durch viertägige Plünderungen bestraft, wobei man die Krieger, die das Urteil vollzogen, aus neutralen Bezirken wählte. Einen Teil der Beute erhielt der beleidigte Bezirk, den anderen der oberste Poro, der ihn mit den Kriegern teilte.[549] [Durch die Heimlichkeit seiner Beratungen unterscheidet sich diese Organisation wesentlich vom Bundesrat der Irokesen, dessen Tagungen öffentlich waren – jeder Indianer durfte das Wort ergreifen.]

---

[547] Ebd., S. 277 (Fußnote).

[548] Ebd., S. 273.

[549] LEO FROBENIUS: Die Masken und Geheimbünde Afrikas. S. 138-142. – Siehe auch: HEINRICH SCHURTZ: Altersklassen und Männerbünde. S. 410-413. – Siehe ferner: KLAUS E. MÜLLER und UTE RITZ-MÜLLER: Soul of Afrika. S. 353.

Zur Interpretation des im Märchen vom Wilden Mann geschilderten Vorgangs können wir auch die sozialen Verhältnisse **bei den Indianerstämmen der Nordwestküste** ins Auge fassen. Vor dem Kontakt mit der kapitalistischen Wirtschaft lebten sie noch in der Gentilordnung, aber in einer Phase, bei der sich schon Klassen abzeichneten: Edle, Freie und Sklaven. Laut Eva Lips standen sie an der Schwelle zur Klassengesellschaft. Noch dienten die Sklaven, die sie im Krieg erbeuteten, durch Kauf erwarben oder an Stelle der Geldrückzahlungen eines Schuldners annahmen, weniger als Arbeitskräfte denn als Ausdruck des Reichtums: Ein Mann, der Sklaven hatte, konnte Sklaven ernähren, aber auch entbehren, indem er sie tötete.[550] Es hat auch einen Geheimbund gegeben, der nur reichen Häuptlingen und Schamanen offenstand. Das war der Hamatsa- oder Kannibalenbund. Er existierte bei den Kwakiutl, Nootka, Bella Coola und einigen Tsimshian.[551]

Die „Kultur der Nordwestküste" umfasste mehr als fünfzig Stämme verschiedener Sprachzugehörigkeit und unterschiedlichen Aussehens. Sie erstreckte sich vom südlichen Alaska bis zum nördlichen Kalifornien, das bedeutet über 2.000 Kilometer, und zwar zwischen dem Pazifischen Ozean und der am weitesten westlich gelegenen Gebirgskette. Die reichen natürlichen Ressourcen des Wohngebietes der Küsten-Salish erlaubten eine Besiedlung, die dichter war als in vielen Bodenbauergebieten Nordamerikas.[552]

Das Besondere liegt darin, dass die Indianer der Nordwestküste keine Bauern waren, sondern Wildbeuter, sie ernährten sich vom Fischfang, von der Jagd und vom Sammeln. Durch ein glückliches Zusammentreffen von Umweltfaktoren, so hat es Peter Farb formuliert, ähnelte ihre Nahrungsversorgung jener, die eine intensive Landwirtschaft ermöglicht: Sie „ernteten" die Früchte des Meeres und des Landes, wie ackerbau-

---

[550] EVA LIPS: Sie alle heißen Indianer. S. 234. – Siehe auch: PETER FARB: Die Indianer. S. 176-178.
[551] HANS LÄNG: Kulturgeschichte der Indianer Nordamerikas. S. 326.
[552] VÖLKERKUNDE FÜR JEDERMANN. S. 62.

treibende Indianer ihre Feldfrüchte ernteten.[553] Dank des Nahrungsüberflusses waren sie sesshaft geworden in dem Sinne, dass sie im Herbst von ihren Fang- und Jagdgründen in die stattlichen Winterdörfer zurückkehrten und dort ein reiches kulturelles Leben entfalteten, zumal die von ihnen entwickelten Techniken der Konservierung wie Trocknen und Räuchern die Anhäufung von Vorräten erlaubten. Bestimmte Arbeiten wie die Jagd im Walde, das Bauen von Kanus, das Schnitzen von Totempfählen und das Fischen wurden von Spezialisten ausgeführt, die ihr Können an die nächste Generation weitergaben. Auf die Waljagd verstanden sich nur die Nootka und die Makah. Beweise für den einst regen Tauschhandel sind sowohl die Wertmesser – Schnüre mit Schalen der Dentalium-Schnecken, kunstvoll gewebte Decken, die aus natürlichem Kupfer getriebenen Platten und die Sklaven – als auch die Existenz einer Handelssprache (als solche diente die Stammessprache der inzwischen ausgestorbenen Chinook).

Unter den genannten Voraussetzungen ist, wie Peter Farb ausführt, als besondere Art der gesellschaftlichen Organisation **das Häuptlingstum** entstanden. Jede beruflich spezialisierte Gruppe lieferte Nahrung und Rohmaterial beim Häuptling ab, und es war dessen Aufgabe, genügend Nahrungsvorräte beiseitezulegen, um sie zu verteilen, wenn sie gebraucht wurden.[554]

Der Mann, der die Verteilung vornahm, stand offenbar für eine weiter fortgeschrittene Phase der materiellen Produktion als der Lachs-Häuptling der Indianer von der Pazifikküste, der Büffel-Häuptling der Prärie-Indianer, der Walfang-Häuptling der kanadischen Eskimos, die von ihren Stammesgenossen befristet mit den Vollmachten eines Leiters ausgestattet wurden.

Dieser Häuptling musste seine Anhänger durch seine Umsicht überzeugen. Der Tsim-shian-Häuptling zum Beispiel musste fortwährend um die Gunst der Anführer der mächtigen Stammeslinien buhlen, sie bildeten sein Kabinett und berieten ihn in allen wichtigen Angelegenheiten, doch wenn seine Pläne missfielen, versagten sie die Unter-

---

[553]   PETER FARB: Die Indianer. S. 169.
[554]   Ebd., S. 170-173.

stützung, und damit war er politisch lahmgelegt. Ein Polizeiapparat stand dem Häuptling nicht zur Verfügung.[555]

Die Häuptlingstümer organisierten Kriege nicht um des Ruhmes willen, sondern um das Land des Feindes zu gewinnen. So hatten die Tlingit die Eskimo-Sippen von den Kayak-Inseln vertrieben, und die Haida hatten die Tlingit gezwungen, sich aus Teilen der Prince-of-Wales-Inseln zurückzuziehen. Doch wenn ein Häuptlingstum zu groß geworden war, gelangten die Produkte nicht zur ordnungsgemäßen Wiederverteilung.[556] „Ausdehnung und Zersplitterung der Häuptlingtümer an der Nordwestküste fanden so häufig statt, dass man sie vermutlich als charakteristisch für diese gesellschaftliche Organisationsstufe ansehen muss. Meistens wurde eine Erklärung für den Zerfall gegeben: Kriegszüge, ein Aufstand der Unzufriedenen, ein Streit um die Nachfolge im Häuptlingsamt und so weiter. In Wahrheit war oft augenfälliger Missbrauch des Häuptlingsamtes die Ursache dafür. In einem solchen Fall behielt der Häuptling – der für die Güterverteilung verantwortlich war – einen unverhältnismäßig großen Anteil für sich, für seine vielen Frauen und Angehörigen, für seine privaten Schamanen und Handwerker zurück."[557]

Ich ergänze aus anderer Quelle: „Mit der Erstarkung einzelner Familien aufgrund eines überdurchschnittlichen Besitzes an Fischfangplätzen und Nahrungsmittelvorräten, Gebrauchsgegenständen oder Wertobjekten und mit der stärkeren Einflussnahme dieser Familien auf andere Familien ihrer Ansiedlung oder ihrer näheren Umgebung war der Anfang einer Entwicklung gemacht, die bei den Nootka zur Herausbildung fester Stammesgruppen unter der Leitung erblicher Häuptlinge und darüber hinaus zu Stammeskonföderationen führte. Die Aneignung des gesellschaftlichen Mehrprodukts durch einzelne Familien und ihre Repräsentanten ging so weit, dass man eine ganze Reihe von Menschen aus den Unternehmungen der Nahrungsgewinnung lösen und sie als Handwerker oder als Krieger unterhalten konnte."[558]

---

[555] Ebd., S. 172-173.

[556] Ebd., S. 188-189.

[557] Ebd., S. 189.

[558] VÖLKERKUNDE FÜR JEDERMANN. S. 62-63.

Nach dem Staatsstreich

Durch die modernen Kolonialmächte wurde die selbstständige politische Entwicklung der Naturvölker unterbrochen, doch erfolgte die Einflussnahme nicht in allen Teilen der Welt gleichzeitig und mit derselben Intensität. Noch im 20. Jahrhundert gab es Gebiete, die von der Verwaltung durch die Kolonialherren verschont geblieben waren. In manchen davon lebten Völker, die sich gleich den Kpelle auf dem Weg von der Gentilordnung zum Staat befanden, aber weiter fortgeschritten waren. Kolonialbeamte und Forscher haben ihre politischen Verhältnisse beschrieben, durch diese Berichte wird die von Schurtz und Webster gezeichnete Entwicklung exemplifiziert.

Als Hans und Ulrike Himmelheber sich Anfang der fünfziger Jahre des 20. Jahrhunderts bei den Dan im Hinterland von Liberia aufhielten, gab es dort keine mit dem Poro-Bund der Kpelle vergleichbare Organisation.[559] Trotzdem existierte eine Körperschaft, die die Bevölkerung kontrollierte.

Fast jeder erwachsene Dan gehörte einem Bund oder sogar mehreren Bünden an. Das war aber nur bei den liberianischen Dan und den ihnen unmittelbar benachbarten Dan im Land Elfenbeinküste (auf der anderen Seite des Cess-River) so, während die nördlichen Dan im Land Elfenbeinküste sich nur noch dunkel an die Existenz von Bünden erinnerten. Am Cess-River gab es 16 wichtige Bünde, von denen ein Drittel bestimmte handwerkliche Fähigkeiten vermittelte: die Jäger-Gesellschaft, die Axt-Gesellschaft der Holzfäller, die Wildschwein-Gesellschaft der Farmhacker, die Büffel-Gesellschaft der besonders schwer Arbeitenden und die Elefanten-Gesellschaft der Buschroder. Die erste Schlangen-Gesellschaft vermittelte die Kenntnis von Arzneien, die zweite Schlangen-Gesellschaft war eine Vereinigung von Akrobaten. Die Skorpion-Gesellschaft pflegte das Musizieren auf geheim gehaltenen Musikinstrumenten. Einen besonderen Rang hatte die Zweite Elefanten-Gesellschaft.[560] Diese war eine Art Herrenklub unter den Dan-Bünden; ihr schlossen sich

---

[559]   HANS und ULRIKE HIMMELHEBER: Die Dan. S. 19.
[560]   Ebd., S. 203.

Häuptlinge und andere Vornehme an, um groß und reich zu werden und „damit die anderen Leute vor ihrem Gesicht Angst haben". Der Eintritt allein kostete angeblich eine Anzahl von Kühen.[561]

Obwohl Hans und Ulrike Himmelheber nichts über einen Zusammenhang zwischen der Elefanten-Gesellschaft der Reichen und den Recht sprechenden Masken der Dan mitteilen, die sie an anderer Stelle beschreiben, ist doch gut zu erkennen, dass die Rechtsprechung von den Reichen manipuliert wurde. Wenn ein Streitfall nicht vom Familienoberhaupt oder vom Dorfhäuptling beigelegt werden konnte, rief man eine Maske zu Hilfe. Die Masken vererbten sich innerhalb derselben Familie. Sie gliederten sich in verschiedene Ränge. In Streitfällen von geringerer Bedeutung trat zuerst eine Maske von niederem Rang auf, und erst, wenn diese sich nicht durchsetzen konnte, wandte man sich an eine höhere. Schwere Konflikte zwischen ganzen Sippen oder Dörfern, vor allem Kriege, wurden von den obersten Masken entschieden. Solche wichtige Masken waren im Besitz der führenden Familien des Landes. Sie standen untereinander in Verbindung und gehorchten einer „großen Maske". Eine „große Maske" wurde von etwa 25 Dörfern als richterlicher Machthaber anerkannt. Die „große Maske" *Sagba* wohnte in einer geheimen Siedlung beim Dorf des Großhäuptlings Towe, und zwar in einer Schmiedewerkstatt.[562]

Mit anderen Worten: Die Oligarchie der Reichen, die der Leoparden-Bund angestrebt hatte, wurde im Falle der Dan von der Zweiten oder „großen" Elefanten-Gesellschaft verkörpert, deren Politik in der Rechtsprechung der von ihr abhängigen Masken zum Ausdruck kam.

Der Zweiten Elefanten-Gesellschaft der Dan gleicht der Dukduk-Bund, der Ende des 19., Anfang des 20. Jahrhunderts auf einem Teil der Südsee-Insel Neubritannien, nämlich auf der Gazelle-Halbinsel, und auf einigen benachbarten Inseln sein Unwesen trieb. Hans Nevermann hat die bekannt gewordenen Informationen zusammengefasst. Eigentlich handelt es sich um eine Vielzahl von lokalen Organisationen. Jede setzte sich aus zwei Arten Masken – *Dukduk* und *Tubuan* – zusammen. Nur

---

[561]   Ebd., S. 220.

[562]   Ebd., S. 142-143.

wenige Männer hatten das Recht, eine Tubuan-Maske zu tragen; dieses Recht wurde entweder durch Familientradition oder durch hohe Muschelgeldzahlungen erworben. Die Bevölkerung erwartete, dass der Bund für Recht und Ordnung sorgt, aber die Wirklichkeit sah oft anders aus. Die Dukduk-Masken verprügelten Außenstehende oder erpressten Lösegeld von ihnen. Bei ihren Besuchen betraten sie jedes Gehöft der Gegend und forderten eine Muschelgeldzahlung, wobei kein Opfer die Gabe verweigerte, um nicht der Rache des Bundes anheimzufallen.

Die Novizen wurden von ihren Verwandten oder Freunden zur Aufnahme vorgeschlagen, die mit einer hohen Gebühr verbunden war. Sie wurde mit einem Fest begangen, für dessen Ausgestaltung ein Tubuan-Mann sorgte. Die nötigen Mittel konnte er sich durch seine Stellung im Geheimbund beschaffen. Ein kluger Tubuan-Mann hütete sich davor, sich unbeliebt zu machen, andernfalls wurde er von den übrigen Tubuan-Leuten zur Mäßigung verwiesen. Vielmehr war er bestrebt, die Macht des Bundes durch Aufrechterhaltung der Ordnung zu demonstrieren. Wer sich etwas zuschulden kommen ließ, musste darauf gefasst sein, dass der Tubuan-Mann bei ihm vorstellig wird und ein Sühnegeld fordert. Der Tubuan-Mann kassierte sogar bei straffällig gewordenen Bundesbrüdern.[563]

Heinrich Schurtz berichtet, dass die Darsteller des Dukduk bei ihren Besuchen 14 Tage in einer Ortschaft blieben. Auf dem Dorfplatz wurden ungeheure Mengen von Speisen zusammengetragen, und die Masken züchtigten Männer, die ihrer Ansicht nach zu wenig brachten, mit der Keule.[564] Man kann es so sehen, dass der Tubuan-Mann aus den Mitgliedern seiner lokalen Organisation Schlägertrupps zusammenstellte und diese von Zeit zu Zeit mit einem Festschmaus belohnte.

Laut Schurtz hatte sich aus dem gewöhnlichen Männerbund ein Geheimbund herausgebildet, dem nicht mehr alle erwachsenen Männer angehörten, sondern nur solche, die die nicht unbedeutenden Eintrittsgebühren erlegen konnten. Den Häuptlingen, also den Sippenführern, die

---

[563]   HANS NEVERMANN: Masken und Geheimbünde in Melanesien. S. 89-92.

[564]   HEINRICH SCHURTZ: Altersklassen und Männerbünde. S. 371. (Mit Berufung auf ROMILLY.)

zugleich die reichsten Leute waren, ist es gelungen, die Leitung der Gesellschaft an sich zu reißen, sodass nun sie die Tänze anordneten und den größten Teil der dabei eingetriebenen Geschenke oder Abgaben an sich nahmen. Die Maskentänzer waren nicht viel mehr als die Diener der Häuptlinge.[565]

---

[565]   Ebd., S. 374-375.

Schlusswort

Weil viele Märchen ehemalige Bräuche widerspiegeln, darf man damit rechnen, dass ihre Erforschung die Befunde der Archäologie ergänzt.

Zwar gelangen die Altertumswissenschaftler dank moderner Methoden zu erstaunlichen Einsichten in das Leben unserer Vorfahren. Sie finden heraus, wie diese wohnten – was sie gegessen haben – welche Krankheiten ihnen zusetzten – wie weit die Arbeitsteilung gediehen war. Sie rekonstruieren Handelsrouten. Aus Unterschieden der Wohnweise innerhalb ein und derselben Siedlung sowie aus dem Gefälle der Grabbeigaben leiten sie ab, dass es soziale Schichten bzw. Klassen gegeben hat. Die Grabbeigaben, die von einfachen Gebrauchsgegenständen bis zu geopferten Dienern und Kriegern reichen, lassen erkennen, wie man sich das Leben nach dem Tod vorstellte.

Die Archäologie stößt an ihre Grenzen, wo es sich um immaterielle Elemente des sozialen Lebens handelt: Rechte der Frauen – die Existenz von Bünden – Riten und Bräuche – das Wirken des Stammeszauberers. Unter anderem ist die archaische Jugendweihe ein Vorgang, den man ausgehend von Bodenfunden nicht rekonstruieren könnte, denn das ist nur durch die Analyse der mündlichen Überlieferung möglich. Gegenstand der Märchen von der Buschschule sind die Erlebnisse der Zöglinge an der Initiationsstätte, doch so wie manche Stücke Bernstein Pflanzenreste und Insekten einschließen, konservieren manche Texte Aussagen über das soziale Leben außerhalb der Initiationsstätte.

Dass Wissenschaftler, die sich von Amts wegen mit der mündlichen Überlieferung beschäftigen, nämlich die Volkskundler und Philologen, die Märchen insgesamt für Erfindungen halten, ist ein Eigentor der Kulturgeschichte. Statt die Historiker auf relevante Sujets aufmerksam zu machen und bei der Entschlüsselung der überlieferten Texte zu helfen, haben die Erzählforscher erreicht, dass die Historiker sich von der mündlichen Überlieferung abwenden.

Zeittafel

Ab 2000 v.Chr.   Die indogermanischen Stämme der Ionier, Äolier und Achaier wandern in die von den Griechen *Hellas* genannte Halbinsel ein und vermischen sich mit der ansässigen mediterranen Vorbevölkerung.

Um 1700   Schwere Zerstörungen auf Kreta durch Erdbeben und auswärtige Feinde. Die minoische Flotte wird vernichtet, anschließend Knossos durch Festlandgriechen geplündert.

1700-1250   Blütezeit Trojas, der Drehscheibe des Handels zwischen Asien und Europa.

1600   In der Spätbronzezeit steigt die Zahl der befestigten Höhensiedlungen im europäischen Raum stark an. Das ist eine Folgeerscheinung des ausgeprägten Fernhandels, dessen Routen geschützt werden müssen. Ihr Verbreitungsgebiet reicht vom Balkan über die Slowakei und Böhmen bis nach Mittel- und Süddeutschland, von der Iberischen Halbinsel über Frankreich zu den Britischen Inseln. In den Burgen befinden sich die Wohnsitze des Kriegeradels, Nebengebäude, Stallungen und Werkstätten.[566]

Möglicherweise hat sich das Echo des Burgenbaus in einem Märchenmotiv niedergeschlagen. In einigen Fällen soll der Held als „schwere Aufgabe" ein Schloss bzw. eine Burg auf einem Berg bauen: ein Schloss mit allem Hausrat darin (Die zwei Königskinder"[567], deutsch aus Westfalen, AT 313) – eine Burg, wie sein Vater eine hat (Der Graf und das

---

566   OTTO SCHERTLER: Die Kelten und ihre Vorfahren. S. 114
567   De beiden Künigeskinner. In: GRIMM, BRÜDER GRIMM: Kinder- und Hausmärchen. KHM 113. Bd. 2, S. 137-145, hier S. 141-142.

Mädchen"[568], serbokroatisch, AT 313) – eine starke Festung und ein un-einnehmbares Schloss (Der Schlangenkönig"[569], polnisch, AT 560).

Vor 1500 Nahe dem heutigen Hallstatt im österrei-chischen Salzkammergut beginnen Siedler mit dem Abbau von Salz in vertikalen Schächten – es entsteht das älteste bekannte Salzbergwerk Europas. Bald wird Salz u.a. nach Böhmen und Slowenien exportiert.[570]

1450–1400 Kriegsfahrten der Achäer gegen Kreta beseitigen die Tributpflicht und enden mit der Unterwerfung des minoischen Reiches.

Um 1400 Herstellung des Sonnenwagens von Trundholm.

Ab 1400 Nach dem Zusammenbruch der minoischen Seemacht errichten die Phöniker im Mittelmeer ein Handelsmonopol.

1400-1150 Spätmykenische Zeit. Bau der Kuppelgräber und der Befestigungsanlagen von gigantischen Ausmaßen in Mykenä, Tiryns, Pylos, Gia, Athen. Im 13. Jahrhundert Erweiterungen der Burgbefestigungen (vielleicht zur Abwehr der aus dem Balkangebiet einwandernden Stämme).

Um 1250 Zerstörung von Troja VII a.

1208 Pharao Merenptah besiegt eine Koalition aus Libyern und Seevölkern.

Um 1200 In einigen Regionen des bronzezeitlichen Europas – etwa im Salzkammergut, im Westen Ungarns sowie in Böhmen – entsteht innerhalb kurzer Zeit eine neue Kultur, deren auffälligstes Merkmal ein neuer Bestattungsbrauch ist: Die Hinterbliebenen verbrennen die Leichname der Verstorbenen und setzen deren Asche in

---

[568] Der Graf und das Mädchen. In: MAJA BOŠKOVIĆ-STULLI (Hg.): Kroatische Volksmärchen. S. 146-158, hier S. 149.

[569] Der Schlangenkönig. In: EWA BUKOWSKA-GROSSE und ERWIN KOSCHMIEDER (Hg.): Polnische Märchen. S. 119-131, hier S. 125.

[570] OLAF MISCHER: Das keltische Jahrtausend. IN: GEO EPOCHE Nr. 47 (2011). S. 161-168, hier S. 162-163.

Tongefäßen bei. Etwa 100 Jahre später ist diese Sitte auch in Südfrankreich und in Katalonien verbreitet. Von den Archäologen wird die neue Kultur als *Urnenfelderkultur* bezeichnet.[571]

Nach 1200 Viele mykenische Siedlungen werden zerstört, vor allem die Palastzentren – laut neueren Forschungen die Folge einer allgemeinen, über einen längeren Zeitraum andauernden sozialen Krise. Die genauen Ursachen und Abläufe sind ungeklärt.

Ab 1200 Die sogenannten *dunklen Jahrhunderte*. Rings um das östliche Mittelmeer bricht die Wirtschaft einer Reihe von Ländern zusammen. In Griechenland geht die Kenntnis der Schrift verloren, die Töpferscheibe wird vergessen.

1180 Eine Seeschlacht an der Küste des Nildeltas zwischen Kräften der Seevölker und der ägyptischen Flotte endet mit einem Sieg der Ägypter. Die Seevölker werden am weiteren Vordringen gehindert.

Um 1000 Aufblühen der eisenzeitlichen Villanova-Kultur im Raum um Bologna. Aus der Vermischung der lokalen Bevölkerung mit Einwanderern aus Kleinasien entsteht die etruskische Kultur.

Um 1100 Mit dem Phönikischen Alphabet entsteht die Buchstabenschrift.

Ab 800 In Hallstatt und den meisten anderen Gebieten der Urnenfelderkultur verarbeiten Handwerker neben Bronze nun vermehrt Eisen, das sie auch zu Schwertern schmieden. Neben der Verwendung von Eisen ist ein Wandel in der Bestattungskultur ein weiteres auffälliges Merkmal der neuen Ära: Die Toten werden zumeist nicht mehr verbrannt, sondern – vielfach in Hügelgräbern – beigesetzt. Die Ruhestätten werden je nach der sozialen Stellung des Verstorbenen mit mehr oder weniger aufwändigen Beigaben ausgestattet.[572]

824-810 Phönikische Auswanderer gründen Karthago.

800-500 Zweite griechische Kolonisation (im Schwarzen Meer und im westlichen Mittelmeer).

---

[571] Ebd., S 163.
[572] Ebd., S. 163.

776   Erste griechische Olympiade. Sie findet im heiligen Bezirk Olympia im NW-Peloponnes statt.

753   Sagenhafte Gründung Roms auf dem Palatin-Hügel am Tiber-Übergang der steinzeitlichen Salzstraße.

Um 700   Griechische Kolonien in Unteritalien.

Ab 700   Mehrere Keltisch sprechende Stämme wandern in die Iberische Halbinsel ein und vermischen sich mit der ansässigen Bevölkerung.[573]

Um 650   Im Königreich Lydien, auf dem Gebiete der heutigen Türkei, werden die ersten Münzen geprägt. Sie bestehen aus Gold und Silber und sind mit einem Stempel versehen.

Um 600   Griechische Kaufleute gründen am Mittelmeer, nahe der Rhône-Mündung, die Hafenstadt Massalia (Marseille). Fortan tauschen Griechen vermehrt Felle, Metalle und wohl auch Sklaven aus den keltischen Regionen etwa gegen Wein und kunstvolle attische Keramik.[574]

---

[573]   Ebd., S. 163.
[574]   Ebd., S. 164.

Bibliografie

Geschichte und Archäologie

BUCHHOLZ, HANS-GÜNTER: Ugarit, Zypern und Ägäis. Kulturbeziehungen im zweiten Jahrtausend v. Chr. Münster: Ugarit-Verlag, 1999.

BREUER, STEFAN: Der archaische Staat. Zur Soziologie charismatischer Herrschaft. Berlin: Reimer, 1990.

CÄSAR, eigentlich GAJUS, JULIUS CÄSAR: Der Gallische Krieg. Leipzig: Reclam, 1945.

CLINE, ERIC H.: 1177 v.Chr. Der erste Untergang der Zivilisation. [New Jersey, 2014.] Darmstadt: Wissenschaftliche Buchgesellschaft, 2018.

ENGELS, FRIEDRICH: Der Ursprung der Familie, des Privateigentums und des Staats. Im Anschluss an Lewis H. Morgan's Forschungen. 4. Aufl. [Stuttgart, 1892.] In: KARL MARX und FRIEDRICH ENGELS: Gesamtausgabe (MEGA). Bd. 29. Berlin/Ost: Dietz, 1990. S. 125-271.

FRANCE, ANATOLE: Vie de Jeanne d'Arc. [1908.] [Paris:] L'Atelier de l'Archer, 1999.

HAARMANN, HARALD: Das Rätsel der Donauzivilisation. Die Entdeckung der ältesten Hochkultur Europas. Beck: München, 2011.

HAMBLIN, DORA JANE: Türkei – Land der lebenden Legenden. [New York, 1973.] Bergisch-Gladbach: Lübbe, 1988.

HEIDRICH, K. SPECHT: Mykenische Geschichten. Gräfelfing: Mantis, 2004.

HERODOT: Historien. Deutsche Gesamtausgabe. Stuttgart: Kröner, 1971. 4. Aufl.

HOFFMANN, EMIL: LEXIKON DER STEINZEIT. München: Beck, 1999.

JAMES, SIMON: Das Zeitalter der Kelten. Die Welt eines geheimnisvollen Volkes. [London, 1993.] Augsburg: Weltbild, 1998.

JOCKENHÖVEL, ALBRECHT, und KUBACH, WOLF (Hg.): Bronzezeit in Deutschland. [Stuttgart, 1994.] Hamburg: Nikol, 2000.

JUNG, KURT M.: Weltgeschichte in einem Griff. Berlin/West: Safari-Verlag, 1968.

KEHNSCHERPER, GÜNTHER: Auf der Suche nach Atlantis. Leipzig, Jena, Berlin/Ost: Urania, 1980. 2., verbesserte Aufl.

KINDER, HERMANN, und HILGEMANN, WERNER: Atlas zur Weltgeschichte. [München, 1964.] Stuttgart und München: Deutscher Bücherbund, 1991.

KUCKENBURG, MARTIN: Das Zeitalter der Keltenfürsten. Eine europäische Hochkultur. Stuttgart: Klett-Cotta, 2010.

KÜRSAT-AHLERS, ELÇIN: Zur frühen Staatenbildung bei Steppenvölkern. Über die Sozio- und Psychogenese der eurasischen Nomadenreiche am Beispiel der Hsiung-Nu und Göktürken mit einem Exkurs über die Skythen. Berlin: Duncker & Humblot, 1994.

MISCHER, OLAF: Das keltische Jahrtausend. In: Die Kelten. Fürsten, Krieger und Druiden. Auf den Spuren einer rätselhaften Kultur. GEO EPOCHE Nr. 47 (2011). S. 162-168.

NIMTZ-KÖSTER, RENATE: High Society. Ein prähistorischer Siedlungshügel in Rumänien zeigt, wie die Kupferzeit vor 6500 Jahren die Menschheit veränderte: Es bildete sich die erste Klassengesellschaft der Weltgeschichte. In: DER SPIEGEL. Nr. 44/2013, S. 116-117.

PROBST, ERNST: Deutschland in der Bronzezeit. Bauern, Bronzegießer und Burgherren zwischen Nordsee und Alpen. München: Bertelsmann, 1996.

RIEDER, KARL HEINZ, und TILLMANN, ANDREAS (Hg.): Archäologie rund um Ingolstadt. Kipfenberg, 1995.

SCHERTLER, OTTO: Die Kelten und ihre Vorfahren. Burgenbauer und Städtegründer. Augsburg: Battenberg, 1999.

SCHREIBER, GEORG (Hg.): Balkan aus erster Hand. Geschichte und Gegenwart in Berichten von Augenzeugen und Zeitgenossen. Würzburg: Arena Verlag Georg Popp, 1971.

SCHREIBER, HEINRICH: Die Feen in Europa. Eine historisch-archäologische Monographie. Freiburg im Breisgau: Groos, 1842.

THOMSON, GEORGE: Frühgeschichte Griechenlands und der Ägäis. [London, 1949.] Berlin/West: Das europäische Buch, 1980.

ZIMMER, STEFAN (Hg.): Die Kelten. Mythos und Wirklichkeit. Stuttgart: Theiss [2004] 2012. 3., aktualisierte und erweiterte Aufl.

Volkskunde und Völkerkunde

ANGELA, ALBERTO: Liebe und Sex im Alten Rom. [2012.] München: Goldmann, 2014.

ATMORE, ANTHONY, STACEY, GILLION, FORMAN, WERNER: Schwarze Königreiche. Das Kulturerbe Westafrikas. Luzern und Herrsching: Atlantis, 1988.

BÄCHTOLD-STÄUBLI, HANNS, unter Mitwirkung von HOFFMANN-KRAYER, EDUARD (Hg.): HANDWÖRTERBUCH DES DEUTSCHEN ABERGLAUBENS. 10 Bde. [Berlin und Leipzig, 1927-1942.] Berlin und New York: de Gruyter, 2000. 3., unveränderte Aufl.

BALASSA, IVÁN, und ORTUTAY, GYULA: UNGARISCHE VOLKSKUNDE. [Budapest, 1979.] Budapest: Corvina; München: Beck; 1982.

BASSERMANN, LUJO: Das älteste Gewerbe. Eine Kulturgeschichte. Frankfurt am Main und Berlin/West: Ullstein, 1968.

BAUMANN, HERMANN (Hg.): Die Völker Afrikas und ihre traditionellen Kulturen. 2 Bde (Teile). Wiesbaden: Steiner, 1975 und 1979.

BERNATZIK, HUGO A.: (Hg.): NEUE GROSSE VÖLKERKUNDE. [1974.] Stuttgart: Fackel, 1975.

BERNATZIK, HUGO ADOLF, unter Mitarbeit von EMMY BERNATZIK: Die Geister der gelben Blätter. Forschungsreise in Hinterindien. Wien: Bertelsmann, 1951.

BIEDERMANN, HANS: Die Großen Mütter. Die schöpferische Rolle der Frau in der Menschheitsgeschichte. [1987.] München: Heyne, 1989.

BILD DER VÖLKER. Die Brockhaus Völkerkunde in zehn Bänden. Wiesbaden: Brockhaus, 1977.

BÖER, FRIEDRICH: So lebt man anderswo. Von der Jagd, den Sitten und dem Gemeinschaftsleben fremder Völker. [Freiburg im Breisgau, 1965.] Würzburg: Arena, 1972.

BONN, GISELA: Afrika verlässt den Busch. Kontinent der Kontraste. Düsseldorf und Wien: Econ, 1965.

BRĂTULESCU, MONICA: Ceata feminină – încercare de reconstituire a unei instituţii tradiţionale româneşti. [Die Mädchen-Schar – Versuch der Rekonstruktion einer traditionellen rumänischen Institution.] In: REVISTA DE ETNOGRAFIE ŞI FOLCLOR. Bukarest: Editura Academiei Republicii Socialiste România. Tomul 23. Nr. 1/1978. S. 37-60.

BREDNICH, ROLF WILH.: Volkserzählungen und Volksglaube von den Schicksalsfrauen. Helsinki: Suomalainen Tiedeakatemia, 1964. (FF Communications No. 193.)

BUHOCIU, OCTAVIAN: Die rumänische Volkskultur und ihre Mythologie. Wiesbaden: Harrassowitz, 1974. Eine erweiterte Fassung ist in rumänischer Sprache veröffentlicht worden: Folclorul de iarnă, ziorile şi poezia păstorească. [Winterfolklore, Morgenlieder und Schäferdichtung.] Bukarest: Editura Minerva, 1979.

ELIADE, MIRCEA: Schmiede und Alchemisten. Mythos und Magie der Machbarkeit. [1956.] Freiburg im Breisgau, Basel, Wien: Herder, 1992.

ERICH, OSWALD ADOLF: WÖRTERBUCH DER DEUTSCHEN VOLKSKUNDE. Begründet von OSWALD A. ERICH und RICHARD BEITL. Nachdr. der 3. Aufl. 1974, neu bearbeitet von RICHARD BEITL unter Mitarbeit von KLAUS BEITL. Stuttgart: Kröner 1981.

FARB, PETER: Die Indianer. Entwicklung und Vernichtung eines Volkes. [New York, 1968.] Frankfurt am Main und Berlin: Ullstein, 1990.

FINDEISEN, HANS: Die „Schamanenkrankheit" als Initiation. Eine völker- und sozial-psychologische Untersuchung. In: Ders: ABHANDLUNGEN UND AUFSÄTZE AUS DEM INSTITUT FÜR MENSCHEN- UND MENSCHEITSKUNDE. Nr. 45. Augsburg 1957. S. 1-37 [103-139].

FINK, HANS: Heinzelmännchen im Heuboden. Halbstarke im Dienste der Dorfgemeinschaft. Zum Hintergrund der Sagen über hilfreiche Zwerge und Salige Fräulein. Norderstedt: BoD – Books on Demand, 2022.

FINK, HANS: Meine Ur-Oma in der Buschschule. Hinter den Kulissen des potenziell längsten europäischen Zaubermärchens Aarne-Thompson Nr. 301 „Die drei geraubten Königstöchter" (auch bekannt als „Die Prinzessinnen in der Unterwelt"). Norderstedt: BoD – Books on Demand, 2022.

FINK, HANS: Was einmal war. Das Körnchen Wahrheit in Märchen und Sagen. Norderstedt: BoD – Books on Demand, 2022.

FINKERNAGEL, EMIL: Familienleben und Jugenderziehung in Westafrika: ihre Wandlungen dargestellt an einzelnen Stämmen. Frankfurt am Main, Bern, New York, Nancy: Lang, 1984.

FRÂNCU, TEOFIL, und CANDREA, GEORGE: Românii din Munţii Apuseni (Moţii). [Die Rumänen aus dem Westgebirge (Die Motzen).] Bukarest: Gr. Luis, 1888.

FRANK, BARBARA: Die Kulere. Bauern in Mittelnigeria. Wiesbaden: Steiner, 1981.

FRAZER, JAMES GEORGE: Der goldene Zweig. Das Geheimnis von Glauben und Sitten der Völker. [Die zugrundeliegende Originalausgabe erschien 1922 in Cambridge. Es ist eine Kurzfassung der zwölfbändigen Ausgabe London 1907-1915.] Reinbek bei Hamburg: Rowohlt Taschenbuch Verlag, 1989.

FROBENIUS, LEO: Die Masken und Geheimbünde Afrikas. Halle: Karras, 1898.

FUCHS, PETER: Menschen der Wüste. Braunschweig: Westermann, 1991.

GAISSEAU, PIERRE-DOMINIQUE: Geheimnisvoller Urwald. Magie und Riten der Toma. [Paris, 1953.] Zürich: Füssli, 1954.

GENNEP, ARNOLD VAN: Übergangsriten. [Paris, 1909.] Frankfurt am Main und New York: Campus; Paris: Edition de la Maison des Sciences de l'Homme; 1986.

GIANI, LEO MARIA: In heiliger Leidenschaft. Mythen, Kulte und Mysterien. München: Kösel, 1994.

GRAHAM, RAE: Mashudu. Die weiße Zauberheilerin. [Miami, 1993.] Berlin: Volk und Welt, 1995.

GRIMM, JACOB: Deutsche Mythologie. 3 Bde. [Göttingen, 1835.] Vierte Ausgabe. Berlin: Dümmler, 1875-1878.

GUSINDE, MARTIN: Urmenschen im Feuerland. Vom Forscher zum Stammesmitglied. Berlin, Wien, Leipzig: Zsolnay, 1946.

HALEY, ALEX: Wurzeln. „Roots". (Roman.) [New York, 1976.] Frankfurt am Main: Fischer, 1977.

HANIKA, JOSEF: „Bercht schlitzt den Bauch auf" – Rest eines Initiationsritus? In: HELMUT PREIDEL (Hg.): STIFTER-JAHRBUCH. 2. Jg. Gräfelfing bei München: Gans, 1951. S. 39-53.

HEERMANN, I.: Die Inselkette Palau. In: Linden Museum: Mikronesien. Stuttgart: Linden Museum, 1992.

HEINEMANN, EVELYN: Die Frauen von Palau. Zur Ethnoanalyse einer mutterrechtlichen Kultur. Frankfurt am Main: Fischer Taschenbuch Verlag, 1995.

HERSENI, TRAIAN: Forme străvechi de cultură poporană românească. Studiu de paleoetnografie a cetelor de feciori din Ţara Oltului. [Uralte Formen der rumänischen Volkskultur. Paläoethnografische Studie über die Schar der Burschen im Alt-Land.] Cluj-Napoca (Rumänien): Dacia, 1977.

HIMMELHEBER, HANS, und HIMMELHEBER, ULRIKE: Die Dan. Ein Bauernvolk im westafrikanischen Urwald. Ergebnis dreier völkerkundlicher Expeditionen im Hinterlande Liberias 1949-1950, 1952-1953, 1955-1956. Stuttgart: Kohlhammer, 1958.

HULTKRANTZ, ÅKE, RIPINSKY-NAXON, MICHAEL, LINDBERG, CHRISTER: Das Buch der Schamanen. Nord- und Südamerika. München: Ullstein, 2002.

JENSEN, AD. E.: Beschneidung und Reifezeremonien bei Naturvölkern. Stuttgart: Strecker und Schröder, 1933.

KAHANE, MARIANA, und GEORGESCU, LUCILIA: Repertoriul de şezătoare – specie ceremonială distinctă. [Das Repertoire der Spinnstube – ein eigenständiges rituelles Genre.] In: REVISTA DE ETNOGRAFIE ŞI FOLCLOR. Bukarest: Editura Academiei Republicii Socialiste România. Tomul 13. Nr. 4/1968. S. 317-329.

KNAPPERT, JAN: LEXIKON DER AFRIKANISCHEN MY-THOLOGIE. Mythen, Sagen und Legenden von A – Z. [London, 1990.] München: Heyne, 1995.

KRANZMAYER, EBERHARD: Name und Gestalt der „Frau Bercht" im südostdeutschen Raum. In: BAYERISCHE HEFTE FÜR VOLKSKUNDE. 12. Jg., 6. Heft. München: Bayerische Akademie der Wissenschaften, Februar 1940. S. 55-59.

KROPOTKIN, PETER: Gegenseitige Hilfe in der Tier- und Menschenwelt. [England, 1902.] Frankfurt am Main, Berlin/West und Wien: Ullstein, 1975.

LÄNG, HANS: Kulturgeschichte der Indianer Nordamerikas. [Olten, 1981.] Göttingen: Lamuv, 1989.

LIPS, EVA: Das Indianerbuch. Leipzig: Brockhaus, 1967.

LIPS, EVA: Sie alle heißen Indianer. Berlin/Ost: Der Kinderbuchverlag Berlin, 1975.

LOCKWOOD, DOUGLAS: Tabu. Ein Tatsachenbericht. [Melbourne und London, 1964.] Stuttgart, Zürich, Salzburg: Europäischer Buchklub [1964].

LOO, MARIE-JOSÉ VAN DE, und REINHART, MARGARETE (Hg.): Kinder. Ethnologische Forschungen in fünf Kontinenten. München: Trickster, 1993.

MAGYAR NÉPRAJZI LEXIKON. [Ungarisches Lexikon der Volkskunde.] Budapest: Akadémiai Kiadó, 1979.

MARIAN, S. FL.: Naşterea la români. Studiu etnografic. [Die Geburt bei den Rumänen. Ethnografische Studie.] [1892.] Bukarest: SAECULUM I. O., 2000.

MAUER, KUNO: DAS NEUE INDIANERLEXIKON. Die Macht und Größe der Indianer bis zu ihrem Untergang. München: Herbig [1994].

MEISEN, KARL: Nikolauskult und Nikolausbrauch im Abendlande. Eine kulturgeographisch-volkskundliche Untersuchung. Düsseldorf: Schwann, 1931.

MÜLLER, KLAUS E., und RITZ-MÜLLER, UTE: Soul of Africa. Magie eines Kontinents. Köln: Könnemann, 1999.

MUTHESIUS, ALEXANDER: Die Afrikanerin. Düsseldorf: Hellas, 1959.

MYKYTIUK, BOHDAN GEORG: Die ukrainischen Andreasbräuche und verwandtes Brauchtum. Wiesbaden: Harrassowitz, 1979.

NAMU, YANG ERCHE, und MATHIEU, CHRISTINE: Das Land der Töchter. Eine Kindheit bei den Moso, wo die Welt den Frauen gehört. [New York, 2003.] Berlin: Ullstein, 2003.

NEVERMANN, HANS: Masken und Geheimbünde in Melanesien. Berlin: Hobbing, 1933.

NICULIȚĂ-VORONCA, ELENA: Datinile și credințele poporului român. Adunate și așezate în ordine mitologica. [Die Bräuche und Glaubensvorstellungen des rumänischen Volkes, mythologisch geordnet.] 2 Bde. [Tschernowitz, 1903.] Bukarest: SAECULUM I. O., 1998.

OVID, eigentlich PUBLIUS OVIDIUS NASO: Fasti. Festkalender. Lateinisch-deutsch. Darmstadt: Wissenschaftliche Buchgesellschaft, 1995. (Lizenzausgabe des Artemis Verlags Zürich.)

PAMFILE, TUDOR: Mitologie româneasca. [Rumänische Mythologie.] [1916-1924.] Bukarest: „Grai și suflet – Cultura națională“, 2000.

PARKINSON, R.: Dreißig Jahre in der Südsee. Land und Leute, Sitten und Gebräuche im Bismarckarchipel und auf den deutschen Salomoinseln. Stuttgart: Strecker & Schröder, 1907.

RANKE-GRAVES, ROBERT VON: Griechische Mythologie. Quellen und Deutung. [Baltimore, London, New York, 1955.] Reinbek bei Hamburg: Rowohlt Taschenbuch Verlag, 1984.

RASMUSSEN, KNUD: Rasmussens Thulefahrt. 2 Jahre im Schlitten durch unerforschtes Eskimoland. 2 Bde. [1925-1926.] Frankfurt am Main: Societäts-Druckerei, 1926.

REINSBERG-DÜRINGSFELD, O. FRH. VON: Festkalender aus Böhmen. Ein Beitrag zur Kenntnis des Volkslebens und Volksglaubens in Böhmen. Prag: Kober, 1864.

REINSBERG-DÜRINGSFELD, OTTO FREIHERR VON: Das festliche Jahr in Sitten, Gebräuchen, Aberglauben und Festen der germanischen Völker. Leipzig: Barsdorf, 1898. Zweite, vermehrte und verbesserte Aufl.

REITZENSTEIN, FERDINAND FREIHERR VON: Das Weib bei den Naturvölkern. Berlin: Neufeld & Henius, 1923.

RÖSCHENTHALER, UTE: Die Kunst der Frauen. Zur Komplementarität von Nacktheit und Maskierung bei den Ejagham im Südwesten Kameruns. Berlin: VWB – Verlag der Wissenschaft und Bildung, 1993.

RÜDEL, WALTER: Abenteuer Afrika. Bericht über eine Fernsehreise zu Kultur und Menschen des Schwarzen Kontinents. Pfullingen: Neske, 1979.

SCHÄFER, RITA: Die Sande-Frauengeheimgesellschaft der Mende in Sierra Leone. Ihre Organisation und Masken im zeitlichen, intra- und interethnischen Vergleich. Bonn: Holos, 1990.

SCHNEEWEIS, EDMUND: Serbokroatische Volkskunde. Erster Teil. Volksglaube und Volksbrauch. [Celje (Cilli), 1935.] Berlin/West: de Gruyter, 1961. Erweiterte Neuaufl.

SCHURTZ, HEINRICH: Altersklassen und Männerbünde. Eine Darstellung der Grundformen der Gesellschaft. Berlin: Reimer, 1902.

SOKOLOWA, SOJA: Das Land Jugorien. [1976.] Moskau: Progress; Leipzig: Brockhaus; 1982.

TESSMANN, GÜNTER: Die Pangwe. Völkerkundliche Monographie eines westafrikanischen Negerstammes. Ergebnisse der Lübecker Pangwe-Expedition 1907-1909 und früherer Forschungen 1904-1907. Zwei Bände in einem Band. Berlin: Wasmuth, 1913.

THURNWALD, HILDE: Die schwarze Frau im Wandel Afrikas. Eine soziologische Studie unter ostafrikanischen Stämmen. Stuttgart: Kohlhammer, 1935.

VANSINA, J.: Initiation Rituals of the Bushong. In: DARYLL FORDE (Hg.): AFRICA. Zeitschrift des Internationalen afrikanischen Instituts. Bd. 25. London: Oxford University Press, 1955. S. 138-153.

VÖLKERKUNDE FÜR JEDERMANN. Leipzig: Geographisch-Kartographische Anstalt Gotha/Leipzig [1966] 1967. 2. Aufl.

WASCHNITIUS, VIKTOR: Perht, Holda und verwandte Gestalten. Ein Beitrag zur deutschen Religionsgeschichte. Wien: Hölder, 1913.

WEBSTER, HUTTON: Primitive Secret Societies. A Study in Early Politics and Religion. [1908.] Second edition, revised. New York: Macmillan, 1932.

WESEL, UWE: Der Mythos vom Matriarchat. Über Bachofens Mutterrecht und die Stellung von Frauen in frühen Gesellschaften. Frankfurt am Main: Suhrkamp Taschenbuch Verlag, 1980.

WESTERMANN, DIEDRICH: Die Kpelle. Ein Negerstamm in Liberia. Dargestellt auf der Grundlage von Eingeborenenberichten. Göttingen: Vandenhoeck & Ruprecht; Leipzig: Hinrichs; 1921.

WÖRTERBUCH DER DEUTSCHEN VOLKSKUNDE. Siehe unter ERICH, OSWALD ADOLF.

WUTTKE, ADOLF: Der deutsche Volksaberglaube der Gegenwart. [1860.] Dritte Bearbeitung von Elard Hugo Meyer. Leipzig: Ruhl, 1925. 4. Aufl.

Erzählforschung

AARNE, ANTTI: VERZEICHNIS DER MÄRCHENTYPEN mit Hülfe von Fachgenossen ausgearbeitet. Helsinki: Soumalainen Tiedeakatemia. Toimituksia 1910. (FF Communications No. 3.)

AARNE, ANTTI: THE TYPES OF THE FOLKTALE. A Classification and Bibliography. Antti Aarne's Verzeichnis der Märchentypen. (FF Communications No. 3.) Translated and Enlarged by STITH, THOMPSON. Second Revision. Helsinki: Academia Scientiarum Fennica, 1961. (FF Communications No. 184.)

BÎRLEA, OVIDIU: MICĂ ENCICLOPEDIE A POVEŞTILOR ROMÂNEŞTI. [Kleine Enzyklopädie der rumänischen Erzählungen.] Bukarest: Editura ştiinţifică şi enciclopedică, 1976.

BOLTE, JOHANNES und POLÍVKA, GEORG: Anmerkungen zu den Kinder- und Hausmärchen der Brüder Grimm. Neu bearbeitet von ... 5 Bde. Leipzig: Dieterich'sche Verlagsbuchhandlung Theodor Weicher, 1913-1932.

DÉGH, LINDA: Märchen, Erzähler und Erzählgemeinschaften. Dargestellt an der ungarischen Volksüberlieferung. Berlin/Ost: Akademie-Verlag, 1962.

DETTMERING, PETER (Hg.): Kinder- und Hausmärchen der Brüder Grimm. Urfassung 1812-1814. Eschborn bei Frankfurt am Main: Klotz, 1997.

EBERHARD, WOLFGANG, und BORATAV, PERTEV NAILI: TYPEN TÜRKISCHER VOLKSMÄRCHEN. Wiesbaden: Steiner, 1953.

ENZYKLOPÄDIE DES MÄRCHENS. Handwörterbuch zur historischen und vergleichenden Erzählforschung. 15 Bde. Begründet von KURT RANKE. Herausgegeben von ROLF WILHELM BREDNICH u.a. Berlin/West und New York: de Gruyter, 1977-2015.

GENNEP, ARNOLD VAN: La formation des légendes. Paris: Flammarion, 1917.

KARLINGER, FELIX: Auf Märchensuche im Balkan. Köln: Diederichs, 1987.

KARLINGER, FELIX: Menschen im Märchen. Studien zur Volkserzählung. Wien: Edition Praesens, 1994.

KARLINGER, FELIX (Hg.): Wege der Märchenforschung. Darmstadt: Wissenschaftliche Buchgesellschaft, 1973.

KÖHLER-ZÜLCH, INES, und SHOJAEI KAWAN, CHRISTINE: Schneewittchen hat viele Schwestern. Frauengestalten in europäischen Märchen. Beispiele und Kommentare. Gütersloh: Mohn, 1988.

LEVIN, ISIDOR: Über eines der ältesten Märchen der Welt. In: MÄRCHENSPIEGEL, herausgegeben von der Märchenstiftung Walter Kahn, München. Nr. 4/1994, S. 2-7.

LEYEN, FRIEDRICH VON DER: Das Märchen. Ein Versuch. Leipzig: Quelle und Meyer, 1911. Vierte, erneuerte Auflage zusammen mit KURT SCHIER 1958.

LIUNGMAN, WALDEMAR: Die schwedischen Volksmärchen. Herkunft und Geschichte. [Djursholm, 1952.] Berlin/Ost: Akademie-Verlag, 1961.

LÜTHI, MAX: Das europäische Volksmärchen. Form und Wesen. Tübingen: Francke, [1947] 1985. 8. Aufl.

LÜTHI, MAX: Es war einmal. Vom Wesen des Volksmärchens. Göttingen: Vandenhoeck & Ruprecht, 1962.

LÜTHI, MAX: Märchen. Stuttgart: Metzlersche Verlagsbuchhandlung, 1964. 2., durchgesehene und ergänzte Aufl.

MÄRCHENSPIEGEL. Zeitschrift für internationale Märchenforschung und Märchenpflege. Herausgegeben von der Märchen-Stiftung Walter Kahn, München. Erscheint ab 1990.

MERKEL, JOHANNES: Hören, Sehen, Staunen. Kulturgeschichte des mündlichen Erzählens. Hildesheim, Zürich, New York: Olms, 2015.

NAGY, OLGA: Concretizări de timp şi spaţiu în basmele din Valea Gurghiului. [Zeit- und Ortsangaben in den Märchen des Gurghiu-Tals.] In: REVISTA DE ETNOGRAFIE ŞI FOLCLOR. Tomul 13. Nr. 6/1968. Bukarest: Editura Academiei Republicii Socialiste România. S. 531-542.

OBERFELD, CHARLOTTE (Hg.): Wie alt sind unsere Märchen? Regensburg: Röth, 1990.

PANZER, FRIEDRICH: Beowulf. In: Ders.: Studien zur germanischen Sagengeschichte. 2 Bde. München: Beck, 1910. Bd. 1, S. 1-245.

PROPP, VLADIMIR: Die historischen Wurzeln des Zaubermärchens. [Leningrad, 1946.] München und Wien: Hanser, 1987.

PROPP, VLADIMIR: Morphologie des Märchens. Herausgegeben von Karl Eimermacher. Suhrkamp Taschenbuch Verlag, 1975.

RITTERSHAUS, ADELINE: Die neuisländischen Volksmärchen. Ein Beitrag zur vergleichenden Märchenforschung. Halle a.S.: Niemeyer, 1902.

RÖTH, DIETHER: KLEINES TYPENVERZEICHNIS DER EUROPÄISCHEN ZAUBER- UND NOVELLENMÄRCHEN. Hohengehren: Schneider, 1998.

ŞĂINEANU, LAZĂR: Basmele romậne în comparaţiune cu legendele antice clasice şi în legătură cu basmele popoarelor învecinate şi ale tuturor popoarelor romanice. Studiu comparativ. [Die rumänischen Märchen im Vergleich mit den klassischen antiken Sagen, mit den Märchen der benachbarten Völker und aller romanischen Völker. Vergleichende Studie.] Bukarest: Litotipografia Göbl, 1895.

SCHERF, WALTER: DAS MÄRCHENLEXIKON. 2 Bde. München: Beck, 1995.

SIEGMUND, WOLFDIETRICH (Hg.): Antiker Mythos in unseren Märchen. Kassel: Röth, 1984.

TATAR, MARIA: Von Blaubärten und Rotkäppchen. Grimms grimmige Märchen – psychoanalytisch gedeutet. [Princeton, 1987.] München: Heyne, 1995.

TAUBE, ERIKA: Warum sich der Erzähler nicht lange bitten lassen darf. In: MÄRCHENSPIEGEL. Nr. 4/1996, S. 55-59.

VRIES, JAN DE: Betrachtungen zum Märchen, besonders in seinem Verhältnis zu Heldensage und Mythos. Helsinki: Academia Scientiarum Fennica, 1954.

WINTERSTEIN, ALFRED: Die Pubertätsriten der Mädchen und ihre Spuren im Märchen. In: SIGM. FREUD (Hg.): IMAGO. Zeitschrift für Anwendung der Psychoanalyse auf die Natur- und Geisteswissenschaften. Bd. 14. Leipzig, Wien, Zürich: Internationaler psychoanalytischer Verlag, 1928. S. 200-274.

Sammlungen von Märchen und Sagen

ACKERMANN, ERICH (Hg.): Märchen der Antike. Frankfurt am Main: Fischer Taschenbuch Verlag, 1981.

AFANASJEW, ALEXANDER N.: Märchen aus dem alten Russland. [Moskau, 1957.] Frankfurt am Main und Hamburg: Fischer Bücherei, 1966.

ACKERMANN, ERICH (Hg.): Märchen der Antike. Frankfurt am Main: Fischer Taschenbuch Verlag, 1981.

AFANASJEW, ALEXANDER N.: Märchen aus dem alten Russland. [Moskau, 1957.] Frankfurt am Main und Hamburg: Fischer Bücherei, 1966.

ACKERMANN, ERICH (Hg.): Märchen der Antike. Frankfurt am Main: Fischer Taschenbuch Verlag, 1981.

AFANASJEW, ALEXANDER N.: Märchen aus dem alten Russland. [Moskau, 1957.] Frankfurt am Main und Hamburg: Fischer Bücherei, 1966.

AFANASJEW, ALEXANDER N.: Russische Volksmärchen. [Moskau, 1855-1863.] 2 Bde. München: Deutscher Taschenbuch Verlag, 1985.

AĞCAGÜL, SEVGI, und RAGAGNIN, ELISABETTA (Hg.): Türkische Volksmärchen. München: Deutscher Taschenbuch Verlag, 2008.

AGRICOLA, CHRISTIANE (Hg.): Schottische Volksmärchen. Frankfurt am Main: Zweitausendeins, 2001. (Lizenzausgabe des Insel-Verlags Frankfurt am Main und Leipzig, 1991.)

AICHELE, WALTHER (Hg.): Zigeunermärchen. Jena: Diederichs, 1926.

AICHELE, WALTHER, und BLOCK, MARTIN (Hg.): Zigeunermärchen. Düsseldorf-Köln: Diederichs, 1962.

AITKEN, HANNAH, und MICHAELIS-JENA, RUTH (Hg.): Märchen aus Schottland. [Düsseldorf-Köln, 1965.] Augsburg: Weltbild, 1998.

ALTWALLSTÄDT, KÄTHE (Hg.): Die blaue Rose. Märchen aus Polen. [Berlin/Ost, 1964.] Stuttgart: Ogham, 1980. 4. Aufl.

AMBAINIS, OJĀRS (Hg.): Lettische Volksmärchen. Berlin/Ost: Akademie-Verlag, 1977.

APRILE, RENATO (Hg.): Die Schöne mit den sieben Schleiern. Sizilianische Zaubermärchen. Stuttgart; Urachhaus, 1997.

ARANY, LÁSZLÓ: Ungarische Volksmärchen. [1862.] Budapest: Corvina, 1984.

ARIDAS, GEORGIOS (Hg.): Und sie lebten glücklich … Griechische Volksmärchen. Leipzig: Reclam, 1985. 2., veränderte Aufl.

ARNDT, ERNST MORITZ: Märchen. München: Borowsky, o.J.

BAER, ALEXANDER (Hg.): Der gläserne Berg. Estnische Märchen. Berlin/Ost: Verlag Kultur und Fortschritt, 1970.

BAGEACU, VIOREL (Hg.): Padişahul şi vizirul. Basme persane. [Der Padischah und der Wesir. Persische Märchen.] Bukarest: Editura Minerva, 1971.

BARAG, L. G. (Hg.): Belorussische Volksmärchen. Berlin/Ost: Akademie-Verlag, 1970.

BARÜSKE, HEINZ (Hg.): Dänische Märchen. Frankfurt am Main und Leipzig: Insel, 1993.

BASILE, GIAMBATTISTA: Das Pentameron. [Neapel, 1634-1637.] Leipzig: Reclam, 1968.

BAZANOV, V. G., und ALEKSEEVA, O. B.: Velikorusskie skazki v zapisjach I. A. Chudjakova. [Großrussische Märchen in den Schriften von I. A. Chudjakov.] Moskau und Leningrad: Nauka, 1964.

BEGEGNUNG DER VÖLKER IM MÄRCHEN. Unveröffentlichte Quellen. (Titel einer im Jahresrhythmus veröffentlichten Sammlung. Siehe unter: „Von Trollen, Prinzen und Herrn Fro".)

BENEDEK, ELEK: Benedek Elek összes meséi. [Elek Benedeks sämtliche Märchen.] [1894-1896.] 4 Bde. Szegedin und Budapest: Szukits, 2001-2003.

BENZEL, ULRICH: Märchen und Sagen der Deutschen aus Böhmen und Mähren. 2 Bde. Regensburg: Pustet, 1980.BÎRLEA, OVIDIU (Hg.): Antologie de proză populară epică. [Anthologie epischer Volksprosa.] 3 Bde. Bukarest: Editura pentru literatură, 1966.

BLADÉ, JEAN FRANCOIS: Der Davidswagen. Märchen aus der Gascogne. Stuttgart: Verlag Freies Geistesleben, 1954.

BOAS, FRANZ: Indianische Sagen von der Nord-Pacifischen Küste Amerikas. [Berlin, 1895.] Bonn: Holos, 1992.

BOGLÁR, LAJOS (Hg.): A három narancs palotája. Spanyol népmesék. [Der Palast der drei Orangen. Spanische Volksmärchen.] Budapest: Europa, 1963.

BOLTZ, HERBERT (Hg.): Toskanische Märchen. Frankfurt am Main: Fischer Taschenbuch Verlag, 1999.

BOLTZ, HERBERT (Hg.): Venezianische Märchen. Frankfurt am Main: Fischer Taschenbuch Verlag, 1997.

BONSACK, WILFRIED M. (Hg.): Der schwangere Kupferkessel. Tunesische Märchen und Geschichten. Nach der Sammlung von Hans Stumme. [Leipzig: Kiepenheuer, 1979 unter dem Titel „Dschuhas Abenteuer".] Zürich: Unionsverlag, 1996.

BORATAV, PERTEV NAILI (Hg.): Türkische Volksmärchen. Berlin/Ost: Akademie-Verlag, 1974.

BOŠKOVIĆ-STULLI, MAJA (Hg.): Kroatische Volksmärchen. Düsseldorf-Köln: Diederichs, 1975.

BRIGGS, KATHARINA, und MICHAELIS-JENA, RUTH (Hg.): Englische Volksmärchen. Düsseldorf-Köln: Diederichs, 1970.

BRILL, TONY (Hg.): Legendele românilor. 3 Bde (Legendele cosmosului; Legendele florei; Legendele faunei). [Die Legenden der Rumänen. 3 Bde. (Legenden des Kosmos; Legenden der Flora; Legenden der Fauna.)] Bukarest: „Grai şi Suflet – Cultura Naţională", 1994.

BRUNOLD-BIGLER, URSULA (Hg.): Die drei Winde. Rätoromanische Märchen aus der Surselva, gesammelt von CASPAR DECURTINS. Chur: Desertina, 2002.

BUKOWSKA-GROSSE, EWA, und KOSCHMIEDER, ERWIN (Hg.): Polnische Märchen. Düsseldorf-Köln: Diederichs, 1967.

BULATOV, M.: Gora samocvetov. Skazki narodov SSSR. V pereskaze … [Der Edelsteinberg. Märchen der Völker der UdSSR. Nacherzählt von …] Moskau: Detskaja literatura, 1989.

BUSCH, WILHELM: Aus alter Zeit. [München, 1910.] Leipzig: Insel [1936].

BYHAN, ELSE (Hg.): Wunderbaum und goldener Vogel. Slowenische Volksmärchen. Eisenach und Kassel: Röth, 1958.

CALVINO, ITALO: Die Braut, die von Luft lebte, und andere italienische Märchen. Gesammelt und nacherzählt von ... [Turin, 1956.] München und Wien: Hanser, 1993.

CAMAJ, MARTIN, und UTA, SCHIER-OBERDORFFER (Hg.): Albanische Märchen. Düsseldorf-Köln: Diederichs, 1974.

CAMMAN, ALFRED (Hg.): Märchenwelt des Preußenlandes. Schloss Bleckede/Elbe: Meissners, 1973.

CHMELOVÁ, ELENA: Märchen der Bergwelt. Ausgewählt und bearbeitet von ... Bratislava: Slovart, 1988.

COX-LEICK, A. M. A., und COX, H. L. (Hg.): Märchen der Niederlande. Düsseldorf-Köln: Diederichs, 1977.

DER HEXENSCHLITTEN. Litauische Märchen. Berlin/Ost: Volk und Welt/ Kultur und Fortschritt, 1973.

DIE GOLDENE SCHALE und andere Märchen der Völker der Sowjetunion. Moskau: Progress, o.J.

DIE RÄUBERNACHTIGALL. Belorussische Märchen. Berlin/Ost: Volk und Welt [1969] 1976. 3. Aufl.

DIE SCHÖNE KULINE. Tschuwaschische Volksmärchen. Ausgewählt und aus dem Tschuwaschischen übersetzt von Iwan Serow, nacherzählt von Anneliese Probst. Berlin/Ost: Der Kinderbuchverlag Berlin, 1970.

DIRR, ADOLF (Hg.): Kaukasische Märchen. Jena: Diederichs, 1920.

DOBŠINSKÝ, PAVOL: Der verwunschene Wald. Bratislava: Mladé letá, 1976. (Die zweite Auswahl aus der Sammlung slowakischer Märchen von Pavol Dobšinský.)

DOBŠINSKÝ, PAVOL: Slowakische Märchen. Prag: Artia, 1963.

EHRENTREICH, ALFRED (Hg.): Englische Volksmärchen. Jena: Diederichs, 1938.

ENDERLE, URSULA (Hg.): Märchen der Völker Jugoslawiens. [Belgrad, Skopje, Ljubljana, 1978.] Leipzig: Insel-Verlag Anton Kippenberg, 1990.

ESCHE, ANNEMARIE (Hg.): Märchen der Völker Burmas. Kommentiert unter Mitarbeit von HEINZ MODE und RALPH TRÖGER. [Leipzig, 1976.] Frankfurt am Main und Leipzig: Insel, 1993.

ESCHKER, WOLFGANG (Hg.): Serbische Märchen. München: Diederichs, 1992.

FÁBIÁN, IMRE: Eredeti népmesék Biharból. [Echte Volksmärchen aus dem Bihor-Gebiet.] Nagyvárad/Oradea (Rumänien): Literator, 2001.

FÄHNRICH, HEINZ (Hg.): Georgische Märchen. Leipzig: Insel Verlag Anton Kippenberg, 1980. Mit demselben Titel 1991 im Insel Verlag Frankfurt am Main und Leipzig.

FIETZ, WALDEMAR: Sagen der Römer. Geschichten und Geschichte aus der Frühzeit Roms. Frankfurt am Main: Insel, 1980.

FINDEISEN, HARRI (Hg.): Vom Seehund, der auf Brautschau ging. Märchen von der Tschuktschenhalbinsel. Berlin/Ost: Holz, 1972.

FINK, DAGMAR (Hg.): Mabik und der Wolkenriese. Volksmärchen aus der Bretagne. Stuttgart: Freies Geistesleben, 1977.

FINK, HANS: Salige und Unholde. Frauengestalten der Alpensage. Bozen: Athesia, 1996.

FINK, MARTIN (Hg.): Pfullinger Sagen. Pfullingen, 1999. 3. erweiterte Aufl.

FROBENIUS, LEO: Atlantis. Volksmärchen und Volksdichtungen Afrikas. 12 Bde. Jena: Diederichs, 1921-1928. (Bde. I-III: Volksmärchen der Kabylen. Bd. IV: Märchen aus Kordofan. Bd. V: Dichten und Denken im Sudan. Bd. VI: Spielmannsgeschichten der Sahel. Bd. VII: Dämonen des Sudan. Bd. VIII: Erzählungen aus dem Westsudan. Bd. IX: Volkserzählungen und Volksdichtungen aus dem Zentralsudan. Bd. X: Die atlantische Götterlehre. Bd. XI: Volksdichtungen aus Oberguinea. Bd. XII: Dichtkunst der Kassaiden.)

FROBENIUS, LEO: Das Zeitalter des Sonnengottes. Bd. 1 [einziger Band]. Berlin: Reimer, 1904.

FRÜH, SIGRID (Hg.): Die Frau, die auszog, ihren Mann zu erlösen. Frauenmärchen. Frankfurt am Main: Fischer Taschenbuch Verlag, 1991.

FRÜH, SIGRID (Hg.): Märchenreise durch Europa. Frankfurt am Main: Fischer Taschenbuch Verlag, 1994.

GAŠPARÍKOVÁ, VIERA (Hg.): Slowakische Volksmärchen. Kreuzlingen und München: Hugendubel, 2000.

GAŠPARÍKOVÁ, VIERA, JECH, JAROMÍR, KAPEŁUŚ, HELENA, NEDO, PAUL (Hg.): Die gläserne Linde. Westslawische Märchen. Bautzen: Domowina, 1972.

GASTER, THEODOR H. (Hg.): Die ältesten Geschichten der Welt. [New York, 1952.] Berlin/West: Wagenbach, 1983.

GERAMB, VIKTOR VON (Hg.): Kinder- und Hausmärchen aus der Steiermark. Graz: Leykam, [1941] 1967. 4. Aufl. bearbeitet von KARL HAIDING.

GONZENBACH, LAURA: Sicilianische Märchen. Erster und zweiter Teil. [Leipzig, 1870.] Hildesheim und New York: Olms, 1976.

GRIMM, BRÜDER GRIMM: Kinder- und Hausmärchen. [Göttingen, 1857.] 3 Bde. Ausgabe letzter Hand. Mit den Originalanmerkungen der Brüder Grimm. Mit einem Anhang sämtlicher, nicht in allen

Auflagen veröffentlichter Märchen und Herkunftsnachweisen herausgegeben von HEINZ RÖLLEKE. Stuttgart: Reclam, 1984.

GROHMANN, JOSEF VIRGIL : Sagen-Buch von Böhmen und Mähren. Berlin: Hofenberg, 2013.

GUELBENZU, JOSÉ MARÍA: Spanische Volksmärchen. [Madrid, 1996/1997.] München: Deutscher Taschenbuch Verlag, 2009.

HAHN, J. G. v.: Griechische und albanesische Märchen. Erster und zweiter Teil. Leipzig: Engelmann, 1864.

HAHN, JOHANN GEORG VON: Griechische Märchen. Nördlingen: Greno, 1987.

HAIDING, KARL: Märchen und Schwänke aus Oberösterreich. Berlin/West: de Gruyter, 1969.

HAIDING, KARL (Hg.): Österreichs Märchenschatz. Wien: Pro domo, 1953.

HALLER, KARL (Hg.): Volksmärchen aus Österreich. Wien, Stuttgart, Leipzig: Loewes Verlag Ferdinand Carl, o.J.

HALTRICH, JOSEF: Sächsische Volksmärchen aus Siebenbürgen. [Berlin 1856 unter dem Titel „Deutsche Volksmärchen aus dem Sachsenlande in Siebenbürgen".] Bukarest: Kriterion, 1971.

HAMBRUCH, PAUL (Hg.): Malaiische Märchen. Jena: Diederichs, 1927.

HAMMER, WOLFGANG, und ARNOLD, RAINER (Hg.): Als das Buschferkel fliegen wollte. Märchen aus Zaire. Leipzig und Weimar: Kiepenheuer, 1990.

HARALAMPIEFF, KYRILL (Hg.): Bulgarische Volksmärchen. Düsseldorf-Köln: Diederichs, 1971.

HAȘDEU, BOGDAN PETRICEICU: Omul de flori. Basme şi legende populare româneşti. [Der Blumenmann. Rumänische Volksmärchen und -sagen.] Bukarest: SAECULUM I. O. und Vestala, 1997.

HAȘDEU, B. P.: Literatură populară. Basme populare româneşti. [Volksdichtung. Rumänische Volksmärchen.] Bukarest: „Grai si suflet – Cultura naţională", 2000.

HENSSEN, GOTTFRIED (Hg.): Die güldene Kette. Schönste Volksmärchen. Aus dem Märchenschatz der europäischen Völker ausgewählt von ... Gütersloh: Bertelsmann, 1957.

HENSSEN, GOTTFRIED (Hg.): Mecklenburger erzählen. Märchen, Schwänke und Schnurren aus der Sammlung RICHARD WOSSIDLOS, herausgegeben und durch eigene Aufzeichnungen vermehrt von ... Berlin/Ost: Akademie-Verlag, 1958.

HENSSEN, GOTTFRIED (Hg.): Ungarndeutsche Volksüberlieferungen. Erzählungen und Lieder. Marburg: Elwert, 1959.

HENSSEN GOTTFRIED: Volksmärchen aus Rheinland und Westfalen. [Wuppertal-Elberfeld, 1932.] Hildesheim und New York: Olms, 1981.

HESSE, NINON (Hg.): Der Teufel ist tot. Deutsche Märchen vor und nach Grimm. Frankfurt am Main: Insel, 1979.

HESSEL, KARL: Sagen und Geschichten des Rheintals. Bonn: Marcus und Weber, 1904.

HETMANN, FREDERIK (Hg.): Keltische Märchen. Irland, Schottland, Wales, Bretagne. Frankfurt am Main: Fischer Taschenbuch Verlag, 1975.

HETMANN, FREDERIK (Hg.): Märchen aus Andalusien. Frankfurt am Main: Fischer Taschenbuch Verlag, 1996.

HETMANN, FREDERIK (Hg.): Roter Drache, grünes Tal. Märchen aus Wales. Frankfurt am Main: Fischer Taschenbuch Verlag, 1987.

HEYL, JOHANN ADOLF: Volkssagen, Bräuche und Meinungen aus Tirol. [1897.] Bozen: Athesia, 1989.

HÖRGER, MARLIES (Hg.): Der Verschleierte. Märchen von Ketzern und Verfemten. Frankfurt am Main: Fischer Taschenbuch Verlag, 1986.

HÖRGER, MARLIES (Hg.): Märchen der Provence. Frankfurt am Main: Fischer Taschenbuch Verlag, 1991.

HUBE, HANS-JÜRGEN (Hg.): Du alter Riesenhupf! Schwedische Märchen. Leipzig: Reclam, 1974.

HUBE, HANS-JÜRGEN (Hg.): Schwedische Märchen. Frankfurt am Main und Leipzig: Insel, 1992.

ILG, B.: Maltesische Märchen und Schwänke. Zwei Teile in je einem Band. Leipzig: Schönfeld, 1906.

ISPIRESCU, PETRE: Legende sau basmele românilor. [Legenden oder die Märchen der Rumänen.] [Bukarest, 1872.] Bukarest: Cartea româneasca, 1988. (Gesamtausgabe der Märchen.)

JAHN, ULRICH: Volksmärchen aus Pommern und Rügen. [Norden und Leipzig, 1891.] Hildesheim und New York: Olms, 1973, 1977.

JECH, JAROMÍR (Hg.): Tschechische Volksmärchen. [Berlin/Ost, 1961.] Berlin/Ost: Akademie-Verlag, 1984. 2., vollständig bearbeitete und erweiterte Aufl.

KAPEŁUŚ, HELENA, und KRZYŻANOWSKI, JULIAN (Hg.): Die Kuhhaut. Hundert polnische Volksmärchen. Leipzig und Weimar: Kiepenheuer, 1987.

KARLINGER, FELIX (Hg.): Das Feigenkörbchen. Volksmärchen aus Sardinien. Kassel: Röth, 1973.

KARLINGER, FELIX (Hg.): Das Mädchen im Apfel. Italienische Volksmärchen. München: Deutscher Taschenbuch Verlag, 1964.

KARLINGER, FELIX (Hg.): Inselmärchen des Mittelmeeres. Düsseldorf-Köln: Diederichs, 1960.

KARLINGER, FELIX (Hg.): Italienische Volksmärchen. Köln: Diederichs, 1973.

KARLINGER, FELIX (Hg.): Märchen aus Portugal. Frankfurt am Main: Fischer Taschenbuch Verlag, 1976.

KARLINGER, FELIX (Hg.): Märchen der Welt. 5 Bde. (Südeuropa; Mittel- und Nordeuropa; Amerika; Asien; Afrika und Ozeanien.) München: Deutscher Taschenbuch Verlag, 1978-1980.

KARLINGER, FELIX, und BÎRLEA, OVIDIU (Hg.): Rumänische Volksmärchen. Düsseldorf-Köln: Diederichs, 1969.

KARLINGER, FELIX, und LASERER, ERENTRUDIS (Hg.): Baskische Märchen. Düsseldorf-Köln: Diederichs, 1980.

KELLER, WALTER, und RÜDIGER, LISA (Hg.): Italienische Märchen. Düsseldorf-Köln: Diederichs, 1959.

KERBELYTÉ, BRONISLAVA (Hg.): Litauische Volksmärchen. Berlin/Ost: Akademie-Verlag, 1978.

KINDL, ULRIKE (Hg.): Märchen aus den Dolomiten. München: Diederichs, 1992.

KLAAR, MARIANNE: Die Reise im goldenen Schiff. Märchen von ägäischen Inseln. Kassel: Röth, 1977.

KLEIN, ROBERT (Hg.): Das weiße, das schwarze und das feuerrote Meer. Kassel: Röth, 1966.

KOSCH, MARIE: Deutsche Volksmärchen aus Mähren. [Kremsier, 1899.] Hildesheim, Zürich, New York: Olms, 1988. (Beigebunden ist: ANTON ALTRICHTER: Sagen aus der Iglauer Sprachinsel. [Iglau, 1920.])

KOVÁCS, ÁGNES (Hg.): Der grüne Recke. Ungarische Volksmärchen. Kassel: Röth, 1986.

KOVÁCS, ÁGNES (Hg.): Ungarische Volksmärchen. [München, 1966.] Reinbek bei Hamburg: Rowohlt Taschenbuch Verlag, 1994.

KRAUSS, FRIEDRICH S.: Sagen und Märchen der Südslaven in ihrem Verhältnis zu den Sagen und Märchen der übrigen indogermanischen Völkergruppen. 2 Bde. Leipzig: Friedrich, 1883-1884.

KRETSCHMER, PAUL (Hg.): Neugriechische Märchen. Jena: Diederichs, 1917.

KRIZA, JÁNOS: A csókalányok. [Die Dohlenmädchen.] Budapest: Móra, 1972.

KUHN, ADALBERT: Sagen, Gebräuche und Märchen aus Westfalen und einigen anderen, besonders den angrenzenden Gegenden Norddeutschlands. 2 Bände in einem Band. [Leipzig, 1859.] Hildesheim und New York: Olms, 1973.

KUHR, UWE (Hg.): Arabische Märchen aus Syrien. Frankfurt am Main und Leipzig: Insel, 1993.

KÚNOS, IGNÁC: A szótlan szultánkisasszony. [Die wortlose Sultanstochter.] Budapest: Móra, 1980.

KÚNOS, IGNÁZ: Türkische Volksmärchen aus Stambul. Leiden: Brill [1905].

LAZĂR, DUMITRU (Hg.): Fata din dafin. Basme populare românești. [Das Mädchen aus dem Lorbeerbaum. Rumänische Volksmärchen.] Bukarest: Editura pentru literatură, 1967.

LEVIN, ISIDOR (Hg.): Zarensohn am Feuerfluss. Russische Märchen von der Weißmeerküste. Kassel: Röth, 1984.

LINTUR, P. V. (Hg.): Ukrainische Volksmärchen. Berlin/Ost: Akademie-Verlag, 1972.

LIUNGMAN, WALDEMAR (Hg.): Weißbär am See. Schwedische Volksmärchen von Bohuslän bis Gotland. Kassel: Röth, 1965.

LÖPELMANN, MARTIN (Hg.): Sagen und Märchen der Rumänen. Aus der Volksdichtung der macedonischen Rumänen. Leipzig: Armanen-Verlag, 1937.

LÖWIS OF MENAR, AUGUST VON (Hg.): Finnische und estnische Volksmärchen. Jena: Diederichs, 1927.

MÄRCHEN DER EUROPÄISCHEN VÖLKER. Siehe unter: VON PRINZEN, TROLLEN UND HERRN FRO.

MÄRKER, ALEXANDER (Hg.): Märchen aus Mallorca. Frankfurt am Main: Fischer Taschenbuch Verlag, 1992.

MEGAS, GEORGIOS A. (Hg.): Begegnung der Völker im Märchen. Unveröffentlichte Quellen. Bd. 3. Griechenland – Deutschland. Münster in Westfalen: Aschendorff, 1968.

MEGAS, GEORGIOS A. (Hg.): Griechische Volksmärchen. Düsseldorf-Köln: Diederichs, 1965.

MEIER, HARRI (Hg.): Spanische und portugiesische Märchen. Jena: Diederichs, 1940.

MEIER, HARRI, und KARLINGER, FELIX (Hg.): Spanische Märchen. München: Diederichs, 1961.

MEIER, HARRI, und WOLL, DIETER (Hg.): Portugiesische Märchen. München: Diederichs, [1975] 1993. 2., überarbeitete Aufl.

MELL, MAX (Hg.): Alpenländisches Märchenbuch. Volksmärchen aus Österreich. Wien: Amandus-Edition, 1946.

MERKELBACH-PINCK, ANGELIKA: Lothringer Volksmärchen. Düsseldorf-Köln: Diederichs, 1961.

MERKELBACH-PINCK, ANGELIKA: Volkserzählungen aus Lothringen. Münster in Westfalen: Aschendorff, 1967.

MORECK, CURT (Hg.): Die Märchenquelle. Märchen der Völker. Reinbek bei Hamburg: Parus, 1947.

MOSER-RATH, ELFRIEDE (Hg.): Deutsche Volksmärchen. Neue Folge. [München, 1966.] Reinbek bei Hamburg: Rowohlt Taschenbuch Verlag, 1996.

NEDO, PAUL (Hg.): Sorbische Volksmärchen. Systematische Quellenausgabe mit Einführung und Anmerkungen. Bautzen: Domowina, 1956.

NEUMANN, SIEGFRIED ARMIN (Hg.): Volksmärchen aus dem historischen Vorpommern. Aus den Sammlungen von Ulrich Jahn, Alfred Haas und ihren Zeitgenossen. Rostock: Hinstorff, 1984.

NICULESCU, RUXANDRA (Hg.): Omul de piatră. Basmele călătoriilor în timp. [Der steinerne Mann. Die Märchen von Zeitreisen.] Bukarest: Minerva, 1976.

NIŞCOV, VIORICA (Hg.): Cele trei rodii aurite. O istorie a basmelor româneşti în texte. [Die drei goldenen Granatäpfel. Eine Geschichte der rumänischen Märchen in Texten.] Bukarest: Minerva, 1979.

OBERFELD, CHARLOTTE (Hg.): Volksmärchen aus Hessen. Marburg: Elwert, 1962.

OBERT, FRANZ: Rumänische Märchen und Sagen aus Siebenbürgen. In: ARCHIV DES VEREINES FÜR SIEBENBÜRGISCHE LANDESKUNDE. Neue Folge. Bd. 42, 2. und 3. Heft. Hermannstadt/Sibiu (Rumänien): Franz Michaelis Nachf. E. Dück, 1925.

OGNJANOWA, ELENA (Hg.): Bulgarische Märchen. Leipzig: Insel Verlag Anton Kippenberg, 1987.

OLESCH, REINHOLD (Hg.): Russische Volksmärchen. Düsseldorf-Köln: Diederichs, 1959.

ONČUKOV, N. E. (Hg.): Severnye skazki. [Märchen des Nordens.] [1908.] Sankt Petersburg: Tropa Trojanova, 1998.

ORTUTAY, GYULA (Hg.): Ungarische Volksmärchen. [Berlin/Ost, 1957.] Budapest: Corvina, 1980. 6., berichtigte Aufl.

OTT-KOPTSCHALIJSKI, CONSTANCE (Hg.): Griechische Inselmärchen. Frankfurt am Main: Fischer Taschenbuch Verlag, 1998.

PAP, ÉVA (Hg.): Der Bärenjunge. Volksmärchen aus dem uralischen Sprachraum. Budapest: Corvina, 1985.

PETZOLD, LEANDER (Hg.): Balkan-Märchen. Frankfurt am Main: Fischer Taschenbuch Verlag, 1995.

PETZOLD, LEANDER (Hg.): Sagen, Märchen und Schwänke aus Südtirol. Gesammelt von WILLI MAI. 2 Bde. Innsbruck und Wien: Tyrolia, 2000-2002.

PEUCKERT, WILL-ERICH (Hg.): Schlesische Kinder- und Hausmärchen. Stuttgart: Brentano, 1953.

PFEIFER, VALENTIN (Hg.): Spessart-Sagen. Aschaffenburg: Pattloch, 1961. 3., ergänzte Aufl.

PIPREK, J. (Hg.): Polnische Volksmärchen. Wien: Verlag des Vereins für österreichische Volkskunde, 1918.

POMERANZEWA, E. (Hg.): Die Herrin des Feuers. Märchen der Nordvölker. Moskau: Progress, 1974.

POMERANZEWA, ERNA (Hg.): Russische Volksmärchen. Berlin/Ost: Akademie-Verlag, 1964. 12. Aufl. 1976.

POP RETEGANUL, ION: Poveşti ardeleneşti. Basme, legende, snoave, tradiţii şi povestiri. [Siebenbürgische Erzählungen. Märchen, Sagen, Schwänke, Bräuche und Geschichten.] [Bukarest, 1943.] Bukarest: Minerva, 1986.

POVEŞTI NEMURITOARE [Unsterbliche Märchen]. Buchreihe des Bukarester Kinderbuchverlags „Ion Creangă“.

PRÖHLE, HEINRICH: Kinder- und Volksmärchen. [Leipzig, 1853.] Hildesheim und New York: Olms, 1975.

RĂDULESCU-CODIN, C.: Poveşti. [Märchen.] Bukarest: Editura tineretului, 1957.

RANGE, JOCHEN D. (Hg.): Litauische Volksmärchen. Düsseldorf-Köln: Diederichs, 1981.

RANKE, KURT (Hg.): Schleswig-Holsteinische Volksmärchen. Aus den Sammlungen der Kieler Universitätsbibliothek, der Schleswig-Holsteinischen Landesbibliothek und des Germanistischen Seminars der Universität Kiel. 3 Bde. Kiel: Hirt, 1955-1962.

RAUCH, KARL (Hg.): Märchen aus Frankreich, den Niederlanden und der Schweiz. Lizenzausgabe mit Genehmigung von Interbooks Zürich für die Deutsche Buchgemeinschaft Berlin – Darmstadt – Wien, o.J.

RAUSMAA, PIRRKO-LIISA, und SCHELLBACH-KOPRA, INGRID (Hg.): Finnische Volksmärchen. München: Diederichs, 1993.

REIFFENSTEIN, INGO (Hg.): Österreichische Märchen. Düsseldorf-Köln: Diederichs, 1979.

ŞANDRU OLTEANU, TUDORA (Hg.): Legenda copacului manacá. Poveşti şi legende din America latină. [Die Sage vom Manacá-Baum. Märchen und Sagen aus Lateinamerika.] Bukarest: Minerva, 1980.

SCHAMBACH, GEORG, und MÜLLER, WILHELM: Niedersächsische Sagen und Märchen. Aus dem Munde des Volkes gesammelt und mit Anmerkungen versehen und Abhandlungen herausgegeben. Göttingen: Vandenhoeck und Ruprecht, 1855.

SCHENDA, RUDOLF (Hg.): Märchen aus der Toskana. München: Diederichs, 1996.

SCHENDA, RUDOLF, und SENN, DORIS (Hg.): Märchen aus Sizilien. Gesammelt von GIUSEPPE PITRÉ. München: Diederichs, 1991.

SCHILD, ULLA (Hg.): Sagen und Märchen aus dem Elsaß. [München, 1991.] Reinbek bei Hamburg: Rowohlt Taschenbuch Verlag, 1994.

SCHILD, ULLA (Hg.): Westafrikanische Märchen. Düsseldorf-Köln: Diederichs, 1975.

SCHNELLER, CHRISTIAN: Märchen und Sagen aus Wälschtirol. Ein Beitrag zur deutschen Sagenkunde. [Innsbruck, 1867.] Hildesheim und New York: Olms, 1976.

SCHOTT, ARTHUR, und SCHOTT, ALBERT: Rumänische Volkserzählungen aus dem Banat. Märchen, Schwänke, Sagen. [Stuttgart und Tübingen, 1845.] Bukarest: Kriterion, 1971.

SCHULLERUS, PAULINE: Rumänische Volksmärchen aus dem mittleren Harbachtal. Bukarest: Kriterion, 1977.

SEBESTYÉN, GYÖRGY: Der Mann mit dem Blumenkopf. Märchen aus Ungarn. Erzählt von … Wien und München: Jugend und Volk, 1972. 2. Aufl.

ŞERB IOAN (Hg.): Legende despre flori şi păsări. [Legenden von Blumen und Vögeln.] Bukarest: Minerva, 1990.

ŞERB IOAN (Hg.): Tinereţe fără bătrîneţe şi viaţă fără de moarte. Basme populare româneşti. [Jugend ohne Alter und Leben ohne Tod. Rumänische Volksmärchen.] Bukarest: Editura pentru literatură, 1961.

SEVASTOS, ELENA D. O.: Literatură populară. [Volksdichtung.] 2 Bde. Bukarest: Minerva, 1990.

SEVASTOS, M., und GĂMULESCU, D. (Hg.): Basme sîrbocroate. [Serbo-kroatische Märchen.] Bukarest: Editura pentru literatura universală, 1965.

SIROVÁTKA, OLDŘICH: Polnische Märchen. Erzählt von ... Prag: Artia, 1990; Hanau am Main: Dausien, o. J.

SIROVÁTKA, OLDŘICH (Hg.): Tschechische Volksmärchen. Düsseldorf-Köln: Diederichs, 1969.

SIWIK, HANS [Fotos], und LESAAR, SUSANNE [Auswahl und Nacherzählung] (Hg.): Der eiserne Mann. Im Märchenland Thüringen. Freiburg im Breisgau, Basel, Wien: Herder, 1992.

SKLAREK [RÓNA-SKLAREK], ELISABET (Hg.): Ungarische Volksmärchen. 2 Bde. Leipzig: Dieterich'sche Verlagsbuchhandlung Theodor Weicher, 1901-1909.

SOLMS, WILHELM, und FRÜH, SIGRID (Hg.): Märchen von Teufeln. Frankfurt am Main: Fischer Taschenbuch Verlag, 1994.

SOMMER, EMIL: Sagen, Märchen und Gebräuche aus Sachsen und Thüringen. Bd. 1 [einziger Band]. Halle: Anton, 1846.

SOUPAULT, RÉ (Hg.): Bretonische Märchen. Düsseldorf-Köln: Diederichs, 1959.

SOUPAULT, RÉ (Hg.): Französische Märchen. Düsseldorf-Köln: Diederichs, 1963.

SOUPAULT, RÉ (Hg.): Französische Märchen. Frankfurt am Main und Hamburg: Fischer Bücherei, 1970.

SOUPAULT, RÉ (Hg.): Französische Märchen. Volksmärchen des 19. und 20. Jahrhunderts. Augsburg: Weltbild, 1998.

SPIES, OTTO (Hg.): Türkische Märchen. München: Diederichs, 1967.

STĂNCESCU, D.: Sur-Vultur. Basme culese din gura poporului român. [Grau-Adler. Märchen aus dem Munde des rumänischen Volkes.] Bukarest: SAECULUM I. O: 2000.

STANOVSKÝ, V., SIROVÁTKA, O., LUŽIK, R.: Slawische Märchen. Erzählt von … Prag: Artia, 1971.

STEPHANI, CLAUS: Zipser Mära und Kaßka. Marburg: Elwert, 1989.

STRAUB, WILHELM (Hg.): Sagen des Schwarzwaldes. Bühl in Baden: Konkordia, 1959.

STROEBE, KLARA (Hg.): Nordische Volksmärchen. 2 Bde. Jena: Diederichs, 1919 und 1922.

STUDER-FRANGI, SILVIA (Hg.): Märchen aus Italien. Frankfurt am Main: Fischer Taschenbuch Verlag, 1992.

SUTERMEISTER, OTTO: Kinder- und Hausmärchen aus der Schweiz. Aarau: Sauerländer, 1869.

SZABÓ, LÁSZLÓ: A ravasz pókasszony. Lapp népmesék. [Die listige Spinnenfrau. Lappländische Volksmärchen.] Budapest: Móra, 1968.

TAUBE, ERIKA (Hg.): Tuwinische Volksmärchen. Berlin/Ost: Akademie-Verlag, 1978.

TEGETHOFF, ERNST (Hg.): Französische Volksmärchen. Aus älteren Quellen. Jena: Diederichs, 1923.

TEODORESCU, G. DEM.: Basme romậne. [Rumänische Märchen.] Bukarest: Editura pentru literatură, 1968.

TIETZ, ALEXANDER: Märchen und Sagen aus dem Banater Bergland. Bukarest: Kriterion, 1974.

TOLSTOJ, A. N.: Russische Volksmärchen. Bearbeitet von ... [Moskau, 1946.] Berlin/Ost: SWA-Verlag, 1949. (Die Sammlung erschien 1975 stark gekürzt unter dem Titel „Märchen aus Russland" im Fischer Taschenbuch Verlag.)

TOPPER, UWE (Hg.): Märchen der Berber. Köln: Diederichs, 1986.

TURKMENISCHE VOLKSMÄRCHEN. [Aschchabad, 1982.] Moskau: Raduga, 1987.

UFFER, LEZA (Hg.): Rätoromanische Märchen. Düsseldorf-Köln: Diederichs, 1977.

UTHER, HANS-HÖRG (Hg.): Deutsche Märchen und Sagen. Digitale Bibliothek, Bd. 80. Berlin: Directmedia, 2003.

UTHER, HANS-JÖRG (Hg.): Europäische Märchen und Sagen. Digitale Bibliothek, Bd. 110. Berlin: Directmedia, 2004.

UZUNOGLU-OCHERBAUER, Adelheid (Hg.): Türkische Märchen. Frankfurt am Main: Fischer Taschenbuch Verlag, 1997.

VERNALEKEN, THEODOR: Alpenmärchen. [Wien, 1864.] Augsburg: Weltbild, 1992.

VERNALEKEN, THEODOR: Mythen und Bräuche des Volkes in Österreich. Als Beitrag zur deutschen Mythologie, Volksdichtung und Sittenkunde. Wien: Braumüller, 1859.

VIIDALEPP, RICHARD (Hg.): Estnische Volksmärchen. Berlin/Ost: Akademie-Verlag, 1980. (Die Sammlung wurde 1990 unter demselben Titel im Diederichs-Verlag München veröffentlicht.)

VON PRINZEN, TROLLEN UND HERRN FRO. Märchen der europäischen Völker. Rheine in Westfalen. [Eine Reihe von Bänden mit Märchen in der Originalsprache und in deutscher Übersetzung.] Ab 1956 im Jahresrhythmus herausgegeben von der Gesellschaft zur Pflege des Märchengutes der europäischen Völker. Seit 1965 unter dem Titel „Begegnung der Völker im Märchen. Unveröffentlichte Quellen".

WALDAU, ALFRED VON (Hg.): Tschechische Märchen. [Prag, 1860.] Prag: Vitalis, 1999.

WALDMANN, RICHARD (Hg.): Die Schweiz in ihren Märchen und Sennengeschichten. Köln: Diederichs, 1983.

WESEMANN, EBERHARD (Hg.): Estnische Märchen. Frankfurt am Main und Leipzig: Insel, 1995.

WIE IWAN DIE SONNE BESUCHTE. Ukrainische Heldenmärchen. Kiew, Dnipro, 1989.

WISSER, WILHELM: Plattdeutsche Volksmärchen. 2 Bde. Jena: Diederichs, 1914 und 1927. (Das erste Buch erscheint 1927 als Band I der zweibändigen Ausgabe mit dem Untertitel „Ausgabe für Erwachsene"; das zweite Buch erscheint mit dem Untertitel „Neue Folge".)

WOELLER, WALTRAUD (Hg.): Deutsche Volksmärchen. Leipzig: Insel, 1985.

WOELLER, WALTRAUD (Hg.): Deutsche Volksmärchen von arm und reich. [Berlin/Ost, 1959.] Berlin/Ost: Akademie-Verlag, 1979.

WOELLER, WALTRAUD (Hg.): Volkssagen zwischen Hiddensee und Wartburg. Berlin/Ost: VEB Deutscher Verlag der Wissenschaften, 1979.

WOLF, JOHANN WILHELM: Deutsche Hausmärchen. [Göttingen und Leipzig, 1851.] Hildesheim und New York: Olms, 1972.

WOLF, JOHANN WILHELM: Verschollene Märchen. Mit einem Bogen deutscher Landschaftsphotographien. Nördlingen: Greno, 1988.

WOYCICKI, K. W.: Volkssagen und Märchen aus Polen. Breslau: Priebatsch [1920].

ZAUNERT, PAUL (Hg.): Deutsche Märchen aus dem Donaulande. Jena: Diederichs, 1926.

ZAUNERT, PAUL (Hg.): Deutsche Märchen seit Grimm. 2 Bde. Jena: Diederichs, 1912 und 1923.

ZINGERLE, IGNAZ VINCENT, und ZINGERLE JOSEPH: Kinder- und Hausmärchen aus Süddeutschland. [Regensburg, 1854.] Hildesheim und New York: Olms, 1975.

ZINGERLE, IGNAZ, und ZINGERLE, JOSEPH: Kinder- und Hausmärchen aus Tirol. [Innsbruck, 1852; Gera, 1870; Innsbruck, 1911.] Hildesheim und New York: Olms, 1976.

Liste mit Märchentypen
aus dem Aarne-Thompson-Katalog

Aus Bewunderung für das Sammelwerk der Brüder Grimm benannte Antti Aarne etliche Typen nach bekannten Texten aus den „Kinder- und Hausmärchen".

AT 222 „Der Krieg der fliegenden und der vierfüßigen Tiere"

AT 300 „Der Drachentöter"

AT 300 A „Der Kampf an der Brücke" (auch registriert als AT 328 A* „Drei Brüder befreien die von Drachen geraubten Gestirne")

AT 301 „Die drei geraubten Königstöchter", auch bekannt als „Die Prinzessinnen in der Unterwelt".

301 A „Die Suche nach den verschwundenen Prinzessinnen"

301 B „Die außerordentlichen Gesellen". Oft wird die Handlung eingeleitet von AT 650 A „Der starke Hans". (Die verbreitete Bezeichnung „Bärensohnmärchen" trifft nur auf AT 301 B zu.)

AT 301 C „Der Apfelbaum des Königs"

AT 302 „Das Herz des Unholdes im Ei"

AT 302 C „Dienst um ein Zauberpferd"

AT 303 „Die zwei Brüder"

AT 303 A „Sechs Brüder suchen sieben Schwestern zu Frauen"

AT 306 „Die zertanzten Schuhe"

AT 310 „Die Jungfrau im Turm"

AT 311 „Von der Schwester gerettet"

AT 312 „Blaubart"

AT 312 D „Der Held errettet seine Schwester und seine Brüder aus der Gewalt des Drachen"

AT 313 „Der dem Teufel versprochene Königssohn" (zuweilen eingeleitet durch AT 222 „Der Krieg der fliegenden und der vierfüßigen Tiere" und/oder AT 537 „Die magische Schatulle")

AT 314 „Goldener"

AT 314 A „Der Schäfer und die drei Riesen"

AT 321 „Der Held gewinnt die von der Hexe genommenen Augen zurück"

AT 325 „Der Zauberer und sein Schüler"

AT 326 „Der Knabe, der das Fürchten lernen wollte"

AT 328 „Der Knabe stiehlt die Schätze des Unholds". (Es gibt Erzählungen mit einem Mädchen als Heldin.)

AT 333 „Rotkäppchen"

AT 361 „Der Bärenhäuter"

AT 400 „Der Mann auf der Suche nach seiner verschwundenen Gattin"

AT 402 „Die Katze als Braut"

AT 403 „Die weiße und die schwarze Braut"

AT 407 „Das Mädchen als Blume"

AT 408 „Die drei Orangen"

AT 409 A „Das Mädchen als Zicklein (oder Dohle)"

AT 409 B* „Dem ungeborenen Sohn wird eine Fee versprochen"

AT 410 „Dornröschen"

AT 413 „Heirat durch Kleiderdiebstahl". (Siehe auch AT 425 M und AT 431 C*.)

AT 425 „Die Suche nach dem verlorenen Gatten"

AT 425 A „Amor und Psyche"

AT 425 B „Der entzauberte Gatte und die Aufträge der Hexe"

AT 425 C „Die Schöne und das Tier"

AT 425 E „Der verzauberte Gatte singt ein Wiegenlied"

AT 425 G „Am Lager des schlafenden Prinzen". (Siehe auch AT 437 und AT 894.)

AT 431 „Das Waldhaus"

AT 432 „Der Prinz als Vogel (Finist)"

AT 433 „Der Prinz als Schlange"

AT 433 B „König Lindwurm"

AT 437 „Der Nadelprinz". (Siehe auch AT 425 G und AT 894.)

AT 441 „Hans mein Igel"

AT 451 „Das Mädchen, das seine Brüder sucht"

AT 460 A „Die Reise zu Gott»

AT 460 B „Die Reise zum Glück"

AT 461 „Drei Haare vom Barte des Teufels"

AT 465 „Der um sein schönes Weib Beneidete"

AT 465 C „Ein Auftrag in der anderen Welt"

AT 468 „Die Prinzessin auf dem himmelhohen Baum"

AT 480 „Das gute und das schlechte Mädchen"

AT 500 „Der Name des Unholds"

AT 502 „Der wilde Mann"

AT 507 C „Der Drache im Brautgemach"

AT 510 A „Aschenputtel"

AT 510 B „Allerleirauh"

AT 513 A „Die wunderbaren Helfer"

AT 513 B „Das zu Wasser und zu Lande fahrende Schiff"

AT 516 „Der treue Johannes"

AT 518 „Teufel (Riesen) streiten um Wünscheldinge"

AT 530 „Die Prinzessin auf dem Glasberg"

AT 531 „Das kluge Pferd"

AT 532 „Ich weiß nicht"

AT 537 „Die magische Schatulle"

AT 545 A „Das Katzenschloss"

AT 550 „Der Vogel, das Pferd und die Prinzessin"

AT 554 „Die dankbaren Tiere"

AT 560 „Der Zauberring"

AT 566 „Fortunatus"

AT 567 „Der Zaubervogel"

AT 569 „Der Ranzen, das Hütlein und das Horn"

AT 571 A „Kleb an! Die Königstochter zum Lachen bringen"

AT 590 „Der Prinz und die Armreifen"

AT 612 „Die drei Schlangenblätter"

AT 650 A „Der starke Hans"

AT 675 „Der faule Bursche"

AT 707 „Die drei goldhaarigen Kinder"

AT 709 „Schneewittchen"

AT 710 „Marienkind"

AT 850 „Die Körpermale der Prinzessin"

AT 851 „Die Rätselprinzessin"

AT 870 „Die Prinzessin in der Erdhöhle“
AT 875 „Die kluge Bauerntochter“
AT 894 „Der Kummerstein“. (Siehe auch AT 425 G und AT 437.)
AT 898 „Die Tochter der Sonne“
AT 923 „Lieb wie Salz“
AT 930 „Der reiche Mann und sein Schwiegersohn“
AT 936* „Der Edelsteinberg“
AT 938 A „Unglück in der Jugend, Glück im Alter“
AT 981 „Die Abschaffung der Altentötung“

Viele Zaubermärchen sind miteinander eng verwandt, weil sie dasselbe Phänomen der Vorzeit widerspiegeln. Man merkt es an den gemeinsamen Motiven und an Übereinstimmungen im Handlungsverlauf. Aarne hat die Ähnlichkeit nicht immer erkannt. Infolgedessen registrierte er verwandte Typen unter Nummern, die voneinander entfernt sind, z. B.:
361 – 475
403 – 450
425 G – 437 – 894

Typen von Schwänken

AT 1060-1114 „Wettstreit zwischen Mensch und Menschenfresser“

AT 1083 A „Das Duell: Bajonett und Mistgabel“
AT 1093 „Wer länger singen kann“